婚姻與家庭

配偶及家人間的溝通和調適

王以仁　著

作者簡介

王以仁

學　　歷：國立政治大學心理系學士
國立政治大學教育研究所碩士、博士
美國密西西比州立大學諮商員教育所博士後研究

經　　歷：救國團青少年輔導中心台北市義務張老師、督導
國立海洋大學、輔仁大學兼任輔導教師
銘傳商專、國立中山大學專任講師
教育部第一屆「學生輔導諮詢小組」委員
中華民國家庭教育學會常務監事
台灣嘉義監獄諮詢委員
宇宙光諮商中心諮詢顧問
台南縣、嘉義縣家庭教育服務中心顧問
嘉義縣衛生局社區心理衛生中心顧問
國立嘉義師範學院秘書室主任、實習輔導室主任、進修部主任、學生輔導中心主任
國立嘉義大學輔導學系主任、代理師範學院院長、學務長、副校長

現　　職：國立嘉義大學輔導與諮商學系專任教授
國立嘉義大學家教所、國防與國家安全所兼任教授
財團法人嘉義縣兒童及少年福利發展協會理事長
台灣家庭教育專業人員認證委員會委員

中華民國家庭教育學會理事
嘉義縣衛生局心理衛生中心諮詢委員
救國團嘉義張老師諮詢委員

主要著作：《教師心理衛生》、《心理衛生與適應》、《婚姻與家庭生活的適應》、《學校輔導與諮商》、《人際關係與溝通》等

作者序

二十世紀可以說是人類發展中變化劇烈且快速的百年，社會的主體形式由農業轉變到工商業，人們的聚集由鄉村部落散居進入大都會區的人口密集，家庭型態則由數代同堂大家庭轉變成人口簡單的核心家庭；甚至有人追求單身貴族或頂克族的生活，獨自一人過日子或是與異性同居而不結婚，要不就是雖結婚卻自願不生養孩子，或是結婚不久就走上離婚分手之路。

隨著時代腳步跨入二十一世紀，資訊科學的蓬勃發展與個人自我追求的極端需求，必然導致在這新的世紀中，家庭產生的問題與困擾將更趨嚴重。這可由日常電視與報紙的相關報導中，得知許多婚姻與家庭不幸的訊息來獲得證實。

本人近十年來分別在服務大學的輔導與諮商學系、家庭教育與諮商所，開授「家庭心理學」、「婚姻與家族治療」、「家庭危機與壓力處理研究」、「家庭溝通與家人關係研究」等課程。由多年教學的過程中，確實獲得頗為豐碩的相關知識與心得，而萌生撰寫本書之動機。

本書是從心理與社會的角度來探究婚姻與家庭生活中的互動溝通、各層面相關的困擾、及如何有效因應的策略與技巧。內容分別為認識家庭與婚姻、婚姻與家庭發生的問題，和婚姻、家庭的互動溝通與調適等共三篇計有十章。

作者本人因才疏學淺，在本書的撰寫過程中自不免會有些疏漏之處，也盼望各位先進能不吝指正。

王以仁　謹識於嘉義大學輔導與諮商學系

中華民國九十九年十月

目錄

第一篇

認識家庭與婚姻

隨著時代的變遷，家庭的結構與形式也有頗大的改變。然而，家庭對個人發展之影響，卻仍然是萬分的重要。家庭是個人發育成長的搖籃，人自出生後就在家庭中接受長期的培育，也在此奠定其一生發展的重要基礎；人一生自幼到老的生涯成長過程中，幾乎都脫離不了家庭因素的影響。

即使在一個人成家立業之後，其舊有的原生家庭（original family），仍然會以直接或間接的方式來影響他往後的一切發展。由此也呈現出大多數人理想的一生過程都有以下之循環模式：出生、長成於原有的父母家庭，長大獨立後追求個人感情的歸宿，繼而透過婚姻建立屬於自己的家庭並生兒育女，多年之後介入、影響兒女們成年後所建立的新家庭，最後將完美無憾地走完人生。

二十世紀可以說是人類發展中變化劇烈且快速的百年，社會的主體形式由農業轉變到工商業，人們的聚集由鄉村部落散居進入大都會區的人口密集，家庭型態由數代同堂的大家庭轉變成人口簡單的核心家庭；甚至有人追求單身貴族或頂克族的生活，獨自一人過日子或是與異性同居而不結婚，要不就是雖結婚卻自願不生養孩子，或是結婚不久就走上離婚分手之路。過去人們離婚時還需遮遮掩掩，二十一世紀的今天，離婚彷彿變成一種時髦（陳棟墀，2002）。隨著時代腳步跨入二十一世紀，資訊科學的蓬勃發展與個人自我追求的極端需求，必然導致在這新的世紀中，家庭產生的問題與困擾將更趨嚴重。

本書將從心理的角度來探究婚姻與家庭生活中的互動溝通，以及各層面相關的困擾，與如何有效因應的策略與技巧。其內容分別為認識家庭與婚姻、婚姻與家庭發生的問題，及婚姻、家庭的互動溝通與調適等共三篇計有十章。在此第一篇中，則分為導論、家庭界域與家人代間互動問題，及愛情發展、失戀與復原力等三章分別探討如下。

導論

本章學習目標

- 從傳統與現代的觀點要如何定義「家庭」？
- 家庭價值觀之意涵為何？
- 家庭有哪九種不同的類型？
- 家庭通常具備哪八項功能？
- 婚姻的意義包含哪三層基本的內涵？
- 婚姻有哪五方面主要的功能？
- 中西雙方在家庭發展的重點上有何差異？
- Duvall 將家庭生命週期分為哪八個階段？
- 各家庭生命週期階段的家庭教育重點為何？

報紙投書

給孩子一個愉快的童年

兒童節將至，根據新聞報導近來某一項針對兒童的調查發現：國小學童最怕的是考試、學美語與兩岸不和發生戰爭等。由此看來，雖然現代生活在物質方面頗為富足，多樣媒體和電化器材帶給孩子迅速且豐富的資訊與視聽享受，但孩子們依然不快樂，受著考試、美語等學習的壓迫！

日子真的如此這般地難過嗎？做父母的難道不想讓孩子度過一個快樂的童年嗎？這些無非都是受到國人長久以來競爭心態的作祟，害怕孩子會輸在人生的各樣起跑點上，總認為「萬般皆下品，唯有讀書高」、「吃得苦中苦，方為人上人」、「只要功夫深，鐵杵磨成繡花針」……。我的天啊！孩子們，難怪你們的痛苦指數會居高不下啦！

我以多年從事教育與輔導的經驗提醒家長，成績功課的好壞最終歸因於聰明才智與學習動機，而各種才藝的表現也首重性向與興趣的具備，而非填鴨式的猛灌猛壓！就以考試來說，孩子何以會害怕呢？是因為擔心考不好會被父母或老師處罰，久而久之自然就害怕考試了！倘若大人們對學童能不以分數論英雄，依照孩子程度來訂定賞罰標準，且能多獎勵而少處罰，這樣孩童就不會懼怕考試啦！

而學美語應先考慮如何激起孩子的興趣與學習動機，絕不可送進那種只要求多背生字及趕進度的美語補習班，要讓孩子在愉快遊戲的過程中，自然接觸外語的學習。猶記得我八年前赴美進修時，小學二年級的女兒跟著去那兒讀一年書，一開始完全跟不上，我仍讓她自由地學習，並未施加任何的壓力！當時，美國的級任老師見她每天在學校玩的很愉快，有點擔心而問我對教學有何要求時，我回答道：「希望以後女兒回到台灣再碰到英文時，仍會喜歡讀英文！」事實上，等她在台灣讀國中正式上英文課時，過去所學的幾乎忘光了，然因擁有以往美好的相關經驗而樂於學英文，至今英文都是她最拿手的科目！

家長們！人的一生只有一個童年，動動腦筋、請教專家，有效而適度的學習安排即可！更重要的是設法讓孩子仍有機會擁有愉快的童年經驗！

（本文係本書作者在 2002 年 4 月 4 日，發表於中國時報第 15 版「時論廣場」）

上述文章之主旨，論及在成長的過程中應考慮如何給孩子一個愉快的童年。然而再往前推，就會發現近年來台灣的適婚男女，往往只同居而不結婚或是結婚後自願不生孩子，造成了目前社會少子化的嚴重問題。為了正本清源，故在本章第一節將先介紹家庭與婚姻的意義，而後論及家庭與婚姻的類型和功能，最後則說明家庭生命週期及其發展目標等部分，一一探究如後。

第一節　家庭與婚姻的意義

每個人都有父母，而新生命多半由父母在家庭中孕育而成。由此可知，男女雙方透過婚姻的結合才有新家庭的產生，並由夫妻一起共同生兒育女，也才有下一代的建立和發展。即便現在的年輕一代，對於戀愛、同居、結婚及離婚有著不同程度的認知與作法，但一夫一妻的婚姻至今在兩性長久相處生活中，仍然維持其一貫的主流型態。

我國自古以來都是以農立國，通常家庭均以親子為中心，特別強調在一家之內，子必從父，婦必從夫，幼必從長，所謂：「孝悌也者，其為仁之本歟。」這種傳統的家庭價值觀，清楚地說明了家庭成員之間具有的密切關係及其相對應之權利與義務。這些都是以孔孟儒家思想為治家哲學，重於父權體系，以子孫延續生命的複式家庭與絕對服從的孝道為核心，並在宗教、經濟、婚姻等方面都具有功能，而將家族成員緊密地結合在一起（周麗端，1998）。

傳統中國社會的主流價值與思想體系都是由家庭組織為基礎，進而延伸至社會與國家。近年來，台灣地區經歷工業化、都市化與現代化的過程，由傳統農業社會以家族網絡為基礎的同質性社區組織，轉變為包含各種行業與專業分工的核心家庭而組成的異質性城市組織（莫藜藜、王行，1996）。家庭組織與形式在急遽變遷的衝擊之下，開始有了多元的發展。

隨著時代的快速變遷，家庭與夫妻的關係、價值與類型，也產生了不小的變化。在現代化的影響下，如夫妻平權觀念、個人自由價值主義、夫妻家庭意識型態等也隨之改變，因而造成家庭結構改變、家庭觀念淡薄、婚姻與男女觀念開放、家庭社會化功能減弱等家庭價值觀之轉變。

一、何謂「家庭」

「家庭」（family）可算是一古老的制度，其存在已超過數千年之久，同時家庭也是孕育及延續社會成員的重要單位（吳就君，2000）。家庭是幼兒最早的生活環境，也是成長的主要場所，家庭經驗如家庭的社經水準、家人關係、父母教養方式、家庭生活氣氛等，都對個人一生的發展有著重大的影響。這些受到原生家庭的影響，將會延續到日後自己所經營的家庭（黃維仁，2002）。

但因時代社會的迅速變遷，在討論「家庭」的定義時，應可從傳統與現代的觀點，分別加以說明（黃迺毓，1988；Goode, 1982; Goodman, 1993）：

- 傳統的觀點：家庭是由一群人藉著血緣、婚姻或收養（adoption）關係而緊密結合，生活在同一個建築物內，並依照相關角色（如：夫妻、父母、兒女、手足等）彼此親密地互動與溝通，共同創造和維持生活所需與共有之組織次文化或特色。
- 現代的觀點：對家庭給予較自由、彈性而寬廣的界定，不再局限於合法的婚姻、血緣或收養關係。除上述傳統觀點外，同時接納非婚姻的異性同居、同性戀的一對、老年人和照顧者一起生活，或殘障人士彼此照顧共同生活者，均可視為一個家庭。也就是強調家庭成員間共同生活、有相互依存的經濟關係、彼此承諾長期相互照顧者，即可被視為一個家庭。

二、家庭價值

周麗端（1996）認為，家庭價值觀可定義為引導個人經營家庭生活的一套有組織的理念。一個人會有其特定的價值觀念，一個文化也有其基本的價值取向，而個體的價值觀往往會取決於其所處社群文化的集體取向（黃正鵠、黃有志，2004）。

家庭是人類發展互動關係的第一個小型社會，人生的早期在與父母之互動過程中，承受來自父母的教導，並透過依附關係的內在運作、社會學習的模仿與客體形象的建立，而藉此傳遞著有形和無形的價值觀（蔡秋雄，2002）。家庭是個體基於相同的血緣、婚姻關係或收養等關係所組成的一種重要且具有持久性的社會團體；家庭也是孕育及延續社會成員的重要單位（吳就君，2000）。

也有些研究者指出，在家庭中子女觀察學習父母的思考與行為，並透過父母的教養，內化吸收父母的價值觀，進而發展出自我價值觀。每個人都是家庭價值觀的呈現者，來自原生家庭的文化傳統對其價值有相當影響（Chang & Chang, 2004）。同時，價值觀反映在家庭生活中，塑造了人們對家庭議題的界定，而家庭生活內容則是個人或社會價值的投射（林淑玲，2006）。

傳統家庭價值的延續要透過家庭中父母的身教與言教，以及學校重視傳統價值的教育。在傳統華人社會中，家庭是個人成長與學習社會關係的起點，而且個人家庭價值觀會影響日後他與其他社群之間的關係（王叢桂，1999；林月盛，2004）。同時，家庭價值之內涵也是不斷更新與進步的，二十一世紀的家庭將依據新的價值取向重新定位，必須設計新途徑使得工作與專業生活，能更為符應家庭所需，包括：(1)更有彈性的工作時間；(2)父母兼職工作的可能性；(3)工作時數適合於家庭生活週期；(4)工作職場附設幼兒園或幼兒園在公司附近；(5)家庭服務系統與家庭諮商機構；(6)網路線上工作；(7)提供協助全職照顧子女者重回工作崗位所需的就業訓練（Pichler, 2001）。

整體而言，家庭價值觀是一套有組織且與家庭事務相關之觀點、態度與信念，也是評價家庭意義與衡量理想家庭的標準。不同價值會產生不同行為模式，而生成不同的家庭文化，將在個人經營家庭的過程中，不斷地發揮影響力（任桂滿，2006；周麗端，1996，1998；林淑玲，2006）。

在此，根據七個主要家庭理論（符號互動論、結構功能論、社會交換理論、家庭發展論、衝突論、家庭系統理論、家庭生態理論）之觀點，將家庭價值觀之意涵整理如下（吳就君，2000；Klein & White, 1996）：

- 家庭價值在於具有家庭規則，定義彼此在家庭角色上的權利與義務，維持家庭內關係的平衡。
- 家庭價值也在於富有開放的多樣性，能處理彼此間的衝突，互相協調、決定，接受改變的挑戰，滿足成員間不同的需求。
- 家庭是個互動系統，家庭的價值存在於成員之間彼此互動、溝通、合作與交換，不是單獨成員的個性或特質所能代表的。
- 家庭價值亦在於能促成每個家庭成員，發展正向的自我概念，接受社會化的過程，形成一個完整、健康的個體。

三、從系統觀點透視家庭

系統理論（system theory）是近來探討家庭或婚姻主題時，最常使用的一個理論模式。系統理論特別重視家庭（一個系統）內每一組織成員彼此間的共存、互動與相互回饋；家是一個整體系統，家人間彼此互動產生的影響頗大。茲將其理論中之重點扼要說明如下（Goldenberg & Goldenberg, 2004; Worden, 2003）。

(一) 直線因果論對循環因果論

傳統探討兩個事件間的關係時，常會採用直線因果論（lineal causality），例如：甲事件導致乙事件的發生，我們會認為甲事件是因，而乙事件則為果。依此觀點，若我們認為在某一個家庭中，若是老么能不違背父母且停止其抗拒的行為，則這個家庭就會一切圓滿。若是如此，只要經由個別諮商或治療，針對老么加以改變，就可解決所有的問題。

然而在家庭中，問題的產生往往不是如此單一的直線因果關係，而是必須以循環因果論（circular causality）來加以看待。因為家人彼此之間係處在一種「循環回饋圈」（circular feedback loops）中，彼此互動也相互影響，相當地錯綜複雜。

因此，在循環因果論的觀點下，必然會去除家中所謂「壞傢伙」（bad guy）的假設性說法；因按照直線因果論的看法，家中就是因有這個壞傢伙才會不得安寧，這個成員也就成了所謂「家庭替罪羔羊」（family scape-goat）。循環因果論不認為家中有任何一位成員是「壞傢伙」，家庭的問題係因成員間彼此間溝通與互動的不良，才會產生家庭功能不良之結果。

(二) 靜態不變對動態改變

家庭這個整體系統，為因應內外在環境的改變，有時需要設法保持穩定，而產生所謂的「靜態不變」（morphostasis）；但另有些時候卻需要改變其結構，亦即所謂的「動態改變」（morphogenesis），以確實達到內外在的要求。

當在家庭中有某些問題產生時，整個家庭系統及結構，是否必須有所改變或是應保持穩定而不變，確是一個值得深思的考量。家庭不斷的改變會造成混亂而不適應，若是一成不變又恐過於僵化；如何做到有所變、有所不變，以充分發揮家庭的正向功能，這是今日研究與探討家庭問題時，最值得深思與拿捏的一大課題。

(三) 內容對過程

由家庭系統的觀點來看，在家庭問題的諮商晤談過程中，當然會討論某些成員的具體行為問題或症狀，這就是所謂「內容」（content）的部分；但若考慮到隱藏在問題內容背後家人間的互動形式，就屬於所謂「過程」（process）的部分。

換句話說，「內容」的部分討論的係問題是什麼（what）？而「過程」的部分則指的是問題係如何（how）形成的？其主要原因為何（why）？固然弄清楚問題是什麼有其重要性，而釐清問題是如何形成的當然就更形重要了。

第二節　家庭與婚姻的類型和功能

一、家庭的類型

因著時代社會快速變遷，家庭的類型也產生了相當的變化。在此謹列舉目前常被認知到的家庭類型，扼要說明如後（黃明堅譯，1981；Arcus, 1992）：

- 傳統家庭：這是指三代同堂的傳統式家庭，一般在台灣的鄉村，尤其是家中長子結婚以後仍然與父母同住，有了孩子之後就成了典型的三代同堂。
- 隔代家庭：許多夫妻在大都市討生活，因兩人均有工作無暇照顧年幼的子女，而將孩子送回老家交由祖父母或外祖父母來教養，就形成了隔代家庭；當然也有一些是因夫妻關係產生變化而分離，負責養育孩子的單親無力單獨撫養，而交由祖父母（或外祖父母）來撫養。
- 核心家庭（nuclear family）：指的是目前最普遍的一種小家庭，係由父母及一、兩位孩子共同生活在一起，所組成的家庭類型。
- 雙生涯家庭（dual-earner family）：所強調的是家中夫妻二人都上班，各有自己的工作，通常也被稱之為「雙薪家庭」。
- 單親家庭（single-parent family）：指的是夫妻雙方已離異，而由其中的一方帶著兒女單獨生活的情形，就稱為單親家庭。
- 重組家庭（blended family）：兩位各自過去都離過婚的男女，彼此結婚組成一個新家庭的情形，家庭成員往往也會包括夫妻各自與離異配偶過去所生的小孩。
- 自願不生育孩子家庭（voluntarily childless family）：夫妻二人單獨

生活在一起，在他們婚前或結婚時就已商量好，結婚之後不要生孩子也不要養孩子（而非想生卻不能懷孕的情形）。

- 同性戀家庭（homosexual family）：由兩位相同性別者因相愛而生活在一起並組織成一個家庭。西方這種情形不少，在台灣也由同志戀人大力鼓吹，要求政府修改相關法律，以允許同志戀人可組成合法家庭，甚至得收養兒女。
- 單身者家庭（single individuals）：指的是有薪資的成年人，自己一個人單獨住屋居住；或由幾位單身者一同居住生活（並無同居的男女關係），故被稱為單身者家庭。

二、家庭的功能

今日家庭的主要功能在於滿足成員的各種需求，並給與孩子適當的社會化教導。而家庭功能常會隨著社會的變遷或其類型的不同，所產生的功效也會有所改變。但就一般觀點而言，家庭常具備以下八項功能（黃暉明，1994；Zimmerman, 1988）：

- 合法的性關係（legitimizing sexual relations）：兩性之間透過婚姻所形成的家庭，最顯著的一點就是公開而合法的性關係，及隨著可能發生的懷孕、生子，並因而產生的合法繼承權等。
- 經濟的合作（economic cooperation）：家庭成員不論是夫妻或親子，都生活在同一個屋簷下，成為一個實質的經濟生命共同體，任何一位成員出了問題需要額外的經費支出時，都將會影響到其他家人的經濟生活面。
- 兒童社會化（socialization of children for future adult behavior）：孩童通常都生長於家庭中，家必然會成為他們最早學習如何與人相處，以及接受社會化學習的場所。
- 宗教的教導（religious teaching）：在西方社會，一般家庭到了星期日早上都會全家上教堂作禮拜，孩子從小在家中受父母影響，自然會有宗教方面的教導。在台灣的家庭，雖然沒有如此鮮明的宗教色彩，但跟著家中大人初一、十五（或初二、十六）的拜拜，或是參加神明繞境等活動，同樣也是宗教性質的教導。

- 情緒的供養（emotional nurturance）：兒童幼小時期，在情感上對父母或其他照顧他的家人，有相當程度的依賴。因幼兒絕大多數的時間都在家中，故家庭也扮演其情緒供養的主要角色。
- 教育性（education）：家庭教育是個人一生當中最早接受的教育，不管父母是否安排了一系列有意義的學習活動，孩子因自幼在家庭中成長，天天接觸、耳濡目染，必能發揮某種程度的教育功能。
- 娛樂性（recreation）：家庭中家人一同生活、彼此互動，許多的趣事與遊樂也同時發生。假日全家人一起遊山玩水、露營烤肉等活動中，將可充分展現其娛樂性。
- 保護性（protection）：孩子幼小時非常孱弱，無法自我保護，故幼兒在家中成長的同時，也接受了家庭的保護。

三、婚姻的內涵及其功能

(一) 婚姻的定義

婚姻的意義往往會因個人觀點的不同，而有不盡相同的論點。國內學者歸納出「婚姻」中基本的三層內涵（彭懷真，1996；簡春安，1996）：

- 婚姻是一種公開宣告最親密的兩性關係。
- 婚姻是一種動態關係，男女雙方需要經常學習獨立、相互平衡，並扮演適當的角色行為，好讓彼此間的感情可以經得起考驗。
- 婚姻關係中男女雙方可以享受自我、法律及社會認定之歸屬感，但是兩人也必須為此歸屬感負責。

Broderick 於 1984 年曾詳細列出婚姻的九項主要特質（引自葉肅科，2000；藍采風，1996）：

- 婚姻是一種人口事件，並構成一個社會單位。
- 婚姻是兩個家庭及其相關社會網絡的結合。
- 婚姻是一種配偶與政府之間的法定契約。
- 婚姻是一種經濟的結合體。
- 婚姻是一種兩性成人間同居的最普遍模式。
- 婚姻成立的家庭是人類性行為最常發生的地方。
- 婚姻是一種生兒育女的基本單位。
- 婚姻是提供子女社會化的重要單位。
- 婚姻提供一種發展親密關係與分享人生經驗的機會。

(二)婚姻的功能

婚姻可說是一種社會體制下的基本單位，其功能主要有以下五方面（宋鎮照，1997；黃德祥，1997）：

- 繁衍的功能：經由婚姻制度生兒育女，使得種族得以延續下去。
- 性需求功能：透過婚姻制度可合法滿足性需求，並可防止性關係混亂。
- 經濟的功能：婚姻的建立就是財產的共享，也是維持家庭生活之基礎。
- 心理的功能：透過婚姻可滿足人類愛情的需求，也可形成生命共同體。
- 社會的功能：透過婚姻可以維持夫妻雙方的社會地位，或是經由婚姻達成某些目標。

第三節　家庭生命週期及其發展目標

人類是一種群居動物，其行為或思想莫不受到周遭環境與他人的影響。個體之所以會產生困擾，主要是起源於他與環境的互動，而家庭更是個人生活中最根本也最重要的一環；人們絕大多數出生後即生活於家庭，成長於家庭，並最早接受教育於家庭中。大多數人理想的一生過程都會有這樣的循環方式：出生、長成於原有的父母家庭，長大獨立後追求個人感情的歸宿，繼而建立屬於自己的家庭並生兒育女，多年後介入、影響兒女們成年後所建立的新家庭，最終將完美無憾地走完人生。

以下將分別針對中西雙方在家庭發展重點上之比較、家庭生命週期及生命各週期的家庭教育重點等方面，分別加以探討說明於後。

一、中西雙方在家庭發展重點上之比較

今日社會科學對於問題的探究，往往強調多元文化脈絡下的不同影響。事實上，隨著交通工具、資訊媒體快速地發展，各個民族與國家彼此間的互動影響非常頻繁，這從「地球村」概念的提出即可見一二。然而，因著中西雙方在其各自主流文化、後現代化主義與傳統價值觀點等的不同，他們各自在家庭發展過程中也有相當的差異（李茂興譯，1996）。在此，將由以下五方面來比較說明中西雙方在家庭發展重點上的區分（王以仁，2000，王以仁主編，2001）。

(一) 西方強調家庭中個別成員的利益，中國則重視家庭整體之福祉

西方社會經常強調個人自我的權利，在團體中往往會給予個人選擇的各種機會。不但在高級餐廳中有各種人性化的挑選，即使在速食店中的服務生也會問一大堆問題，讓顧客表達其個人意願或喜好。在這種大的社會文化中，自然會培養出在家庭中強調個人利益之趨向。

國人多少仍會受到過去儒家重視家庭人倫關係的影響，在家中往往會優先考慮到家庭整體之福祉，總是先顧慮到家庭或家族的利益或榮譽，其次才會有個人角度的思考。

(二) 西方家長只照顧子女到其成人，中國家長往往會照顧其一生

西方家長對照顧子女的責任，往往只負擔到其高中畢業（美國義務教育由五歲起進幼稚園讀起，到其大約十八歲十二年級畢業），而後孩子不論繼續升學或就業，都由其個人養活自己。

國內的父母對子女的照顧，幾乎是沒有止境的；只要孩子能讀到碩士、博士或國外留學，家長都無條件的供應下去。甚至結婚費用、創業基金、購屋的自備款等，在在都可由父母來負責張羅或墊付。

(三) 西方家長尊重孩子的自由選擇，中國家長則經常替孩子決定一切

天下沒有白吃的午餐，權利與義務也往往是相對的。由前述討論中可知西方家長對孩子的照顧與付出有一定的限度，相對的要求也會較少些，較會尊重孩子個人的自由選擇權。

國內的父母對子女不顧一切的栽培與付出，對孩子的要求與期望也較高；不但對其升學挑選校系有偏好，找工作時有意見，甚至異性交友和婚姻選擇也有不同程度的涉入。

(四) 西方家人之間擁有個別的隱私，中國家庭成員間幾乎毫無個人空間

西方人特別講究個人隱私（privacy），從小就培養孩子尊重他人隱私的好習慣，例如：既使在家中進入其他成員房間前也要先敲門，未經允許絕對不可隨意動用或翻閱私人的物品（像是日記或信件等）。

中國家庭成員間太過於融合（fusion），彼此之間沒有清楚而適當的界域（boundary），使得家庭成員間幾乎毫無個人空間，臥室不關門也不能關門，父母隨意進出孩子的房間，孩子也依樣畫葫蘆地同樣反應。

(五) 西方家庭最強調夫妻關係，中國家庭則較重視親子倫理

西方家庭相當強調夫妻關係，可由以下對家庭生命週期的描述（其開始的第一階段是新婚夫婦，而非新生命的誕生）得知。至於婚姻中夫妻雙

方不合是否要離婚，也往往取決於二位當事人的意願，甚少考慮到孩子的問題。

中國的家庭則較重視親子倫理關係，在婚姻中雙方不合是否要離婚的問題上，經常會把孩子的權益也一併納入考量。中國人往往會為了下一代，犧牲這一代；譬如喪偶之後不考慮再婚，為了孩子當小留學生而夫妻長期兩地分居等。

有了上述對於中西雙方在家庭發展重點上的比較，我們一方面需要了解雙方的差異，不可將西方的家庭觀念全盤移入我國；另一方面也可預見，因著中國傳統文化的式微與西方文化的強風吹襲，不但是西洋的飲食習慣，電視、電影與網路媒體的洋化，國內家庭結構與家人的互動關係，很快地將會與美國雷同；這種時勢與潮流似乎無法抵擋，只有趁早了解並加以順勢因應方為上策。

二、家庭生命週期

儘管家庭生活是一種持續的互動歷程，且屬於非線性之關係，然而在時間上確實存有先後次序的線狀關係（Goldenberg & Goldenberg, 2004）。Carter 及 McGoldrick（1988）從多世代的觀點提出，家庭會隨著「家庭生命週期」（family life cycle）之階段向前進行，世代在每個家庭成員身上產生持久而交互的生活衝擊；在家庭發展歷程中，各世代間的互動同時發生，當其中一代步入老年時，另一代卻在因應孩子們離家的問題。

在相關文獻中最早提出「家庭生命週期」的是 Evelyn Duvall（1977; Duvall & Miller, 1985），她將家庭整個發展改變的過程分為主要的兩大部分：(1)擴大家庭階段（expanding family stage）：從結婚建立家庭開始，直到生養孩子及其長大成人；(2)縮小家庭階段（contracting family stage）：從孩子長大離家外出獨立過著成人生活開始，而老夫婦二人卻獨自在家度過其晚年生活。當然，也有部分學者傾向將家庭整個發展改變過程的「家庭生命週期」，稱之為「家庭生命生涯」（family life career），然其實際意義與內涵卻相同，所以也有人將此二者相互混用（Bigner, 1994）。

在介紹家庭生命週期時必須了解，多數家庭都會經歷特定而可預知的標記事件或階段（family stage marker），例如：戀愛、結婚、第一個孩子出生、孩子上學讀書等；每個階段都由一項特殊的生活事件所促發，並各有其應處理的發展任務（developmental task），而這些都得隨之進行新的調適與改變。在此僅引用較常被引用的兩種觀點來探討有關家庭生命週期（生涯）的時期與階段分類，分別扼要摘述如下（王以仁，2000，王以仁主編，2001；Duvall, 1977; Zilbach, 1989）。

(一) Duvall 將家庭生命週期分為八個階段

根據 Duvall 將家庭生命週期分為八個階段，而 Barnhill 和 Longo 於 1978 年又分別賦予各階段不同的發展任務，將其一一說明如後（王以仁，2000；Goldenberg & Goldenberg, 2004）：

- 第一階段：新婚夫妻（married couple）。主要的家庭任務：夫妻間彼此的相互承諾。
- 第二階段：養育孩子的家庭（childbearing family）。主要的家庭任務：學習發展扮演好父母親的角色。
- 第三階段：學前年齡孩子的家庭（preschool children）。主要的家庭任務：學習接納孩子的人格特質。
- 第四階段：小學年齡孩子的家庭（school children）。主要的家庭任務：介紹孩子進入有關的機構，例如：學校、教會、運動社團等。
- 第五階段：中學年齡青少年的家庭（teenagers）。主要的家庭任務：學習接納青春期的孩子，包含其個人在社會與性別角色方面的改變。
- 第六階段：孩子均已成年且離家的家庭（launching children）。主要的家庭任務：經歷屬於青春後期孩子的離家獨立。
- 第七階段：中年父母的家庭（middle-aged parents）。主要的家庭任務：接納孩子已變成獨立成人的角色。
- 第八階段：老年的家庭（aging family members）。主要的家庭任務：

老夫老妻彼此珍惜，坦然面對晚年生活。

(二) Zilbach（1989）將家庭生命週期所作的三時期七階段區分論

1. 早期：結婚並築巢（forming and nesting）

(1) **第一階段：結為夫妻**（coupling）

家庭階段標記：由男女兩人住在一起同居即開始了家庭，不管是否完成結婚手續。

此時家庭任務：由各自獨立生活轉變成兩人共同生活且相互依賴。

(2) **第二階段：變為三個人**（becoming three）

家庭階段標記：家中第一個孩子的出生。

此時家庭任務：從夫妻兩人的相互依賴到加入孩子的依賴。

2. 中期：家人分開過程（family separation processes）

(3) **第三階段：進入**（entrances）

家庭階段標記：第一個孩子或依賴成員離開家庭進入較大世界，發生在孩子入學或進入家庭外其他環境。

此時家庭任務：從依賴轉變成促進分離的開始（僅部分獨立）。

(4) **第四階段：擴展**（expansion）

家庭階段標記：從最後一個孩子或依賴成員自家庭進入社會開始。

此時家庭任務：支持以促使其不斷的分離（直到獨立）。

(5) **第五階段：離開**（exits）

家庭階段標記：從第一個依賴成員完全離開家庭，自己搬出去住，包含婚姻或其他的居住形式。

此時家庭任務：由部分分離轉變成第一個完全的獨立。

3. 後期：發展完成（finishing）

(6) **第六階段：規模變小或是擴大**（becoming smaller/extended）

家庭階段標記：當最後一個孩子或依賴成員離家時。

此時家庭任務：獨立的繼續擴展。

(7) **第七階段：終結**（endings）

家庭階段標記：最後是從丈夫或妻子（或是伴侶）死亡開始，直到另外一個也去世為止。

此時家庭任務：協助家人度過哀悼，以完成最終分離。

三、生命各週期的家庭教育重點

事實上在前面所探討的「家庭生命週期」各階段之區分及其家庭任務，都是針對目前社會上最普遍存在的「核心家庭」（nuclear family），而不能直接推論到所有各類型家庭，例如：單親家庭（single-parent family）、再婚家庭（stepfamily），以及同性戀家庭（homosexual family）等，都不能或不宜套用前述的「家庭生命週期」觀點。在此繼續討論生命各週期的家庭教育重點時，仍然是以最常見的「核心家庭」為對象，延續上述「家庭生命週期」各階段區分及其家庭任務，並參考相關文獻之論點（王以仁，2000 王以仁主編，2001；Bigner, 1994; Duvall, 1977; Duvall & Miller, 1985），依照八個階段統整其家庭教育重點臚述於下。

(一) 第一階段：新婚夫妻（沒有孩子）

在此階段家庭教育側重於教導新婚夫妻，如何在共同生活中扮演好與其有關的各種角色，以建立雙方都滿意的婚姻生活（包括：居家、飲食、財務等物質方面，以及相互接納、溝通與性關係等心理方面）。

(二) 第二階段：養育孩子的家庭（老大在三歲以下）

因著第一個孩子的出生與加入，使得原本恩愛親熱的小家庭產生了頗大的壓力與改變；這時的家庭教育應注重於教導其調整居家作息時間表以配合嬰孩的需要，夫妻間重新分配家事的分工，調整夫妻二人溝通的管道與時間，以及如何讓上一代的祖父母來適度協助這個家庭。

(三) 第三階段：學前年齡孩子的家庭（老大在三歲至六歲）

這時的孩童精力旺盛，好奇心與興趣十分廣泛：此一階段的家庭教育重心在於教導作父母的如何積極調適，以滿足每位家庭成員的需要；這包括如何花足夠的時間與孩童相處，如何調適夫妻缺乏親密獨處時間的困擾，如何支付逐日增加的家庭開銷，以及全體家人間如何作有效的溝通等。

(四) 第四階段：小學學齡孩子的家庭（老大在六歲至十三歲）

在這個階段家庭教育側重於如何滿足孩子各種活動，和夫妻間隱私的需要；並積極指導孩子各方面的學習與人際關係，以符合學校與社區同儕間的相處和競爭。

(五) 第五階段：中學學齡孩子的家庭（老大在十三歲至二十歲）

這時的孩子已進入青春期開始發育成熟，並做離家獨立生活的相關預備。此時家庭教育的重點在於父母應調整學習接受孩子已發育成長，家人間宜理性溝通彼此尊重，可共同分攤家事並提供孩子某種程度金錢支配的獨立自主權。

(六) 第六階段：孩子均已成年的家庭（從老大到老么均已離家外出求學、就業或成家）

在此階段家庭功能的焦點在於如何幫助已成年而離家的孩子，使其在個人獨立面對的學習、服役、工作及結婚等生活上適應的更好。所以，家庭教育應側重於教導父母如何支持與協助已成年的孩子，在成人的世界中努力以赴，開創其美好的未來。

(七) 第七階段：中年的家庭（空巢期至退休）

這時已年過中年的夫妻，應重新調整其婚姻與家庭生活，並同時兼顧已老邁的上一代與年輕的下一代。家庭教育宜注重如何適應孩子離家的空巢期、生理和心理方面能力與技巧的逐漸衰退，以及個人即將由職場中退休。

(八) 第八階段：老年的家庭（退休到死亡）

面臨人生最後老年的階段，在家庭教育方面要調整生活步調較為緩慢，有效控制老年的財務狀況，如何接受孩子對自己的照顧，並調適於配偶的死亡及面對個人人生大限之來臨。

從時間的觀點而言，人生只是一段有限的年歲。少數人因某些主、客觀因素，在少年、青年或中年時就提早離開人世，固然令人十分惋惜；但多數人平均壽命都在七十歲以上，也就應該認真學習了解前述之家庭生命週期的八大階段，並充分地發揮家庭教育功能，以便能依次完成各階段的家庭任務，充實而無憾地走過其個人美好的一生。當然針對某些特殊家庭（如：分居或離婚家庭、單身或單親家庭、再婚家庭、同性戀家庭等），就得另行加以討論，然在此因限於篇幅，無法一一分別加以探究。

二十世紀是人類發展中變化劇烈且快速的百年，社會的主體形式由農業轉變到工商業，人們的聚集由鄉村部落散居進入大都會區的人口密集，家庭型態由數代同堂的大家庭轉變成人口簡單的核心家庭。隨著時代的腳步跨入二十一世紀，資訊科學的蓬勃發展與個人自我追求的極端需求，必然導致在這新的世紀中，家庭產生的問題與困擾將更趨嚴重。

系統理論是近來探討家庭或婚姻主題時，最常使用的一個理論模式。系統理論特別重視家庭（一個系統）內，每一組織成員彼此間的共存、互動與相互回饋。從系統理論觀點透視家庭，其重點有三：(1)直線因果論對循環因果論；(2)靜態不變對動態改變；(3)內容對過程。

從傳統的觀點看，家庭是由一群人藉著血緣、婚姻或收養關係而緊密結合，生活在同一個建築物內，並依照其相關角色（如：夫妻、父母、兒女、手足等）彼此親密地互動與溝通，共同創造和維持其生活所需與共有之組織次文化或特色。從現代的觀點看，對家庭給予較自由、彈性而寬廣的界定，不再局限於合法的婚姻、血緣或收養關係。除上述傳統觀點外，同時接納非婚姻的異性同居、同性戀的一對、老年人和照顧者一起生活，或殘障人士彼此照顧共同生活者，均可視為一個家庭。也就是強調家庭成員間共同生活、有相互依存的經濟關係、彼此承諾長期相互照顧者，即可被視為一個家庭。故家庭常見的類型有九種，包括：(1)傳統家庭；(2)隔代家庭；(3)核心家庭；(4)雙生涯家庭；(5)單親家庭；(6)重組家庭；(7)自願不生育孩子家庭；(8)同性戀家庭；(9)單身者家庭。

家庭具備的功能計有八項：(1)合法的性關係；(2)經濟的合作；(3)兒童的社會化；(4)宗教的教導；(5)情緒的供養；(6)教育性；(7)娛樂性；(8)保護性。

中西雙方在家庭發展重心上的區別，有此五項要點：(1)西方強調家庭中個別成員的利益，中國則重視家庭整體之福祉；(2)西方家長只照顧子女到其成人，中國家長往往會照顧其一生；(3)西方家長尊重孩子的自由選擇，中國家長則經常替孩子決定一切；(4)西方家人之間擁有個別的隱私，中國家庭成員間幾乎毫無個人空間；(5)西方家庭最強調夫妻關係，中國家庭則較重視親子倫理。

家庭整個發展改變的過程主要分為兩大部分：(1)擴大家庭階段：從結婚建立家庭開始，到生養孩子至其長大成人；(2)縮小家庭階段：從孩子長大離家外出獨立過著成人生活開始，而老夫婦二人卻獨自在家度過其晚年生活。

而後 Duvall 進一步將家庭生命週期分為八個階段，以及隨之賦予各階段不同的發展任務。第一階段：新婚夫妻，主要的家庭任務為夫妻間彼此的相互承諾；第二階段：養育孩子的家庭，主要的家庭任務為學習發展扮演好父母親的角色；第三階段：學前年齡孩子的家庭，

主要的家庭任務是學習接納孩子的人格特質；第四階段：小學年齡孩子的家庭，主要的家庭任務為介紹孩子進入有關的機構，例如：學校、教會、運動社團等；第五階段：中學年齡青少年的家庭，主要的家庭任務是學習接納青春期的孩子，包含其個人在社會與性別角色方面的改變；第六階段：孩子均已成年且離家的家庭，主要的家庭任務是經歷屬於青春後期孩子的離家獨立；第七階段：中年父母的家庭，主要的家庭任務為接納孩子已變成獨立成人的角色；第八階段：老年的家庭，主要的家庭任務是老夫老妻彼此珍惜，且坦然面對晚年生活。

生命各週期家庭教育，依照八個階段統整其家庭教育重點包括：第一階段：新婚夫妻，在此階段家庭教育側重於教導新婚夫妻，如何在共同生活中扮演好與其有關的各種角色，以建立雙方都滿意的婚姻生活。第二階段：養育孩子的家庭，因著第一個孩子的出生與加入使得原本恩愛親熱的小家庭產生了頗大的壓力與改變；這時的家庭教育應注重於教導其調整居家作息時間表以配合嬰孩的需要。第三階段：學前年齡孩子的家庭，此一階段家庭教育重心在於教導作父母的如何積極調適，以滿足每位家庭成員需要。第四階段：小學學齡孩子的家庭，在這個階段家庭教育側重於如何滿足孩子各種活動，和夫妻間私下隱私的需要。第五階段：中學學齡孩子的家庭，這時的孩子已進入青春期開始發育成熟，此時家庭教育的重點在於父母應調整學習接受孩子已發育成長，家人間宜理性溝通彼此尊重。第六階段：孩子均已成年的家庭，在此階段家庭功能的焦點在於如何幫助已成年而離家的孩子，使其在個人獨立面對生活能適應的更好。第七階段：中年的家庭，這時已年過中年的夫妻，應重新調整其婚姻與家庭生活，並同時兼顧已老邁的上一代與年輕的下一代，以及個人即將由職場中退休。第八階段：老年的家庭，面臨人生最後老年的階段，在家庭教育方面要調整生活步調較為緩慢，有效控制老年財務狀況，如何接受孩子對自己的照顧，並調適於配偶的死亡及面對個人人生大限之來臨。

研討問題

一、何謂「婚姻」及「家庭」？請你以自己的觀點與體會，對此二者加以具體的定義及探討之。

二、請列出兩種非傳統類型的家庭，並詳細說明這兩類型家庭有何特殊的產生背景或不同的功能。

三、「婚姻」有何功能？何以今日適婚年齡的男女，不婚的比例較過去成長許多？試分別加以探究說明之。

四、試比較中、西方家庭發展重心上的差異？並從人類整體發展的角度看，未來兩方的發展可能會出現哪些共同的方向性。請分別加以論述之。

五、由家庭生命週期的角度分析，你目前是屬於哪一階段？而面對此一階段的發展任務，你認為自己個人的家庭是否已達成？試分別加以說明。

第二章

家庭界域與
家人代間互動問題

本章學習目標

- 「界域」、「家庭界域」與「次系統」的意義為何？
- 依附現象與親子關係兩者之間有何關聯？
- 判斷侵犯「家庭界域」的參考指標有哪些？
- 亂倫會帶給受害者哪些負面的影響？
- 家庭中界域侵犯常見的類型為何？
- 人與人之間形成界域侵犯的原因有哪五項？
- 婚姻暴力包括哪五種虐待類型？
- 一般人對婚姻暴力的迷思為何？
- 婚姻與家庭暴力造成的影響有哪些？
- 現今家人代間關係最明顯的改變為何？
- 如何妥善處理家庭界域與家人代間的關係？

報紙投書

別驚擾「雍智的母親」

今年的母親節對雍智和他媽媽來說，應該是萬分高興的一對母子。雖然諸多現實環境的因素，使得他們短暫一天相聚之後又得分隔南北兩地生活，可是我想眼看著一齣經歷了十二年的悲劇，能有這樣意外的正面發展，不禁要替這對母子大大的感謝上蒼。

其實，要感謝的貴人真是多得無法勝數。在雍智這方面有他的大伯、姑姑、學校的老師及同班同學等；在雍智母親這邊則有頗明事理又體貼太太的丈夫、陪伴媽媽下來的阿姨與弟妹等。

同時，這次媒體表現也還算是差強人意，到目前為止並未刊出雍智母親的正面照片，不知這回大家真的是尊重專業倫理，完全依照當事人意願，

還是多數媒體至今還未拍到這方面的相片。不過，我想針對那些刊出照片卻將其母親頭部打上馬賽克的媒體，是值得好好地為他們拍掌鼓勵。

雍智和他媽媽相逢的整個事件，以目前來看可算是完美。至於往後，可就得拜託周遭的至親好友多關心與代禱，少去挖人隱私與說長道短地任意批判。尤其是雍智媽媽在宜蘭周圍的親友，如果你們能察覺出來或是從他人口中知道了真相，也請不要打擾他們的生活。有時，閉上嘴巴、保持沉默，就可算是在日行一善與具備一項難得之美德。

讓我們多發揮「同理心」，一起來為雍智與他母親未來的幸福祝禱。

（本文係本書作者在2006年4月25日，發表於中國時報第15版「時論廣場」）

上述文章的背景為雍智的母親在其出生後不久，因與其生父不和離異後再嫁，當年受限於鄉村民風保守等緣故，曾經嫁人並生有一子的訊息只有妹妹了解，並未讓她現任丈夫知悉。這些都可算是夫妻或家人之間為保有個人秘密或隱私，而建立的界線或區隔。在本章中將分別針對家庭界域的意義及其相關研究，家庭界域侵犯、界域模糊及其影響，婚姻與家庭暴力及其防治，家人代間關係改變及其衍生問題等部分，說明如後。

第一節　家庭界域的意義及其相關研究

一、家庭界域

所謂的「界域」（boundary），一般係指物理空間上的範圍與間隔界線，例如：大海與陸地之間必有其界線，儘管潮起、潮落有所變化，但沙灘仍有一定的範圍來區隔海面與陸地。同樣，在家庭心理學的運用上，「家庭界域」則係指家庭中的成員、上下世代或次系統之間，在生理、心理方面的空間範疇，此一空間的建立和維持，對於家庭及個體的發展極為重要。譬如：年輕男女之間要建立親密關係，則必會適度地與他們各自的家庭保有某種距離；夫婦二人要保有深入而密切的關係，也必須與其他家人或外界保持有效的界線，以免有第三者之介入。同時，夫婦之間雖有生理及心理上的親密行為，但仍須各自有其一定的「空間」，才可以分別保有自己的隱私或個人關係（王以仁主編，2001；Bedrosian & Bozicas, 1994）。

而現今台灣的小家庭制度則以夫婦為中心，子女長大成年後，絕少再和父母同住，通常會獨立門戶形成夫妻加上子女的「核心家庭」（nuclear family）。然而，不管時代與社會環境如何轉變，家庭的特徵卻非常明確，外人很清楚地可以辨認何者屬於或不屬於某一家庭的成員，其間的區隔十分明顯。換言之，家中成員的角色及關係顯現出嚴密的家庭組織結構和家庭功能的分配，家庭成員也因此能獲得身心各方面的正常發展。從心理學觀點而言，家人代間互動關係實在是個體在家庭中健全發展的重要關鍵因素，並深深影響了家庭功能的發揮。

從近二、三十年來相關的實證研究發現，童年受到原生家庭界域侵犯的受害者，長大之後也會不自覺地在其成人生活中，製造類似的環境空間，此種由於自身缺乏「正常的」參考架構，使得他們在人與人之間、上下兩代間或上下層級間產生不正常的侵犯行為（王以仁主編，2001；王以仁，2002）。這些違犯界域的當事人在處理當前人際關係所面臨的困難，可推溯到童年時期自身界域受侵犯的經驗，而侵害者可能包括自己家人，例如：父母、長輩或手足，以及其他權威人物（如：教師、老闆或治療師）。從這些人物的侵犯經驗中，受害者會產生自我貶抑及自我責備，且形成一種惡性循環，終至缺乏自尊、無力改善人際關係；他們愈是輕率地接受不幸的個人資訊，愈無力拒絕家人、朋友或長輩干預他們私人的生活領域空間。

童年受到原生家庭界域侵犯的受害者，其結果往往造成自我認同失敗，而與家庭成員或朋友保持過度黏密融合（enmesh）關係，此種關係甚至會促使被害者對加害者或加害者的行為產生強烈的自我譴責，而認為加害者的侵犯行為都是因被害者本身的不好所引發的。

二、家庭界域與次系統

通常家庭系統中，成員與成員之間有著心理與身體上的界域，以區隔並培養個體的獨立性。身體的界域，例如：成員擁有自己的椅子、床鋪、桌子、物品、房間等，如果別人未經允許而使用之，擁有者將會有被侵犯的感覺，孩子也常為了這類界域的侵犯而與其他家人起衝突。青少年若發現家人，尤其是父母進入他的房間去「偷看」他的東西，或去整理他的房間時會非常不悅，這也是肇因於侵犯了他身體的界域。同時，身體界域其實和心理界域是不可分割的，東西被侵犯，衍生的意義是自主性的不被尊重。

心理的界域是一種無形的情感空間，心理界域規範了成員之間情感流通與接觸的程度。在一般核心家庭中，心理界域區隔了最基本的三種次系統：夫妻次系統、親子次系統及手足次系統，這三種次系統各有其心理交流的不同形式與內涵；功能良好的家庭亦顯示在這三種次系統的健全之中。夫妻次系統可說是所有次系統中最基本的，任何家庭系統必先奠基於良好的夫妻關係；夫妻次系統若瓦解，如夫妻不和、離婚……等，都會影響整個家庭系統的運作，包括親子及手足次系統亦會遭受波及。

若從系統觀點來看家庭中的親子問題，界域與次系統的概念對有青少年的家庭而言尤其重要。父母經常侵犯了孩子的界域而不自知，甚且認為孩子是自私的、不友善的；許多青少年的情緒，即起因於他們的身體與心理界域的不完整。父母偷翻（看）孩子的日記、書包、電腦，或向其同學查詢相關行蹤等，都易引發青少年的反彈；有時候父母未告知孩子，而直接去找導師談話，也會引起孩子的抗議；如果父母不了解次系統與界域的概念，可能會認為孩子的生氣或抗議是在無理取鬧。

三、依附與親子關係

依附理論（attachment theory）從互動觀點出發來看，是一種動態系統，該理論強調小嬰兒在成長過程中，透過與主要照顧者的互動，嬰兒會主動的留意依附對象與自己的互動情形，進而發展出與他人互動模式，故而被視為是孩童社會發展的開端與後來所有人際關係的基礎（Bowlby, 1980）。

依附的相關研究在學界也有很多不同見解。早期認為依附關係原是指嬰兒與依附對象間強烈且持久的情感關係，而親子依附關係則指的是孩子與父母間一種具生物和演化功能的情感連結（Bowlby, 1988）。也有學者認為，依附是指個體對某個重要他人在情感上產生強烈且持久的一種附著現象，按此觀點來看依附為孩童最重要的心理特質，孩童因此種內在因素而發展出與依附者之間的親密關係；另有部分的學者（Gewirtz & Pelaez-Nogueras, 1991），不從所觀察到的社會行為去推斷心理上的附著，他們認為依附的重點只是一種互動行為的類型，如分離焦慮和身體親密接近等，都不涉及個體行為背後的心理歸因。

無疑地，家庭是兒童最早接觸的場所，也是生理、心理發展最重要的地方，而兒童與父母所建立的依附關係，更直接影響親子互動的良窳和日後與外界關係之建立；更確切地說，孩童對父母良性、安全的依附關係，為孩童日後發展社會網絡之基礎。父母親對於孩童情緒的敏感性及反應性決定了親子互動的品質，親子之間互動的品質是造成孩童不同的內在運作模式、情緒調節能力以及依附關係類型的重要依據（葉光輝、鄭欣佩、楊永瑞，2005）。Bowlby（1988）亦指出這些內在運作模式於嬰兒時期形成。

Bartholomew 和 Horowitz（1991）的分類依 Bowlby 提出的內在運作模式觀念，主張出兩種內在工作模式的形式：一種是對自我的內在運作模式，另一種為對他人的內在運作模式，用以說明、解釋兒童在早期的依附關係中，所形成的內在運作模式如何影響個體日後的「人際關係」良窳，後來

許多研究也以此來評估親子間的依附關係。其中對自我的內在運作模式乃是指存放在個人心中的「自我影像」，可分為正向自我影像，意即個體知覺自我是值得被愛的，而負向自我影像中，個體知覺自己是不值得被愛的。對他人的內在運作模式，乃是指存放在個人心中的「他人影像」，可分為正向他人影像，意即別人是會對我好而且可信賴的，以及負向他人影像，意即別人是不會對我好而且不可信賴的。

從生物學觀點而言，依附為孩童適應環境發展所需要的一種機制；孩童早期對母親或其他照顧者所形成的依附，讓孩童可以安全地探索外在複雜世界，得到必要的照顧、養育和撫慰，從而建立日後正常的人際關係和行為模式（葉光輝、鄭欣佩、楊永瑞，2005；Erwin, 1998）。當孩童對其母親有了安全性的依附，則他們也會發展信任和期待在其他的關係建立上，然而當孩童未能形成良性的依附，則可能變成焦慮、過度依賴甚或終其一生帶有不當的期望，無法與他人建立正常的信賴關係。Deklyen（1996）指出，孩童學得之不良依附，在長大為人父母後可能重複其孩童時期生長經驗，因而造成親職疏忽的代間傳遞。

母親和嬰孩在建立及維護健全的依附關係中，均扮演著非常重要的角色；嬰孩透過表情、氣質和對母親的回應來影響依附，而母親則藉由接納、敏感度和對孩童的回應來影響子女對她的依附關係。然而，現代家庭形式與壓力的變化，如失業、離婚、重病等，都可能影響母親對嬰孩的照顧和依附方式（Pianta, Sroufe, & Egeland, 1989）。

四、臨床上的相關發現

在臨床經驗方面，遭遇界域困擾的受害者往往不易分辨界域或受侵害的程度，主要原因在於界域的侵犯多發生在家中成員之間，特別是家中的父母長輩，且其侵犯行為已融入到日常生活而不自知。

一般受虐孩童在受虐事實揭發後尚且多所隱瞞、不願配合，更何況在成年之後，要承認以往經歷過界域方面的侵犯困擾經驗，則更加地不易。

判斷侵犯家庭界域的參考指標相當複雜，在此可將其整理摘述如下（王以仁主編，2001；王以仁，2002；Bedrosian & Bozicas, 1994）：

- 親子的分離問題，例如：拒絕上學。
- 跨越上下層級的性關係，例如：與上司、老師、治療師等。
- 反覆介入墮落、混雜、痛苦不悅或是引起焦慮的性經驗。
- 涉入非愉悅的性行為之中，例如：平息伴侶的忿怒或要求。
- 持續且志願與對其性侵犯或不斷騷擾的人保持接觸。
- 自我揭發與不當的個人或情境間之親密情事。
- 對重要他人的想法、感覺或行為過度專注。
- 朋友、家人或工作夥伴，所加諸身體私密不當的侵擾。
- 經常無力捍衛個人時間，使免於學習或工作上過度要求與打擾。
- 過度介入求助服務或業務關係的當事人。
- 一再地強烈介入熟人、鄰居和其他周圍外人的私人事物。
- 反覆自許為朋友或家人間紛爭的調解者。

第二節　家庭界域侵犯、界域模糊及其影響

個案報導

亂倫過程中個人界域遭到嚴重侵犯

彰化縣一名女國中生被父親拿棒球棍打爆頭，學校老師追問，才知她不但遭父親家暴，還從幼稚園開始就被父親視為禁臠，每星期猥褻或性侵二、三次長達九年，害她長期私處感染搔癢。女國中生指控說，十一年前，她還念幼稚園小班時，父親利用母親不在家，強拉她到臥室用手觸摸她的胸部、下體，後來更脫光她的衣服性侵她。這名父親否認性侵自己的女兒，辯稱女兒不聽管教才亂指控，因她罵他是豬，他很生氣，才拿棒球棍管教，但他有

控制力量；女兒的下體會搔癢不適，是個人衛生習慣不好，跟他無關。不過，合議庭法官採信女國中生的說詞，除依法量刑，還根據衛生署草屯療養院鑑定報告，認定被告罹患「酒癮合併酒精性身體疾患，個性衝動」，諭令被告服刑前，應接受矯治處分。

美國密蘇里州發現一名獸父，從女兒十三歲起對她性侵，並讓她產下四子。當局已發現其中兩個嬰兒的遺骸，另一嬰兒也已死亡。四十七歲的嫌犯二十一日被捕並控以二級謀殺、危害兒童福利、法定強姦罪、兩項亂倫及兩項棄屍罪。由於其妻也知道女兒遭性侵，並協助生產，被當局控以知情不報性侵危害兒童福利，她暫以一萬美元交保。法庭文件顯示，這個母親對丈夫和女兒的親密關係很嫉妒，但因很想要個兒子而忍下來，即使這個兒子是亂倫的結果。女孩在十三歲就被父親性侵，母親也默許。她別無選擇，六年來都受到父親掌控。法院文件指出，現年十九歲的女兒向警方指稱和父親生了四個孩子，但其父向探員表示，他只確定兩個孩子是和女兒所生。不過雙方都指出，孩子都是在家中自行接生。

英國一名亂倫獸父性侵和虐待兩名女兒長達二十五年，導致她們懷孕十八次，並生下七名子女，英國地方當局為未能防範這起連續亂倫案，向兩名受害女子致歉。這名五十六歲的英國男子因連續性侵女兒，被判處終生監禁後已入獄服刑。在地方當局嚴肅檢討本案後，亂倫細節才被揭露。報告披露，本案始於 1981 年，兩名女兒分別年僅八歲和十歲。起初天天遭性侵，其後每周約兩到三次。如果她倆拒絕父親求歡，就會被拳打腳踢。那個家庭於過去三十五年期間曾搬家六十七次，讓亂倫父親得以避免醜事曝光。媒體將本案與奧地利獸父佛里茲爾亂倫案相比擬，佛里茲爾把親生女兒關在地下室充當性奴隸長達二十四年，並謀殺亂倫生下的七名子女之一，佛里茲爾最後被判處終生監禁。

（本文係本書作者根據 2008 至 2010 年，國內外發生三件父親性侵女兒案例新聞內容之彙整）

由上述個案報導中，可知當父親違反父女間倫理，而長期性侵自己的女兒，對她所造成的身心傷害是何等的巨大。由此亦可得知，家庭內個人界域與隱私，應該獲得完全的尊重才是！以下將針對家庭界域侵犯、界域模糊等方面，加以深入探討。

一、家庭界域侵犯

界域常被視為區隔個體間、代間，甚至是家庭次系統間在身體及心理上的空間，此一安全舒適的空間將有利於個體及家庭的正常發展，因此建立及維護有效的界域就愈發顯得重要。家庭中成員保有身體及心理上的區隔空間，不僅是個人隱私的維護，同時也因為有了這一層區隔的「空間」，個體才能發展其獨立性、親密關係及某些獨特能力。以夫婦為例，二人之間雖然有極具親密的肉體關係，然而若不能彼此尊重個體間心理與身體上的界線，反而以侵蝕式的互動方式來彼此對待、干預，這就明顯地造成了「界域侵犯」（boundary violations），二人之間將會逐漸形成病態的相互依賴，且將破壞彼此間的有效心理距離，使得夫婦間的感情、思想及行為無法正常發展。其結果輕則不能尊重二人之間殊異的特質，常因家庭瑣碎事務而發生齟齬；重則互相限制，以操控對方而後快，甚至在雙生涯家庭之中，更設法左右其配偶言行及職場表現，終至夫婦關係瓦解，行同陌路。

孩童在出生後，核心家庭中的父母提供養育及保護之責任，同時家庭也提供子女最早與最安全的社會化場所，子女會在這種環境下，建立起和父母，尤其是母親的依附關係。在家庭功能正常的情境中，父母必須監護子女的身心發展、認知學習、行為習慣、醫療保健、同儕關係等，但同時也需要顧及子女的尊嚴及隱私，視子女為一健全而完整的個體。如此，父母基於教養的需要和目的，雖給子女限制但不至於造成傷害，保護他們使免於家庭內外的危險，卻不會限制子女獨立的發展。因此，父母應保持一適當的安全空間，不侵擾子女的思維、感受及行為態度，尤其更不可剝奪子女直接學習的經驗，例如：過度地保護而不敢讓子女出門。另外，父母也不可將自己因不愉快的婚姻經驗，所產生的負面情緒發洩在子女身上，使其成為代罪羔羊。

經常在家庭功能異常之婚姻關係中，父母與子女間的界域常會不受到尊重，離異的父母往往以各種方式，直接或間接地使孩童的尊嚴或隱私受到侵害，甚至無力保護子女免於受到來自家庭或社區的侵擾，常見的有：兒童虐待、性侵害等；在這種環境下長大的兒童，未能與父母建立安全的依附關係，長大後甚至也不自覺地學習這種不正常的界域觀念，不能尊重自己家人、子女間的安全空間，而演變成隔代兒虐、心理虐待之傳遞行為，隨著家庭生命週期不斷在重複類似的不幸事件。

家庭常見的界域侵犯行為，經歸納整理後可包括以下十一項（王以仁，2002；Bedrosian & Bozicas, 1994）：

- 不斷地對孩童或家庭成員進行身體虐待。
- 不斷涉入和其他家人的性關係或亂倫。
- 反覆強勢進行某些醫療行為，尤其是醫療未認可的，如一再的灌腸。
- 當孩童長大能照顧自己後，父母仍經常涉入子女個人的清潔衛生處理。
- 基於不充分的醫療或心理理由，對於孩童飲食、作息或行動嚴加控制。
- 一再地宣示父母或其他尊長知道孩童內心的想法及經驗。
- 父母或照顧者在沒有充分理由下持續地侵犯孩童隱私。
- 不合理的干預孩童與同儕或外界之接觸。
- 父母無能力或不願意保護子女，使其免於家庭以外的侵害。
- 使孩童涉入父母之間的金錢、宗教信仰、性行為或婚姻爭端等。
- 父母極端干預孩童成就導向的活動，尤其是在體能和藝術方面。

二、家庭界域侵犯實證研究

個人若在兒童時期遭受到界域侵犯，長大之後的生活會發生許多調適上的困難。有關學者長期追蹤研究童年時代遭受亂倫的成年人發現：亂倫的陰影會長期留駐在受害者的心靈深處，因而影響到情緒反應、自我形象、身體的感受、性功能以及人際關係。心理情緒的反應包括焦慮、受創後的恐懼症如害怕黑暗或獨處在封閉的房間、慢性沮喪如無助感、自殺念頭、自殘行為、分離感等等。

亂倫受害者一般常有強烈的羞愧感，認為自己的身體不潔、令人嫌惡，因此在行為表現上常會忽視自己的身體，不去照顧自己的健康，而焦慮所造成的消化不良、肌肉痙攣、呼吸不暢、嘔吐、腹痛、便秘等症狀也常併隨出現；另有很高比例的亂倫受害者出現性障礙，包括性慾、性功能取向、性反應滿足。至於人際間的互動則出現不信任，無法承諾建立關係；已有的關係則以空洞、單向、膚淺、理想化、爭執加以破壞，或以不成熟的友伴對待；在社交行為上則出現各種形式的獨立或強迫性的反社交行為。

家庭中，父母與子女間有一定的界域，如父母必須負起教養的責任，但又要與外界建立關係，在孩子面前且要維持一定的尊嚴；從子女的立場而言，既想黏著父母討其歡心，但稍大後又想自己能獨立自主，不要父母過度干涉。

不過在不健全的家庭中，特別是父母對子女，若侵犯了適度的界域，則成為界域侵犯，並將影響個體心理的健全發展。常見家庭中界域侵犯類型包括身體的虐待、性虐待與各種驚嚇經驗等。簡要說明如下（王以仁，2002；Bedrosian & Bozicas, 1994）：

(一) 體罰

兒童受父母或保母的身體虐待（physical abuse）或忽視，會影響其自尊而造成自我封閉、缺乏信心，況且肉體上的凌虐記憶將深植腦海，直到成年還不能忘懷。代替父母職的孩童（parentified children）則是有責無權，這類兒童表面上能力很強而承擔不少的家務，但因家計不良生活較差，常會產生自責、憤怒、焦慮與無用感，雖願意犧牲自己，但因智力、情感未臻成熟且認知能力不足，只有持續做出超體力負荷的工作才能獲得父母贊許，日久便形成情緒焦慮與低自尊者。

(二) 性虐待

兒童個性發展的形式和導向乃是依循與父母或家中其他成員接觸而得的刺激與經驗，在這「心理性別階段」（psychosexual stage），兒童為了獲得父母的親近、照顧，往往繼續承受負面的性虐待（sexual abuse），尤其在高度不健全的家庭，受性虐孩子可能還會特別受到父母的讚賞，如此將造成兒童日後自責產生無用感，甚至懷有「倖存罪惡感」（survivor guilt）。部分幸運的兒童可能獲得教師、保母或鄰居的協助，但往往自己的雙親也會試圖加以阻撓或責難。

(三) 驚嚇經驗

若是對於兒童施予過度的壓力，則會造成慢性的緊急狀態（chronic emergencies），並將使兒童形成某種焦慮，此時兒童可能會出現複雜的適應方法。研究受性虐待的女生，發現受創最為嚴重的因素依序為：(1)長時間、高頻率施虐；(2)近親（如父親）施虐；(3)年齡差距愈大者施虐；(4)男性侵犯；(5)強迫式；(6)浸淫式。

當然，這類受害兒童接受診療時，常有意隱藏或美化事實，或者無法完整地回憶受虐經過，只能偶然憶起一時的驚嚇。同時，兒童時代的性侵犯者常包括親人、鄰居、社區、教會等，這些熟人的施虐將更加深兒童心理受創的裂痕和輔導治療的困難。

三、界域侵犯的原因

許多當事人（不只兒童）變成界域侵犯的受害者，他們受害可能來自於家人、老闆、學校老師、輔導員等，從受害當事人的立場而言，他們不知道正常的人際間界域空間；事實上，人與人之間關係的框架本不易掌握。形成界域侵犯的原因包括以下五項（王以仁主編，2001；Bedrosian & Bozicas, 1994）：

- 不明瞭正常關係的內涵。
- 對加害施虐者的愚忠而予以維護。
- 害怕會失去與加害者之間的關係。
- 個人無能力避免別人之侵犯。
- 對於受虐行為的偏差責任感（如：認為自己罪有應得）。

在心理治療上，界域是一重要課題。維持正常的界域關係一方面可保有隱私、自主和安全；另一方面可讓治療師採多層面的互動模式，使當事人覺得受到支持與接納。

四、家庭界域模糊

Boss（1988）在研究家庭壓力的脈絡時指出，在整個社會情境下，家庭的壓力主要是來自於外在的脈絡（external context）和內在的脈絡（internal context），兩者都會影響到家庭的穩定和對壓力危機的處理。外在脈絡包括：全球政策、經濟、遺傳、成長和歷史等，這些都是家庭所不能或不易控制的；而內在脈絡則較能受家庭所控制，可分為結構（structural）、心理（psychological）和哲學的（philosophical）三個向度。

家庭的結構向度（structural dimension）係指家庭系統界域（family system boundary）中，某一個體是否屬於家庭界域之內的認知及辨認；尤其現代社會中，因工業化及都市化的結果，傳統家庭結構受到很大的挑戰，各種異於平常所謂的父母與子女或三代同堂的家庭形式不斷出現，家庭界域遂產生混沌不清的現象，例如：家庭成員不清楚誰在家庭系統之內，誰在家庭系統之外；如此對於家庭界域產生的模糊不清，其後果必是負向的，也會直接衝擊家庭的功能，造成家庭生活的壓力，例如：職場上的婦女在外工作時扮演主管的角色，但回到家庭，可能是嬰幼兒的母親及照顧者，也是先生的妻子，要想把家庭生活提升到較高的層次，絕不可能將妻子職場的態度和權威帶進家庭的界域中來達成。因此，有效的家庭生活管理與因應，必須要認清家庭界域的事實。然而，若長期對家庭界域嚴重的認知

模糊，則將造成家庭危機。

第三節　婚姻與家庭暴力及其防治

二十世紀六〇年代以降，社會結構丕變，傳統家庭組織正以驚人的腐蝕速度侵蝕人心，甚至整個社會對此變遷束手無策的時候，而認為破碎家庭並不等同於病態家庭，對不同家庭結構也應平等對待，不可持異樣眼光看待。其中身陷婚姻枷鎖，處於婚姻暴力的受害者中，有 95% 的女性及其子女（Gelles & Cornell, 1983），正飽受暴力的摧殘，造成身體、心理及情緒上的痛楚，卻鮮為外界所知。

Star（1987）的研究推測美國每四對夫婦中就有一對夫婦曾經歷一次暴力；台灣省社會處（1994）公布受虐婦女，佔已婚婦女 17.8%，這樣的數據絕不能完全反應受虐婦女的全貌，尤其在父權社會，家庭中的各種暴力都視為私領域，即使如檢警負有司法權力的機構都很難介入。因此，婚暴的不斷發生，受虐婦女的急遽增加，婚姻暴力已成為現代社會家庭中的主要問題。而近來研究發現，在美國每年約有一千至一千兩百名兒童死於兒虐或刻意地疏失，其中九成的年齡在五歲以下（Zinn & Eitzen, 2002）。

一、家庭暴力與虐待

家庭暴力泛指對家庭裡面的其他成員以任何激烈或不正當的身體力量所造成的迫害或口語虐待，暴力不見得會導致身體上的傷害，因此，當丈夫在盛怒時丟擲碗盤、破壞傢俱或擊打牆壁，實際上他或許並沒有傷害到妻子或子女，但他已經有暴力行為了。

家庭暴力一詞一直難以有明確的定義，尤其對何謂「正當」或「不正當」的使用武力其爭論更是大。一般對暴力的看法是以暴力行為對配偶或子女產生重大的影響。在社會化的過程，男性常被教導接受暴力，因此在童年階段的男孩子就被鼓勵以身體力量展現其好戰及攻擊的一面。

在瑞典，父母如果毆打子女的話是會被判監禁一個月的，但許多美國人卻相信打小孩是正常的，甚至認為是為小孩好。事實上，美國家庭仍有相當高的比例以體罰來訓練子女；有些男人或女人相信，在某些情況之下，男人打老婆是可以被接受的（Gelles, 1995）。大部分打老婆的施虐者會否認他們打老婆的行徑，這些施虐者慣常的托詞是：「我只不過輕輕地推她一把而已，我並沒有真正傷害她。」然而實際的情形是許多老婆已嚴重的受到傷害（Szinovacz, 1983）。政府公權力之所以遲遲不願介入家庭糾紛，主要還是在於對何謂「正當」或「不正當」的使用武力一詞無法下一明確的定義。至於虐待的操作性定義包括，身體傷害、照顧失當所引起的營養不良、遺棄、忽視、情緒虐待及性虐待（Hodson & Skeen, 1994）。

家庭暴力的研究指出，有暴力經驗或童年時有受虐經驗的個人和那些童年時期只經驗到一點點小暴力或完全沒有暴力經驗的人相比，前者長大後成為施虐者的機率比後者高（O'Leary & Curley, 1986）。

Ulbrich 及 Huber（1981）一項對有潛在暴力樣本的研究指出，假如男生觀察到父親有毆打母親的行為，他們比較容易接受以暴力行為來待對女人。而暴力行為也不只來自父母，有的甚至是來自於手足間的虐待；同時，受虐的子女有一些嚴重的情緒疾病產生，如害羞、憂鬱及消極人格。

二、婚姻暴力

現代人的婚姻標榜以愛情為基礎，男女雙方經由認識、了解而結合，與傳統社會多藉由媒妁之言或父母之命者迥然不同。然而，諷刺的是現代婚姻並未因男女雙方的相愛相知而減低夫妻間的緊張與衝突，反而可能因為生活在一起，又不能彼此互相尊重與支持，造成嚴重的界域（boundary）侵犯，導致種種身體上（physical）、情緒上（emotional）和言語上（verbal）的不當對待及虐待。

婚姻暴力的定義迄今並無一致的看法，同時在調查取樣上國內外也存

在很大的差異，然在實際上，虐待及暴力行為可能發生在夫妻、同居男女、離婚、已分居男女，或曾有過親密性關係的異性朋友之間。

劉可屏（1987；378）研究，認為：「虐待妻子係指丈夫或有同居關係的男子故意攻擊妻子或同居人，使其身體一再受到嚴重傷害。」陳若璋（1988：103-112）將婚姻暴力定義為：「配偶之一方以身體或武器侵犯另一配偶（亦可包括其同居人或親密之異性朋友）；其頻率往往從一週數次至一年數次，其傷害程度從不需要治療到傷害至死皆有。」黃富源（1994：92）對婚姻暴力的定義如下：「婚姻暴力或夫妻間暴力是家庭暴力的一種。而家庭暴力係指家庭成員所發生的口頭上或身體上的攻擊或惡意的疏待行為……。婚姻暴力因此可定義為家庭成員中之夫妻間，所發生的口頭上或身體上的攻擊或惡意的疏待行為。」

在 Makepeace（1981）對受害者與施虐者約會暴力的研究指出，一些社會層面的背景因素或問題，極可能隱含了暴力行為，例如：少數民族、無宗教信仰或不常上教堂者、極低或極高的收入、社會壓力、疏離、破碎家庭、情感疏離、嚴厲的親職、過早的約會行為、學校與職場的虐待問題。

三、婚姻暴力的虐待類型

依據明尼蘇達州聖保羅家庭服務中心的資料（周月清，1996），婚姻暴力包括下列五種虐待類型：

(一) 身體毆打（physical battering）

對受虐者身體施予攻擊行為，可能是受害者身體的某一部位，如臉孔、四肢，或多個身體部位；施虐情形包括打、擠、推、揍、拉、摑、踢、抓髮、壓、燒、揉、潑水、巴掌、丟擲、射擊等，造成的身體傷害程度可能從外表的挫傷到謀殺致命。

(二) 性暴力（sexual violence）

迫使受害者進行性行為或強迫她們從事不願意的性行為，甚或強迫與第三者發生性行為；另外施虐者可能因為吃醋、懷疑受害者有婚外情，或心理異常將她當做妓女或淫婦，對其進行胸部或陰部的侵犯或攻擊。

(三) 破壞財物或寵物（destruction of property or pets）

直接破壞婦女的財物或對其所飼養的寵物加以虐待，此一行為對受害人所造成的心理傷害，絕不亞於直接對身體的傷害。

(四) 精神虐待（psychological battering）

精神上的不當對待比身體上的虐待更為嚴重，常造成受害者心理上很大的創傷，其虐待的手段可能包括種種足以令受害人產生疏離、干擾、威脅或恐慌等心理症狀，例如：以語言傷害自尊、否認對方的感覺想法、忽視對方的存在、脅迫對方不願從事的工作、以自殺或抱走子女做威脅、控制行動、拒給金錢或生活必需用品、隔絕外界關係、強迫性的生活作息干擾等。

(五) 情緒虐待（emotional abuse）

給予受害者經常性的情緒侮辱、歧視、漫罵、吼叫等不當行為。臨床上亦常發現施暴者由於自卑感作祟，對受害人有著極嚴重的佔有慾與強烈的嫉妒心，在心理上及行為上從依賴對方逐漸變成控制對方的行為，令她寸步不離，完全在其視線之內，稍有不從，則以男性的優越感或偏狹的價值觀加以疑神疑鬼、憑空杜撰；施虐者為了安全感，也可能半夜怕黑、孤獨，而吵醒受害人，使其不得安寧，造成心理及生理上很大的困擾。

四、婚姻暴力問題的迷思

針對國內及美國有關婚姻暴力迷思之研究，扼要探討如下（洪文惠，1995；陳若璋，1993；Barnett, Miller, & Perrin, 1997）：

- 多數人認為婚姻暴力只會發生在少數婦女身上。但事實上，美國受虐婦女約佔三分之一，而台灣則有近兩成的婦女也有受虐經驗。
- 受虐婦女社經地位較低。事實上，來自中上層的家庭也不少。
- 受虐婦女教育程度較低且謀生技能不佳。事實上，各社經家庭都可能。
- 被毆婦女有被虐待傾向。事實上，受害婦女覺得身心煎熬。
- 被毆打婦女不是好妻子也不是好母親。事實上，也不盡然如此。
- 毆打事件大多發生在酗酒或藥物使用之後。事實上，沒有絕對關係。
- 毆打事件只是偶發事件。事實上，會持續地出現。
- 施虐者與受虐者都可能有精神疾病。事實上，只有少數施暴者如此。
- 受虐婦女可輕易脫離受虐情境，是她們不願。事實上，並非如此。
- 長期的虐待關係會有改善的一天。事實上，暴力的發生循環不已。

根據美國華盛頓特區 1990 年的婦女虐待防治方案（引自周月清，1996），針對施虐男人的資料指出：

- 施虐男人來自社會各個種族、社會階層、宗教、收入、教育程度。
- 施虐者的特質是他們往往否認暴力行為的嚴重性，面對詰問時，他們傾向抱怨他們的伴侶，而拒絕負起事後責任。
- 施虐者可能在其成長背景中學習以暴力行為解決問題；施虐者可能來自一個有暴力行為發生的家庭。
- 很多施虐者未必在其工作上或朋友關係中會有暴力行為。
- 很多施虐者對兩性關係都有一傳統而固執的想法。
- 施虐者比較重視他們自己的需求，而不在乎被他們所虐待的伴侶是否會有被虐待所引發的痛苦和傷害。

- 大部分有虐待傾向的男人未必是精神失常者，不當視這些男人是有病的個體，而因此忽略了要求他們負起虐待行為的責任。
- 酗酒或藥物濫用並不是直接造成虐待行為的原因，大多數是因其原本即存在有暴力傾向。
- 社會教導男人控制他們的女人，使用暴力或威脅的方法來控制他們的伴侶。社會允許男人以暴力來解決問題。
- 施虐者的暴力行為要予以控制，否則它不會自然消失。可見暴力的行使者包括各種族裔、階層，普遍存在於每一社區；然而施虐者間的差異很大，施虐原因也各不相同。

五、婚姻暴力發生的頻率

婚姻暴力常被認為是在家庭中夫妻間的私事，美國暴力原因和防治委員會（Stark & McEvoy, 1970）在 1960 年代末期提出的研究結論指出，有四分之一的男性和六分之一的女性認為，在某些情形下，丈夫毆打妻子是被允許的。因此施虐或配偶暴力的真實性仍多所隱藏，而且許多統計資料來自不具代表性或樣本較少的研究樣本，或僅依據電話報案紀錄的官方資料，因此要精確地推斷婚暴的發生率、施虐的嚴重性和範圍，仍有所限制與缺失。

Straus 和 Gelles（1986）分別在 1975 年的 2,143 個個案，及 1985 年的 3,520 個個案訪談調查中，發現虐妻的比例下降 21.8%，虐妻的發生頻率平均一年約三次。下降比例雖沒有達到統計考驗的顯著性，但仍有其實際的意義，此可歸因於美國家庭結構的改變、虐妻態度於法不容、經濟改善、預防宣導以及婚姻暴力處遇方案的快速推展等配套措施。

婚姻與家庭暴力經常以各種不同形式出現，其極端的發展下去往往會侵奪了家人性命，就如同本章開始所描述個案報導類似情形。根據相關研究估計，父母攜子女自殺比率，台灣是美國的三倍。這可能是因東方文化家庭觀念較重，且家族成員向心力強，父母往往傾向於決定孩子的生或死，

當自己不想活也要帶孩子離開世界。在攜子自殺事件分析中，所描繪出弱勢高風險家庭的樣貌為：中年夫妻、禍不單行、夫妻失和、失業、求助管道有限，受害的子女多為幼小或身心障礙者。

現今，婚姻與家庭暴力是隱藏多年的現象，其造成的負面影響已成為一個嚴重的社會問題，目前也是許多相關社會科學研究者的主題之一（Anderson & Taylor, 2000）。過去四、五十年間受虐婦女與兒童已漸受到關注，其每年實際的受虐人數，會比相關統計數字高出許多（Parrillo, Stimson, & Stimson, 1996）。但此一領域受到學界青睞，注入科學性的系統研究則是近三十年間的事。婚姻暴力的研究正結合心理、生理、社會、文化、法律、警政、教育等的研究成果，不獨重視理論的探索，復以更務實的觀點，來檢視婚姻暴力的實際問題，俾供受虐婦女獲得實質的幫助，而不再單就她們受虐的結果，誤診為身心症候群患者。

六、婚姻與家庭暴力的影響

儘管婚姻暴力發生的原因可能極其複雜，施虐者個人的心理、行為特質與外在環境的交互作用結果催化了暴力的發生，個人除了可能因暴力的程度而觸法，導致各種身心症狀外，對子女成長、整個家庭及社會也產生極大的負面影響。

(一) 對子女的影響

處在婚姻暴力威脅下的兒童，因目睹親人施暴而學習攻擊與暴力行為，對兩性角色的認知產生混淆，日後自己結婚後，也會以同樣的方式處理婚姻的衝突事件，衍生代間傳遞；即使女孩受限於生理條件及社會期許而壓抑了可能的暴力行為，亦造成認知上的嚴重扭曲，使其在成長過程中充滿焦慮、不安全感、對愛的不信任，以及人際關係困難等心理問題，這些影響可能是隱含、細微而不易發現的，但對子女人格的發展卻是深遠而不容忽視的。

(二) 對家庭關係的影響

從微視系統的觀點而言，婚姻暴力使得婚姻的本質起了巨大的變化，代間關係因暴力的發生而疏離，雙方對婚姻的期待與滿意度都會降低。破裂的婚姻關係使得家庭成員間的互動產生緊張，家庭動力逐漸消失，最後瓦解殆盡，如此造成了成員間，尤其是妻子與子女，感情沒有依靠，經濟失去支柱，無論是結束婚姻關係或保留已然分崩離析的家庭樣貌，家庭的功能實已大為折損，亦失去家庭對成員間的社會化意義。

(三) 對社會關係的影響

嚴重的婚姻暴力涉及法律的問題。就整個社會文化的巨視系統來看，婚姻暴力的一再發生將使社會大眾——尤其是丈夫認為施虐是家務事，是於法所容的，導致男性將習以暴力控制女性，以此解決夫妻衝突，此一扭曲的兩性關係認知會帶來整個文化、價值觀的負面影響。

七、婚姻與家庭暴力的防治

配偶虐待或兒童虐待的處遇，精神病學模式、社會學模式及社會情境模式是三種主要幫助受虐家庭的治療模式。精神病學模式是以個人、家庭或團體治療為主；社會學模式強調家庭計畫、墮胎服務、家庭生活教育及支持性的服務，如日間托育中心、托嬰學校、家庭服務；社會情境模式則試圖緩和社會情境中的苦難，及改變家庭成員間的互動型態。

一般有關配偶虐待的處遇包括：危機避難所、過渡收容所、熱線服務、警察介入團體、法律介入、受過專業訓練的社工人員，及家庭治療服務團體。由於一般人仍持有不介入他人家庭的觀念，因而使得許多受虐案件無法被舉發報導出來而影響接受治療的時間。醫療院所相關人員及一般大眾應改變上面的觀念，對於受虐案件有更高的警覺心，並舉發之以盡可能及早干預此不幸事件的再發生。最近幾年，媒體對於配偶及兒童虐待事件已

投注相當多的心力希望引起大眾的關注，而且也收到不錯的成效。

美國自 1980 年後，各州多訂有家庭暴力方面的立法，婚姻暴力案件已從傳統的家務事，提升到公權力介入的司法事件；1970 年代以前許多警局在處理婚暴案件時採取「補釘法則」（stitch rules），認為受虐案件的受理必須以受虐的婦女傷口的手術縫線為先決條件，而執法人員在執行業務時也經常受到無謂的攻擊甚或被殺害。我國亦訂有「婚姻暴力防治法」、內政部訂頒「婦女福利法草案」，以及「家庭教育法」等相關法令，正式針對婚姻暴力採取強力的法律介入行動。

然而美國到目前為止，仍有上百萬婦女找不到適當的資源來協助她們終止受虐關係，包括有警政司法、醫療、社會等專業體系之正式系統（Pagelow, 1981）。我國婦女福利法草案第四條規定：婦女福利主管機關，在中央為內政部；在省（市）為省（市）政府社會處（局）；在縣（市）為縣（市）政府，然而受限於經費、專業人員、法令規定等因素，這些機構大多給予當事人情緒上的支持及提供臨時避難所，對受虐婦女脫離受虐情況並無太大幫助，況且各地區的庇護設施多寡不一，有效的支持系統相差懸殊，非廣為人知，因而許多受虐婦女遂轉而尋求非正式的社會支持，包括受虐婦女個人之互動網絡、親戚、朋友、同事或宗教團體。在實務上常發現多數受虐婦女最先考慮回娘家尋求支持，除了說明父權思想的文化架構外，也道出受虐婦女之無奈及支持資源之匱乏；甚至受經濟等因素窘困所迫，而在受虐情況下也沒有放棄婚姻的本錢（McCloskey, 1996）。

今後在婚姻與家庭暴力防治上，應分別考慮個人、家庭、社會及文化等因素著手（Tan, Ray, & Cate, 1991）。更宜加強社會支持網絡，社會工作者不只應從微視系統即時的介入受虐案件，也必須從中視巨視系統將家庭、社區及社會價值觀與各種資源網絡結合，如此才能提供務實的支持方案與處置。同時，針對家庭暴力的相關研究，也進入暴力的類別與內容及社會人口觀點來分析（Johnson & Ferraro, 2000）。

第四節　家人代間關係改變及其衍生問題

隨著時代演變腳步的加快，家庭界域與代間關係都產生十分急遽的改變。不僅是傳統多代同堂的大家庭已瀕臨瓦解，即使核心小家庭內，幾位家庭成員彼此的界線與親疏關係，也產生了頗大的變動！

一、傳統大家庭的解組

家庭生命的循環始自男女結婚組織家庭，而後生育子女並形成代代相傳的家庭體系。傳統的中國家族特重長幼尊卑之序，男女內外之別；因在一家之內，子必從父，婦必從夫；在一族之內，幼必從長。家族為社會之本位，而家中長輩居於領袖、法官、財產所有者的地位；同時，家庭也是多方面的中心，其功能同時包括：經濟單位、政治單位、宗教單位與教育單位（吳自甦，1989）。中國文化中的許多特質，例如：孝道、親屬關係、祖先崇拜、敬老尊賢等，也都在此等家庭教化中實施。家庭是社會的最基本單位，也是社會安定的基礎；個人人格的養成多從家庭開始，並從與家人的互動延伸到社會的連鎖關係；一旦家庭瓦解，則個人與社會之間難以聯貫，造成社會必然解組，社會問題也會因此而叢生。

中國家族制度以親子為中心，一個家庭可能包括上下好幾代，而成為人口眾多的「大家庭」。同代或相連兩代之間，一般說來具有較密切的關係，例如：夫婦、兄弟或親子間的關係比起伯叔與甥姪來得密切。透過這種親密關係，家庭成員可有效地情感交流、完成家庭社會化與發展個人健全之身心。故在心理治療上，心理學家常採頓悟導向模式（insight-oriented model），讓當事人深入了解自己的原生家庭（family origin），以期從健全的代間關係中獲取正面積極的態度，並以相關的生活經驗來實施心理治療（Bedrosian & Bozicas, 1994）。近世紀以來醫療進步神速，個人的生命

年歲延長，四、五代同堂的家庭時有所聞，家庭各代之間的關係也增加了複雜性，例如：女性可能為人母親長達七十年，而其角色在多代之間，卻同時也扮演祖母、曾祖母的角色，優點是長壽象徵家族系統血源完整、兒孫滿堂而穩定，但也因退休、衰老、矜寡，加上子女數少，老人照顧形成重大的家庭負擔，甚至有的老者乏人照料，而嚴重影響老人的身心健康。

二、核心小家庭的產生

今日社會「核心家庭」蔚為主流，人口數降低、親子網絡關係亦隨之減弱，年輕人忽視孝道與敬老等傳統倫理。年齡也不再能代表個人的聲望和家族權威，家族倫理和個人權利衝突事件屢見不鮮。家庭成員的情感也不再依循「父慈、子孝、兄友、弟恭」的倫理規範，不僅造成夫婦關係破裂而導致離婚，親子間的「代溝」也可能隨著成長就業而減少互動往來，此外妯娌不合可能使得兄弟鬩牆，凡此種種均說明了核心家庭的發展趨勢，確實改變了家庭成員間的關係，縮短了親友網絡原有的緊密模式，使得家庭成員間親疏階層之互動行為，產生了根本的變化。

核心家庭看起來因家中人口較簡單，彼此的互動關係似乎可以更為頻繁而密切，但事實上往往卻不然。因核心家庭中每個人都有特定的角色與職責，稍有變故發生則無法正常運作（不像傳統大家庭很容易找到替補人員）。同時，代間關係也不是說斷就斷，期間的影響力真如藕斷絲連般地牽扯不清！

有時，核心家庭的孩子在成年期或更早時，就嘗試以地理上的分離（搬到遠處去居住），來使自己與家庭隔離；或採心理上的藩籬（不與父母交談）；或以自我欺騙的方法，企圖切斷其與家庭的實際接觸。這種想像中的自由稱為「情緒截斷」（emotional cutoff），試圖從未解決的情緒束縛中逃走，而非真實的解決。情緒截斷最常發生在有高度焦慮與情緒依賴的小家庭，當這兩個因素都增加時，如對家庭和諧的期望愈大，家庭成員間的衝突往往就會被偽裝且隱藏起來；一旦要求家人緊密融合的情形超過個人可忍受的極限時，有些家庭成員就會尋求在情緒上、社會上甚至身體上，保持更大的距離以作為自我保護（翁樹澍、王大維譯，1999）。

三、妥善處理家庭界域與家人代間關係

從前述探究家庭界域的過程中，可明顯地體認到人本主義盛行之今日，家人之間要想維持適當的親疏互動關係，確實需要建立家人共同認定的界線。同時，家庭代間關係的認知也有益於確保家庭功能的維護；在心理學的診療應用方面，更可藉此達成以下四項目標（王以仁主編，2001；王以仁，2002；Bedrosian & Bozicas, 1994）：

- 發掘影響家族健全發展的因素，例如：父母教養方式、界域衝突、溝通不當等。
- 了解當事人從兒童期開始的發展軌跡。
- 釐清當事人的基本信念、訊息認知處理方式和關係典型。
- 提供某些基本的假設，以解決當事人之困境。

代間關係通常可提供心理諮商師和當事人了解其原生家庭的歷史淵源，俾從整體的觀點研擬評估及診治的策略，此種「科學實作者模式」（scientist-practitioner model）可避免在治療過程中見樹不見林，以瑣碎的觀察而做浮濫解釋的缺點。界域的探索則從個體與個體間或個體與環境間尋找其所謂的「心理舒適圈」（psychological comfort zones），踰越此一界線將構成他人心理或生理上的侵犯，治療師的任務就是在於提出他個人建設性的看法、經驗和妥善的理念給當事人，讓當事人可明確知道界域的範圍，使其在人際關係上保持親近，但在心理上仍保有自主的整體性。

總之，核心小家庭在家人間的互動關係雖較為密切，但每個成員仍需要有自己的獨處空間及個別隱私。稍有不慎，孩童即可能遭到原生家庭或相關親友界域侵犯而成為受害者，其結果往往產生自我認同失敗的嚴重困擾；而與家庭成員或朋友保持過度黏密融合關係時，甚至會促使被害者對加害者或加害者的行為產生強烈的自我譴責，而認為加害者的侵犯行為都

是因被害者本身的不好所引發的。

因此，從界域及代間關係之角度來解決家庭成員心理及行為困擾的問題，可說是正值方興未艾之際。當然在心理治療上這是一嶄新的研究方向，此種臨床的縱向研究，可進入問題核心做深度的剖析。但無疑地，此一技術耗費的時間、人力頗為可觀，且其診療模式仍有待改善與繼續研發之處；迄今的研究發現，性虐待受害者對於人際關係界域的維持普遍顯現其困難，以及對他人的不信任和拒絕傾向，這些對治療師而言都是十分艱難的挑戰。諮商輔導界今後或可從多個層面，來設法減低當事人家人代間關係的負面因素及相關影響，加強維護正當的家庭代間關係及設定妥適的家庭界域，以期能藉此來解決現今複雜的家庭問題。

「界域」一般係指物理空間上的範圍與間隔界線。而「家庭界域」則指家庭中的成員、上下世代或次系統之間，在生理、心理方面的空間範疇，此一空間的建立和維持，對於家庭及個體的發展極為重要。實證研究發現，童年受到原生家庭界域侵犯的受害者，長大之後也會不自覺地在其成人生活中，製造類似的環境空間，此種由於自身缺乏正常的參考架構，使得他們在人與人之間、上下兩代間或上下層級間產生不正常的侵犯行為。這些違犯界域的當事人，在處理當前人際關係所面臨的困難，可推溯到童年時期自身界域受侵犯的經驗，而侵害者可能包括自己家人及其他權威人物。

童年受到原生家庭界域侵犯的受害者，其結果往往造成自我認同失敗，而與家庭成員或朋友保持過度黏密融合關係，此種關係甚至會促使被害者對加害者或加害者的行為產生強烈的自我譴責，而認為加害者的侵犯行為都是因被害者本身的不好所引發的。

依附研究在學界也有很多不同見解。早期認為依附是指個體對某個重要他人在情感上強烈且持久的一種附著現象，按此觀點來看依附

為孩童最重要的心理特質，孩童也因此種內在因素而發展出與依附者的親密關係；另外有部分學者，不從觀察到的社會行為去推斷心理上的附著，他們認為依附的重點只是一種互動行為的類型，如分離焦慮和身體親密接近等。

判斷侵犯家庭界域的參考指標相當複雜，包括：(1)親子的分離問題；(2)跨越上下層級的性關係；(3)反覆介入墮落、混雜、痛苦不悅的性經驗；(4)涉入非愉悅的性行為之中；(5)持續且志願與對其性侵犯或不斷騷擾的人保持接觸；(6)自我揭發與不當的個人或情境間之親密情事；(7)對重要他人想法、感覺或行為過度專注；(8)朋友、家人或工作夥伴所加諸身體私密不當的侵擾；(9)經常無力捍衛個人時間使免於學習或工作上過度要求與打擾；(10)過度介入求助服務或業務關係的當事人；(11)一再地強烈介入熟人、鄰居和其他周圍外人的私人事物；(12)反覆自許為朋友或家人間紛爭的調解者。

兩人之間若不能彼此尊重個體間心理與身體上的界線，反而以侵蝕式的互動方式來彼此對待、干預，這就明顯地造成「界域侵犯」。父母基於教養的需要和目的，雖給子女限制但不至於造成傷害，保護他們免於家庭內外的危險，卻不會限制子女獨立的發展。父母應保持適當的安全空間，不侵擾子女的思維、感受及行為態度，尤其不可剝奪子女直接學習經驗。

家庭常見的界域侵犯行為，經歸納後可包括：(1)不斷地對孩童或家庭成員進行身體虐待；(2)不斷涉入和其他家人的性關係或亂倫；(3)反覆強勢進行某些醫療行為尤其是醫療未認可的；(4)當孩童長大能照顧自己後，父母仍經常涉入子女個人的清潔衛生處理；(5)基於不充分的醫療或心理理由對於孩童飲食、作息或行動嚴加控制；(6)一再地宣示父母或其他尊長知道孩童內心的想法及經驗；(7)父母或照顧者在沒有充分理由下持續地侵犯孩童隱私；(8)不合理的干預孩童與同儕或外界之接觸；(9)父母無能力或不願意保護子女，使其免於家庭以外的侵害；(10)使孩童涉入父母之間的金錢、宗教信仰、性行為或婚姻爭端

等；(11)父母極端干預孩童成就導向的活動。

個人若在兒童時期遭受到界域侵犯，長大之後的生活會發生許多調適上的困難。有關學者長期追蹤研究童年時代遭受亂倫的成年人發現：亂倫的陰影會長期留駐在受害者的心靈深處，因而影響到情緒反應、自我形象、身體的感受、性功能以及人際關係。心理情緒的反應包括：焦慮、受創後的恐懼症（如害怕黑暗或獨處在封閉的房間）、慢性沮喪（如無助感）、自殺念頭、自殘行為、分離感等。

常見家庭中界域侵犯類型，包括：身體的虐待（體罰）、性虐待與各種驚嚇經驗等。許多當事人（不只兒童）變成界域侵犯的受害者，他們受害可能來自於家人、老闆、老師、輔導員等，從受害當事人的立場而言，他們不知道正常的人際間界域空間。形成界域侵犯的原因包括：(1)不明瞭正常關係的內涵；(2)對加害施虐者的愚忠而予以維護；(3)害怕會失去與加害者之間的關係；(4)個人無能力避免別人之侵犯；(5)對於受虐行為的偏差責任感。

婚姻暴力的定義迄今並無一致的看法，同時在調查取樣上國內外也存在很大的差異。在實務上，虐待及暴力行為可能發生在夫妻、同居男女、已離婚或已分居男女及曾有過親密性關係的異性朋友之間，暴力的範圍則涵蓋從身體上的攻擊到心理上的疏待行為。

依據明尼蘇達州聖保羅家庭服務中心的資料，婚姻暴力包括下列五種虐待類型：身體毆打、性暴力、破壞財物或寵物、精神虐待和情緒虐待。許多受虐婦仍選擇接受宿命的安排，未尋求正式的管道接受外界的援助，實迫於無奈，而她們難以跳脫與施虐者的關係可能由於個人心理因素、家庭因素、社會文化的價值觀與信念，以及社會上可提供的支援體系，包括醫療、警政、社工、司法等資源的缺乏或不濟。

婚姻暴力造成的負面影響已成為一個嚴重的社會問題。過去三十年間受虐婦女已漸受到關注，但此一領域受到學界青睞，注入科學性的系統研究則是近二十年間的事。婚姻暴力的研究正結合心理、生理、社會、文化、法律、警政、教育等的研究成果，不獨重視理論的探索，

復且以更務實的觀點，來檢視婚姻暴力的實際問題，俾供受虐婦女獲得實質的幫助，而不再單就她們受虐的結果，誤診為身心症候群患者。

美國自 1980 年後，各州多訂有家庭暴力方面的立法，1970 年代以前許多警局在處理婚暴案件時採取「補釘法則」，認為受虐案件的受理必須以受虐婦女傷口的手術縫線為先決條件。我國亦訂有「婚姻暴力防治法」、內政部訂頒「婦女福利法草案」，以及「家庭教育法」等相關法令，正式針對婚姻暴力採取強力的法律介入行動。

婚姻暴力的防治工作應加強社會支持網絡，從微視系統即時的介入受虐案件，以至於從中視巨視系統，將家庭、社區及社會價值觀與各種資源網絡結合，才是務實可行之道。

家庭結構是指家庭系統界域中，某一個體是否屬於家庭界域之內的認知及辨認；尤其現代社會中，因工業化及都市化的結果，傳統家庭結構受到很大的挑戰。隨著時代演變腳步的加快，家庭界域與代間關係都產生十分急遽的改變。最主要的現象為：(1)傳統大家庭的解組；(2)核心小家庭的產生；(3)審慎處理家庭界域與家人代間關係。「代間關係」是指家族結構中代內、代與代之間及多代之間的關係。傳統家庭制度完整而嚴密，父母與子女之間關係密切，而三代同堂的情形亦十分普遍，構成一健全的家庭系統組織；但工業發達之後帶來的都市文明，加上多元文化價值衝擊，使得核心家庭逐漸成為今日家庭型態的主流。

界域的探索則從個體與個體間或個體與環境間尋找其所謂的「心理舒適圈」，踰越此一界線將構成他人心理或生理上的侵犯，治療師的任務就是在於提出他個人建設性的看法、經驗和妥善的理念給當事人，讓當事人可明確地知道界域的範圍，使其在人際關係上保持親近，但在心理上仍保有自主的整體性。從界域及代間關係之角度來解決家庭成員心理及行為困擾的問題，可說是正值方興未艾之際。在心理治療上這是一嶄新的研究方向，此種臨床的縱向研究，應可進入問題核心做深度的剖析。

研討問題

一、試列舉大自然中的兩項「界域」情形，藉此來比擬說明何以家人中需要有「家庭界域」的存在？請深入加以論述之。

二、請列出在你自己家人之間有哪些「界域」？在修讀本章後是否有進一步要調整或增刪的部分？請一一予以說明。

三、何以「家庭界域」有時會產生混沌不清的現象？嚴重狀態的混沌模糊將會造成哪些個人或家庭危機？試深入予以探究之。

四、試從「界域」的角度來分析，在家暴下受虐的孩童不敢表示或不易脫離受虐環境的主因為何？請至少列出三項來探討之。

五、在我們的社會文化中存在著許多虐妻的迷思，試舉兩例說明其對婚姻暴力的作用和關係。

六、婚姻暴力的受害者絕大部分都是婦女，試以生態觀點闡述其理由為何？

七、傳統「三代同堂」與現代「核心家庭」之間，在各自「家庭界域」的定位上有何明顯之差異？請詳細加以列舉說明之。

愛情發展、失戀與復原力

本章學習目標

- 親密相處及互動關係的建立與持續，可分為哪四個階段？
- 在彼此交往的過程中，有哪些吸引人的重要因素？
- 愛的基本定義為何？
- 何謂 Sternberg 提出的「愛情三元論」？
- 愛情的相關理論有哪些內容？
- 何謂 Reiss 提出的「愛情車輪理論」？
- 何謂「同居」？「同居」的動機為何？
- 失戀相關理論的內容有哪些？
- 愛情失落後再成長的步驟為何？
- 針對失戀後個體在情緒、認知、行為部分，有哪些可能出現的因應？
- 愛情復原力所包含的內容為何？
- 針對愛情涉入程度與分手後復原力展現之間的關係為何？

報紙投書

讓高中生好好修讀「情與愛」的學科內容

日昨教育部公布自98學年度開始，高中生一律要在「公民與社會」新課程中，修讀有關情與愛的主題，且該科也即將正式納入而成為進入大學「學科能力」測驗的考科之一，致使情愛學分成為高中生的必修內容。

其實，今天吾人是生活在一個開放而重視性別平等的社會，男女兩性的互動與共治是極其平常的一件事。不但在我們所處的家庭、社區、學校、城市是由男女兩性自然組成，在個體從青春期發育開始，多數人對異性的好奇與需要，亦將伴隨其一生之久！然而，經常可從報章雜誌與相關媒體

報導中，看到許多感情受挫或愛情不睦而造成傷人與自殘的不幸悲劇案例。使得原本「情與愛」這般美好之事，卻因處理不好而弄得家破人亡，怎不令人感慨萬分呢！

如今，將情與愛的主題納入高中「公民與社會」科目中正式修習，期盼能讓學生藉此而產生深入清楚地認知與體認，千萬別因加入升學考科而又陷入「背多分」的泥淖中；而每當面對這類的學習時，就只知道在相關的字詞解釋與理論派別中，去背誦記憶或設法找出標準答案。要知道「愛情」一事的奇妙與珍貴，就正如聖經雅歌書八章七節所言：「愛情眾水不能熄滅，大水也不能淹沒；若有人能家中所有的財寶要換愛情，就全被藐視。」

（本文係本書作者在 2007 年 6 月 23 日，發表於基督教論壇報第 3 版「新聞短打」）

上述文章中，談到教育部修訂課綱，要求高中生一律得在「公民與社會」新課程中，修讀有關情與愛的主題，其實情與愛是每個人一生中所要學習及經歷者。在本章中將分別針對愛的本質與發展、分手及其因應的相關理論、愛情復原力之內涵與研究等部分，一一加以說明如後。

第一節　愛的本質與發展

古今中外，在個人一生的成長和發展過程中，感情與婚姻向來都是非常重要的課題。而我們今天正生活在一個開放而重視性別平等的社會，男女兩性的互動與共治是極其平常的一件事；不但在我們所處的家庭、社區、學校、城市是由男女兩性自然組成，在個體從青春期發育開始，多數人對異性的好奇與需要，將伴隨其一生之久！

然而，經常可從報章雜誌與相關媒體報導中，看到許多人因感情受挫或愛情不睦而造成傷人與自殘的不幸悲劇；使得原本「情與愛」這般美好之事，卻由於一時處理不好而弄得家破人亡，怎不令人感慨萬分呢！

以下要針對兩性的吸引、何謂愛情、愛情相關理論以及戀愛的親密關係發展等部分，分別加以探討之。

一、兩性的吸引

愛是相愛的雙方彼此間的互動作用。在與人親密相處及互動的過程中，其關係的建立與持續發展，也可分為以下四個階段（王以仁，2007；洪英正、錢玉芬編譯，2003；曾端真、曾玲珉譯，1996），分別說明如後：

- 彼此吸引：在人與人剛剛接觸與見面打招呼之際，就會有人際吸引力的產生；因著外在的美貌、幽默的談吐、過人的才華、親切的態度等，都可能會產生不同程度的人際吸引，而成為最初人際互動的「點頭之交」。
- 開始交談：有了接觸與吸引之後，自然會針對某些主題彼此聊聊，藉以交換意見，由此可蒐集有關對方更多的資訊，亦能使得彼此之間有著更深一層的相互認識。
- 持續交談：經過以上兩個階段後，若彼此之間都很滿意而想要能有進一步的互動與交往，則他們之間就會維持更頻繁而密切的接觸與交談，以便藉此產生較深之情誼。
- 邁向親密：當兩人之間的相處十分融洽、交談熱絡且能長久相互吸引，最後就會彼此結成「深交密友」，甚至特殊關係的「另一半」，而進入到與他人相處最高階段的「邁向親密」。

在彼此交往的過程中，有哪些特質引導著人們相互吸引呢？在評斷個人「吸引」的特質上，每個時期的社會都有著不同的標準。儘管男女間的「吸引力」是件神秘的事，但我們似乎能夠一眼就認出自己想要的人。其實，在相互吸引的過程中，深受「他人知覺」（other-perception）作用的影響；這是指我們對於個人感官所接收到他人的訊息資料後，加以選擇、組織與處理而得到對他人印象的一種歷程。兩人見面所形成的最初印象即會

用來引導往後陸續的行為，這些知覺會在繼續互動中被增強或改變；就如同個人的自我知覺一樣，人們的社會知覺也不一定是絕對正確的。在此提出身體外表特徵、刻板印象和情緒狀態等三項影響他人知覺的重要因素，分述如下（王以仁，2007；Verderber & Verderber, 1995）。

(一) 身體外表特徵

對他人社會知覺最常見的就是「第一印象」（first impression），時常是以人的身體外表特徵為判斷基礎。根據一個人的身體外在條件（身高、體重、面部特徵、衣著和音色等），來判定其個人特質。例如：身高體壯的人讓人覺得較為勇敢膽大，身材矮小且常微笑者會使人覺得較為善良可愛。

交往互動過程中，吸引著我們的通常是對異性外表的第一印象，雖然格言常常警告人們勿以貌取人，但當我們與人初次接觸交往時，絕大部分的初始印象往往是受到外表有無吸引力的強烈影響，而我們也很容易被外表較美好的人所吸引。個體的外貌通常是我們獲知人際訊息的第一管道，因此我們會給予較高的印象分數，而他或她其他的特質也容易獲得類似外貌的評價。第一印象有時也會依據當下對他人社會行為的知覺而產生。如初次見面對方就主動伸出手來握手，且寒暄時講了一個小笑話，就會讓人不自覺地產生親切而隨和的深刻印象。

(二) 刻板印象

研究顯示有時人會依據有限的觀察就對別人的人格形成複雜的知覺。而「刻板印象」（stereotyping）就是最明顯的例子，即是指當訊息十分有限時，個人會依據一般社會傳統觀點來主動填補，而產生的偏差現象。例如：「性別角色刻板印象」係指一群被大多數社會成員將各種概括化的特徵，以語文標記方式來期許、賦予兩性的團體行為，就像通常會認定女生都是柔弱的而男生則是堅強的。

另外，人們也會在觀察過一個人的某一特點之後，就可能未經證實便對他的其他特質加以評斷，這種傾向即為所謂的「月暈效應」（hallo effect），例如：初次遇見一位長髮披肩且不多話的女孩，就會認為她必定是個性溫柔又賢淑。而月暈效應對一個人的判斷影響，則有可能是正向的或負向的。

(三) 情緒狀態

我們的情緒也使得我們對知覺的判斷有所影響。例如：在熱戀當中的情侶因情緒高亢，時常看不到愛人的缺失；然而婚後情緒恢復一般常態時，就可能開始發現另一半不少的負面特質，其實這些負面特質原本可能一直都存在的。

二、何謂愛情？

愛情是一種內在的感受，會依著人、時、地等的不同而有不同的感受與解釋，也就是每個人都可能根據自己的背景和經驗來解釋「愛情」。心理學家 Rice（1993）指出：「愛情是一種深度、有關生命情感的需要與被滿足。在親密關係之中，彼此照顧、接受與被愛。」

西方的 Rubin（1970）開啟了學界研究愛情領域之先河，他針對一百八十二對情侶的愛情態度進行研究，進而探討、測量及比較愛和親密的關係。他提出愛情是一種態度，而「愛情」與「喜歡」在本質上有所不同。且情人間的愛情不像喜歡只是純然欣賞對方的特質，愛情主要的內涵包括：依附、關心和親密感，是雙方對這段關係的表現與感受。Rubin 也首次將愛情界定為一個人對某一特定他人所持有的一種態度，這種態度使它以某種方式表現對該特定對象的思考、感情與行為（卓紋君，2004；劉秀娟，1999）。

Sternberg（1986）提出「愛情三元論」，認為愛情關係應該包括三個重要的因素：親密、激情、承諾。完美的愛情應該是親密會隨時間增加，激情在認識之初會快速達到高峰，承諾則是隨著時間而與日俱增，直至持

平走入高原階段；如果此三要素無法適當的出現和共存，就無法順利的形成愛情關係。可見愛情關係的品質會隨著三個因素的比例多寡而會有所差異。

國內沈利君（2002）認為愛情是多面向的，沒有一個定義能代表其全部內涵，但愛情應該脫不了男女雙方之間強烈的吸引，以及伴隨而來的親密行為。李怡玲（2002）則認為愛情是一種感覺，且是相當複雜的一種心理現象，能透過社會學習、角色模仿與觀察，進而發展成一種本能，包括感情、行為動力、思想以及具有特定的特質。而陳思愉（2010）則提出愛情為一段處在戀愛之中的關係，個人在這樣的關係中會對另一半產生的強烈感覺，會關心對方、思念對方、願意為對方付出，並願意去維持之。

三、愛情相關理論

研究愛情的學者，曾提出不少的愛情理論，僅就其中四項較常見的說法，敘述如後。

(一) 愛情二因論

Walster 和 Walster，Berscheid 和 Walster 曾於 1978、1985 年分別提出的愛情二因論中，試圖說明愛情是一種人際之間的吸引力，認為愛情包含了激情愛（passionate love）和友誼愛（companionate love）兩種（引自陳詩潔，2005）。吳昭儀（2004）提到激情的愛，是非常浪漫和強烈的情緒感受，激情中的人有高度的歡樂和悲傷，情緒變化大；激情的愛是令人興奮且性接觸頻繁的，但激情的愛很少能持續長久。反之，友誼的愛是平靜而和緩，比較能持久的，其奠基於長期相處所培養的深厚感情、信任和承諾。

(二) 愛情彩色圓盤論

加拿大學者 John Lee 於 1977 年認為，愛情不能只由單一向度來看，愛情對不同的人來說具有不同意義。他以非結構的方式收集四千多個愛情的描述，找出學者用以區分真愛與否的特徵，再以這些特徵將四千多個描述句分為六大類，並加以命名成六種愛情類型，並稱為愛情彩色圓盤論（color circle of loving）。其中主要的三個因素分別是情慾愛、遊戲愛與友伴愛，而這三個因素又重新組合產生「質變」，而衍生出不同於原來因素的三種新因素：瘋狂愛、實際愛、奉獻愛（引自吳昭儀，2004），以下就這六種愛情因素簡述之：

- 情慾愛（eros）：又稱之為浪漫愛、熱情愛，這是種最容易發生一見鍾情的愛情。濃烈的熱情，對性非常渴望且重視外表。渴望知道對方的一切，愛聽對方的承諾且易發生性親密關係。若個體遇到自己夢寐以求的對象且進而交往成功，可以增強個體自信，但卻容易陷入瘋狂愛的陷阱。他們感覺極度需要對方，而且是無人可取代的。
- 遊戲愛（ludus）：以自我為中心，視愛情為一種有趣的挑戰性遊戲，將性視為一種慾念發洩或是一種戰利品。當事人避免自我感情的投入，喜歡且不斷的更換對象，容易同時與多人談戀愛。不願被愛情束縛，害怕承諾，極易因失去新鮮感而對伴侶生厭。愛情對其而言是一種愉悅的享受，沒有焦慮和痛苦，也不一定要有結果。如自信不足則容易變成瘋狂愛。
- 友伴愛（storge）：愛情的發生是從朋友開始，由於長時間的交往與同甘共苦，而在不自覺中產生的感情。他們往往經過長時間與對方交往，才決定彼此相伴，而不沉迷於激情、浪漫中，是一種細水長流，寧靜無波的愛。交往過程中是信賴、平和與溫馨的，雖不濃烈但感情深刻，即使分手亦能彼此維持良好關係。
- 瘋狂愛（mania）：又稱作狂愛、佔有愛或依附愛。它兼具情慾之愛與遊戲之愛，有熱情的情慾，也將愛情視為利用手段去控制對方的遊戲。結合情慾愛的濃烈情感和遊戲愛的控制慾，但缺乏熱情愛的自信和遊戲愛的不忌妒。有被愛的強烈渴望，但卻時常選擇無法同等回饋的對象。此類型極度缺乏安全感，常要求對方給予愛的保證，

即便得到對方的承諾卻拒絕相信，其兩性關係充滿緊張衝突。情感需求幾乎達到強迫性的程度，常因戀愛而難以控制自己的情緒，對自我也缺乏信心。有時會因過度焦慮多疑，而成了悲劇角色。

- 實際愛（pragma）：兼具遊戲愛與友伴愛，個體站在現實或經濟型條件的角度上，來選擇最符合其條件的情人。過程中不時地敦促情人努力向上，以增加他的價值，只要他們覺得與對方交往是合算的「交易」，就會繼續對這份關係保持忠實，並將之視為「愛」，反之則分手，是一種理智且顧慮現實的愛情。
- 奉獻愛（agape）：又稱為利他愛，兼具情慾之愛與友伴之愛，視愛為一種犧牲、奉獻，深情且堅定。凡事以對方為中心，為求對方快樂會不斷地付出，且不要求回報。植基於一種想照顧、幫助對方的態度，對方的快樂幸福優於自己的一切，「無怨無悔」是此類型的最高境界，只要對方幸福，願意自我犧牲。在西方社會較不常見，但在東方社會裡卻常出現。

Lee 認為愛情類型就像是色彩組合，可以千變萬化但仍有規則。他提出個人的愛情類型，並非完全是天生的觀點，若有充分的技巧和經驗，個體可以體驗任何一種或混合兩種以上的愛情類型；而大部分人的愛情均含有這六種愛情類型的特質，只是比例不同，沒有人的愛情類型是絕對單一的，而個人的人格特質也會影響其愛情類型（引自吳昭儀，2004）。

(三) 愛情三角論

Sternberg（1986）的愛情三角論（triangular theory of love）中，如前所述認為組成愛情的三種主要成分為：親密、激情與承諾。親密意指親近、相連相屬的感覺，這是愛情的情感成分；激情是強烈渴望與對方結合，性以及相關的動機驅力佔據心思，屬於愛情的動機成分；承諾則包含短期與長期的部分，短期而言是指決定去愛一個人，長期而言則指對持久愛情關係的承諾，這部分屬於愛情的認知成分。此三要素可組成一個三角形，而三角形的面積代表愛情關係，但由於包含的愛情成分有所不同，所組成的三角形呈現不一樣的形狀，愛情關係中的親密、激情和承諾會隨著時間的增加，所佔份量比例也會隨著改變，「愛情三角形」也會因三種元素的增減而跟著改變。「三角形面積」即代表「愛的含量」，含量愈多愛情品質也愈高。由於三個成分於愛情中的程度不同，所組成的三角形亦有不同形狀，代表不同型態的愛，愛情關係的品質可由三角形的大小決定，此愛情三角重疊的部分愈多，則情侶的關係滿意度也愈高。愛情的三要素可區分出八種愛情關係，認為完美的愛情應是親密、激情、承諾三者合一的完美境界。簡述八種愛情關係如下（黃芳田譯，2001）：

- 無愛（nonlove）：三種成分都缺乏。
- 喜歡（liking）：只有親密成分。
- 迷戀（infatuation）：只有激情成分。
- 空洞之愛（empty love）：只有承諾成分。
- 浪漫之愛（romantic love）：親密與激情二成分的混合。
- 同伴之愛（companionate love）：親密與承諾二成分的混合。
- 虛幻之愛（fatuous love）：激情與承諾二成分的混合。
- 完美之愛（consummate love）：親密、激情、承諾三成分的混合。

(四) 愛情關係特質論

Davis和Todd於1985年提出人的關係是以「相互」為立基點，來尋找友誼的概念，並認為友誼關係中有九項特徵存在，分別是平等的資格、享受、信任、相互協助、接納、尊重、自發性、了解、親密九個特徵（引自陳詩潔，2005）。而上述雖是談論友誼關係裡的特徵，但在愛情關係中亦同樣存在，其中相對性的性別角色除了造成生理構造的差異，社會所賦予的期待與意義也會因性別的不同有差異，這樣的雙重標準會導致在愛情關係中雙方之間的不平等。

四、戀愛的親密關係發展

當男女雙方交往進展到某一階段，彼此都非常地看重對方；並願意採審慎的態度來面對這一段親密關係發展時，便稱為「戀愛」（courtship）。戀愛在美國是被視為男女雙方交往過程中合宜的行為，且多由當事人自己決定而非由父母安排。關於戀愛過程的分析，英國社會心理學家 Michael Argyle 和 Monika Henderson 認為，情侶的相處過程主要會經歷三個階段：「剛開始的興奮期」、「覺醒與疏離」，以及最後彼此都以踏實態度處理的「認同關係期」。而當進入認同關係時，雙方感覺彼此禍福與共、永誌不渝。雙方會透過更多不能挽回的投資，尤其是時間、金錢、財物，來表示彼此的相愛（引自彭懷真，1998：157）。

Levinger和Raush（1977）對親密關係的發展作出一番共通性的模式，認為一旦當交往中兩人的接觸超越了陌生界線時，一般關係的發展可依循著下面三個階段進行：

- 基於距離上的接近，彼此認識而有了交集。
- 由外表的吸引力及內在觀念想法的相似性，促使雙方有進一步的接觸。
- 透過接觸過程中的同理心、自我坦露等，間接造成彼此關係相互性的成長與發展。

Levinger和Raush也強調這種相互關係的發展，必須建立在雙方的身、心理需求、擁有資源及溝通能力等，能夠維持適當的平衡，而使得兩個人能夠相互的接近而有更大的交集。

然而，在雙方關係有所接觸後，若彼此最初的吸引僅止於知識訊息或資源的相互交換，而非親密關係中的自我坦露及相互依賴時，則這種關係所建立的層面，便可能只停留在一般泛泛之交的交換關係。亦即親密關係的發展是奠基於彼此能夠共同分享的事物，與雙方投資的共同目標，而簡單地資源交換及個人目標的達成，實質上並不能促進彼此關係更深一層的進展。

在一般普通的人際關係當中，我們通常會預期和對方有一對一的交換關係，例如某人要求我們替他做一件事，我們可能會覺得可以向他要求某種程度上的回報。相對的，對我們最要好的朋友關係可能是共享的，也就是在彼此幫助中，我們心裡並沒有預期會得到報償的想法。在親密關係當中也是如此，而在關係中彼此更有著共同完成的心願，以及願意一起發展茁壯的承諾。然而，當親密關係產生了嚴重的衝突或分歧時，雙方這種「共同」的願景可能降至交換的關係。例如情侶在分手時，雙方「明算帳」而相互歸還對方贈與的禮物或書籍等東西。

Reiss（1980）對愛情發展過程的研究，提出「愛情車輪理論」（the wheel theory of love），來說明愛情發展過程的主要階段有四：

- 發展一致性階段：兩個人關係的建立，通常由文化、社會背景的相似程度為開端。
- 自我坦露階段：彼此分享內心的情緒與較隱密的個人資訊。
- 相互依賴階段：透過雙方共同努力，一起面對現實情境中的壓力與難題。
- 人格需求的滿足：這是車輪理論的最後一個階段，包括個人內心對「愛」與「信任」的需求，透過對方而彼此滿足。

兩個人的關係在車輪理論中便進入下一個循環，導致更多的一致性，及更多的自我坦露等。同理，當兩個人失去愛情時，他們的關係也是循著這四個階段來發展，只是與墜入情網時的方向相反罷了。而在每一個階段，雙方對彼此在關係中的角色認同以及社會文化相似性的因素等，均是促使彼此關係進一步發展不可忽視的因素。

五、同居與試婚

「同居」（cohabitation）係指男女伴侶共同居住在同一家戶，享有情感、性生活與經濟的連結關係，但並未有合法的結婚登記。然而，結婚、

同居、約會和一夜情之間，在關係的親密程度上也是有所差別的（Noller & Feeney, 2006）。雖然大多數同居伴侶認為同居是因為方便與省錢（同住一處只需要一個空間且房租也便宜），但其中更大的原因在於情感和性愛的相互依附，卻無須擔負合法婚姻上的道義責任，還可對彼此之間的協調一致性做嘗試，練習與未來伴侶共度婚姻生活等。

綜合而論，同居的動機包含以下四方面（簡維昌，2010；Noller & Feeney, 2006）：

- 解放：有一類是欲脫離父母尋求獨立自主，而較不具情感基礎；另一類則以情感為基礎的結合，卻不願受傳統婚姻的責任束縛。
- 便利：此類同居基於經濟或互惠考量，且彼此往往遵從傳統男女性別角色分工與互惠關係而共同生活。
- 不安全感：親密關係到某種程度的男女為了彼此能更加透明，並充分掌握對方的行蹤，而共同住在一起。
- 試婚：視同居生活為一種婚前測試，為避免過早許下終身承諾，以及試圖掌握自身對婚姻真正需求的探索性家庭型態。

同居的意識一般都認為濫觴自歐美等經濟發達、自由主義興起的地區。就以美國為例，據 1996 年美國婚姻與生活型態調查發現，當時的同居人口數，已經從 1970 年的五十萬人，激增至四千萬人之多（Martin, Martin, & Martin, 2001）。國內，簡維昌（2010）調查五百六十三名不同世代的未婚者，曾有同居經驗或正在同居的比例佔五分之一。

在美國，部分地區（如加州）法律認可未婚人士申請登記作為「家庭伴侶」（unmarried partner），將之定義為「擁有共同的住所，並選擇分享彼此的生活，相互關心，建立一個親密合作關係的人們」。台灣地區關於婚姻的法律，記載於民法親屬篇，但未對同居家庭有任何法律上的約束。吾人可以發現當政者及社會大眾，對於同居現象似乎都採「順其自然」，儘管觀念上日益開放，但是多半仍處在一種可以做但是不要說、心照不宣的矛盾狀態；姑且不論同居的價值觀正面或負面，現況的存在是不可否認的事實，當前實有必要參照歐美國家，權衡自身民風國情，思考從制度面與政策面，對於同居進行相關的重視及擘畫（簡維昌，2010）。

第二節　分手及其因應的相關理論

LaGrand在1989年的研究中發現，在成年早期最常發生的情感失落之一，就是失戀事件，有高達24.3%的人認為失戀是目前生命中最主要的失落（引自Robak & Weitzman, 1995）。可見愛情關係的結束，是人生中極為重大的一項議題。本節將探討在愛情關係中，影響失戀的相關理論，以及失戀後的調適與因應等部分來說明。

一、失戀的相關理論

「問世間情為何物，直教人生死相許。」簡單幾個字，卻道盡世上男女對愛情的渴求與絕對。只是並非每段戀情的結果，都能夠像童話故事中王子與公主有的美麗結局，更多的是讓人心碎的悲劇。以下將針對幾個可解釋失戀的理論來探討之。

(一) Adams的公平理論

Adams在1965年首度提出公平理論（equity theory），其內容主要在解釋維持人與人之間或團體與團體之間，彼此能夠和平相處的一種理論。此理論認為個人對關係的滿意度主要基於和他人比較後而得。個體會先審視自己努力付出與投入的程度，再衡量其從對方身上所得的報酬是否相當，若相當則個體對該段關係的滿意度較高，也較能持續付出與投入（引自陳俐瑾，2007）。就公平模式的論點而言，所感受到之公平性絕對會影響我們對關係的滿意度。陳皎眉、王叢桂、孫蒨如（2002）提到愛情關係就像個天平，情侶雙方在愛情關係中感受到的公平性是影響其對關係滿意度的關鍵，「過度獲得者」雖覺得罪惡感，但對關係還算滿意，但是「所得過

少者」則因他們的沮喪與憤怒，使其對關係的滿意度偏低，也就較容易終止彼此的關係。所以個體在愛情中感受到的公平性，會影響其決定繼續或終止親密關係；若愛情關係中的雙方，對愛情的付出與報酬感到不甚公平，且無法取得適度平衡時，就容易決定要提出分手以終止關係。可見親密關係中的公平與對等之感覺，必然會影響雙方對愛情的滿意程度，若雙方的愛情滿意度大幅下降，則分手的機率也相對會提高。

(二) Murstein 的 SVR 理論

Murstein在1976年提出SVR理論，亦即刺激（stimulus）、價值（value）、角色（role）的理論，認為從愛情到擇偶是一個漸進的過程。親密關係的發展可分為三階段，而這三個變數在愛情過程中都會發生作用，且在交往的各個階段裡分別具有不同程度的影響力（引自張惠芬，1998）。

王以仁（王以仁主編，2001）與 Stenberg（黃芳田譯，2001）提及擇偶的起步始於「刺激」，當兩人的關係尚未開始發展時，雙方在未真正互動之前，已經受到對方魅力吸引的刺激，雙方會先進一步在心裡相互評估對方並留下初步印象，所以剛開始外在因素的吸引力相當重要。此階段若相互覺得對方的好壞條件及優缺點與自己相稱，才可能有進一步的交往。第二個階段是「價值評估」，對彼此觀感來自於互動中透露的價值觀。雙方會將對方的特質條件在內心做價值的篩選過濾，若彼此具有更多的共同性，則關係發展才會更為密切。張惠芬（1998）提到這個階段的主要歷程，在於「磨合」彼此之間價值觀與信念的不同，並發展情感上之親密依附，於是價值觀在此更顯得重要，雙方需要取得一定共識，否則感情便難以繼續發展。第三個階段為「角色」階段，雙方評估對方在新關係中可否適應新的角色，以及考慮婚姻的可能性。該階段也是彼此建立承諾的關鍵時期；彼此在角色扮演上都希望達成共識，感情才有繼續的動力，並願為彼此關係給予永久之承諾。

此理論是在說明親密關係過程中，不同階段會有不同的影響變數存在，各變數在不同的階段所佔的重要程度也會隨之改變。會分手的原因可能是無法在每個階段中找到一個適當的定位點而導致分離，其中包含了價值觀的磨合不易，或是雙方對於彼此的角色期待不同所致。

(三) Rusbult 的投資模式

Rusbult（1980）提出的投資模式（investments model）以社會交換論的觀點，將Murstein的SVR理論加以修改。他認為親密關係中的雙方在關係中會有得失，而當事人會以理性且公平的方式去評估、衡量自己在關係中的付出與收穫，進而決定其對此關係的應對方式。而男女在親密關係中的承諾（commitment），是由滿意度（satisfaction）、替代性（alternatives）以及投資量（investments）等因素共同決定。其公式如下：

【滿意度－替代性＋投資量＝承諾】

投資模式預測，若個體在親密關係中有較高的滿意度，且可替代性較低，並隨著投資量的增加，會使個體做出較多的承諾，彼此的關係也會更加穩固。以下將分述此理論中的四個重要因素（Rusbult, 1980）：

- 滿意度：滿意度是以「預期水準」與「實際結果」的相比較來衡量。若預期水準低但實際結果好，滿意度則會提高，反之亦然。預期水準是指個體根據過去有過的親密關係及旁人的看法，所發展出對於此段情感的期待；實際結果則是指個體在此段關係中的付出與得到的報酬互相抵銷的結果。彼此的依賴性會隨關係的長期發展而提高，個體也會將對方的結果列入考慮，與伴侶一同分擔其成功與痛苦。
- 替代性：替代性是指放棄這段關係後，對於可能帶來的結果之判斷，例如展開新愛情、恢復單身等。如個體欲放棄此段關係所考慮的因素，或許不單是特定的第三者，亦有可能是其他因素，如理想、自主性等內在或無形的原因。個體的內在傾向與價值觀也會影響替代性的主觀知覺，當個體意識到自己有較佳的替代性選擇時，便容易離開這段感情。
- 投資量：投資量是指在此關係中所投入的資源，可分為直接投資和

間接投資。因為投資無法從關係中單獨抽取出來，所以當這段關係結束，投資會隨著關係一同消失且無法回收。有時候當事人會因為捨不得這些投資而不願放棄這段戀情，相對的加強了整個關係的承諾，關係就不容易破滅。投資涉及的層面愈廣或愈重要，投資量亦會提高，相對承諾會愈高，關係愈不容易破碎。

- 承諾：承諾是指個體會盡力去維持此關係與依附的傾向，因此承諾包含「行為意向」與「情感依附」。當個體對親密關係做出承諾，會排除其他有礙於此親密關係發展的障礙物或替代性高之人事物，以維持這段關係。願意為此關係與對方做一些付出與犧牲；亦會選擇性篩選周遭的意見，留下好的知覺來支持自己維持這段關係，並對伴侶不當或不合己意的行為合理化。

就此理論的觀點來看，長久穩定的親密關係是因方程式的平衡，而親密關係的結束是個體覺察到投資報酬率不符合期望。Rusbult認為當事人對此關係的應對方式是因評估自己在關係中的付出與收穫而決定。如個體在愛情關係中有較高滿意度，且可替代性因素較低，並隨著時間的增加，投資量與程度都隨之增長，那個體會願意做出承諾，進而使得該親密關係更趨於穩固，反之亦然。

Rusbult之投資模式，證明親密度、愛情滿意度以及認為有其他替代選擇的可能性會深深影響人們面對失戀的因應。當證明親密度高、愛情滿意度高以及其他替代選擇的可能性低，則面對失戀的痛苦度高；反之亦然。因此可知，兩人關係間的涉入程度會影響到分手後的復原，但若這兩者間有足夠的資源作為支持系統與調節，將會加速個人復原力的展現速度，縮短調適的時間。

(四) Levinger 社會交換理論

社會交換理論是指人們努力在社會關係中追求最具報償的成果，因而在人們與他人互動時，會追求提高報酬並減少成本。社會心理學家Levinger在1979年嘗試以社會交換理論之觀點來解釋失戀的可能性，他先說明親密關係的發展依循三階段來進行，首先雙方會因距離有了接觸而認識，經由外表的吸引、想法及觀念的溝通，最後因接觸過程中雙方同理心與自我坦露，得以使關係有相互性的成長與發展，但這種相互關係的發展需建立在彼此需求、共享資源及溝通能力等能維持適當平衡的前提下。若彼此關係只停留在最初的吸引或知識訊息、資源的相互交換，而非親密關係中的自我坦露或相互依賴時，關係的建立就可能只停留在一般普通的交換關係（王以仁主編，2001；陳皎眉等人，2002）。由此可知，彼此能有共同分享的事物，或是雙方有共同投資目標，兩人才能穩固地發展親密關係，而普通或一般的資源交換無法促成彼此關係達到更深一層的進展。

Levinger 認為一段關係的結束與三大因素有關。首先是關係本身的吸引力決定於一段關係所能提供的種種快樂與滿足，減去其中不能獲得的滿足與不快。因此，在這段關係中，獲得的愈多、感受愈正向，這段關係的吸引力愈高；反之吸引力愈低。次者為關係的「障礙」，所謂「障礙」意指可能遇到的困難，如經濟的考量、家人的反對等，當障礙愈大時關係終止可能性愈大。最後是其他可能關係的吸引力，「其他可能關係」是指第三者的存在。當第三者愈能提供我們情感的支持、各種的保障或滿足我們的種種需求時，第三者的吸引力則愈強，感受到的個人愈傾向終止這段關係（陳皎眉等人，2002）。可知當一段親密關係其本身的吸引力愈低、所遭遇的障礙愈多，以及與其他關係的吸引力愈高時，這段親密關係結束的可能性便愈大。

以上所簡介的四個理論，運用不同面向來解釋兩性親密關係的發展與型態，但相同點均是討論了雙方在愛情中感受到吸引力大小，經過個人評估之後，決定是否投入更深一層的承諾關係。若是無法達到一方心目中的標準，則分手常成為必然的結果。由此得知，個體對於愛情關係的滿意程度評估相當重要，個體決定親密關係的繼續與否、或是對親密關係的投入程度，端視其對此段愛情的滿意程度而定。

二、失戀後的調適與因應

愛情對很多人來說是一種刻苦銘心的深刻經驗，失戀經驗更是難以形容其中的甘苦，因此，失戀其實也就是一種失落的悲傷經驗。有人可以從失戀中更了解自己、找到自我；但卻有人因此一蹶不振，甚至做出傷人傷己的舉動。可知分手是一個劇烈的變化。王慶福、林幸台和王麗斐（2003）提到失戀後常見的各種苦痛、惱恨、憤怒、嚷鬧、毀謗與惡毒，多半是社會新聞中引發個體嚴重傷害自我和他人的關鍵，即使在沒有到達自傷和傷人的程度，這樣的負面失落經驗，對於個體而言，也極可能產生適應不良的結果。

(一) 失戀的歷程

最早針對分手歷程進行研究之學者Kulber-Ross（1969）認為經歷失落經驗的個體，將會經歷否認、憤怒、討價還價、沮喪、接受事實等五個階段，Fisher（1981）更進一步納入十五個愛情失落後再成長的步驟，其中依序為否定、孤獨、內咎、哀傷、憤怒、告別、重拾自尊、友誼支持、殘渣、愛、信任、性、責任、成長、自由。修慧蘭和孫頌賢（2003）於「大學生愛情關係分手歷程之研究」中，依照分手歷程之時間階段，將其分成關係衝突、關係拉扯、自我浮沉、自我起飛等四階段，並陳述了在這時段中的關係變化與個人心理歷程。

綜合相關學者的研究（修慧蘭、孫頌賢，2003；Fisher, 1981），可以得知失戀者面對失戀之心路歷程，當情侶在面對分手歷程時，會重新思考兩人關係，失戀者會經歷矛盾、對立、自責、互相拉扯的複雜情感，同時更會牽涉到自我失落的相關議題。了解失戀者的心路歷程，可當作諮商專業人員面對失戀個案的介入基礎；換言之，當諮商師面對失戀個案時，可以藉此了解、評估失戀個案所處的階段，並給予適當的協助。

(二) 失戀歷程中出現的相關因應

既然失戀經驗被視作是失落與悲傷的事件之一，可能出現的悲傷反應並不只是一種情緒而已。一般會將悲傷症狀分成三類：情緒感受、生理反應及行為表現。以下針對失戀後個體在情緒、認知、行為三個部分，可能出現的因應，來分別加以說明。

1. 在情緒方面

Worden（1991）提出悲傷反應中常見的感覺有悲哀、憤怒、愧疚感與自責、焦慮、孤獨感、疲倦、無助感、驚嚇、苦苦思念、解脫感、輕鬆、麻木等。而 Robak 和 Weitzman（1998）的研究亦發現，失戀的悲傷歷程類似死亡失落的悲傷歷程；且失戀所經歷的情緒中，沮喪是最普遍的一種情緒。Weber 在 1992 年中提到，學者 Weiss 在 1975 年曾分別從情感、思考和行為上提出其觀點，認為在情感上分手者最常見的情緒是沮喪，個人會變得悲傷、消沉且充滿負面的想法，經歷社會性的孤單（如：覺得不再屬於該團體）及情緒上的寂寞，只有少部分人會出現短暫的喜悅（引自趙居蓮譯，1995）。Worden（1991）提到，悲傷反應中正常悲傷和病態悲傷的概念，亦將「正常的悲傷」區分為感覺、身體感官知覺、認知及行為四方面。可見失戀後大部分的分手者，幾乎都會出現情緒反應，且這些情緒反應也多以負向情緒為主。

2. 在認知方面

Robak 和 Weitzman（1998）研究亦發現，失戀的反應不僅僅在情緒上呈現，通常在行為與認知上也會產生明顯的變化，其徵兆有：飲食與睡眠模式的改變、疲倦、無法專注、覺得自己是毫無價值的人、自殺意念、學業成就和健康出問題、不打扮、不關心職業與家庭責任、退縮行為、需要時間獨處、聽到感傷的音樂常會出神、常常想起與以前戀人曾有的夢想、對未來不抱希望且表達不會再去愛任何人、企圖用酒精或藥物自我麻醉、對失落毫無反應、立即投入另一個親密關係。因此可知失戀事件刺激會引發的情緒，而其反應的內涵，包括主觀的經驗或感覺、生理上的反應、透

過認知的評估，以及表達的行為，四種成分交互作用而成。

Worden（1991）也提出，在失戀反映在認知上的特徵有不相信、困惑、沉迷於對對方的思念、感到對方仍然存在、幻覺等。Weber 亦在 1992 年中提到，學者 Weiss 在 1975 年則提出在認知思考上，剛分手的人會有強迫性的回顧（obsessive review），強迫自己釐清此事件的來龍去脈，即個人會設法去解釋關係何以破裂，以及自己和伴侶該負什麼責任等（引自趙居蓮譯，1995）。可知在經歷失戀經驗後，分手者除了會出現情緒方面的因應外，在其認知思考方面也容易出現負面的想法。

3. 在行為方面

分手事件在青年人的生活中佔有相當的重要性，也有可能對其心理適應產生重大影響。在面對失戀時，悲傷是一種自然而可被預期的反應。林家瑩（1999）、吳依容（2008）提出在失戀反映行為方面可能會有失眠、食慾障礙、心不在焉、社會退縮、夢到失去的人、避免提到對方、嘆氣、坐立不安、哭泣、舊地重遊、珍藏對方留下的物品等。Weber 在 1992 年（趙居蓮譯，1995）提出失戀反應在行為上，關係結束後，個人的社會生活、家庭結構及社經地位都可能因此而改變。而提出分手的一方，可能比遭受拒絕的一方更早、更快做好調適。因此可得知在失戀復原的歷程裡，分手者也會出現行為方面的因應。

綜合上述所談的失戀相關文獻部分，我們對失戀這主題有了概括性的輪廓。失戀這個議題對青少年與成年期早期這兩大族群是相當重要的，對許多人來說，失戀是他們生命第一個重大的失落事件，因此本研究即是期望能藉著這個機會，以正向健康的態度與眼光，將失戀到復原的歷程完整呈現，並了解人們如何從中顯現身上的正向資源，克服失戀這個負向的生活經驗。無法從失戀中順利復原者，花了比平均復原期還要久的時間，困頓在失戀傷痛中。有些人可能有較激烈、反應較強的行為出現；或是有與分手失落有關的不適應行為，但卻沒有察覺。且分手歷程中，處在不同階段的分手者，表現出來的因應也隨之不同。

由此觀之，遭遇分手時，個體在情感、認知和行為上可能會有所轉變，而因著個體是主動提出、被動接受或責任均攤等不同分手角色，亦會產生不同的情緒感受、思考深度及行為因應。分手的失落反應因人而異，而這些變化通常是息息相關。但可看出分手的確會造成認知、情緒或行為上的改變。這三方面影響有如連鎖反應，密不可分。

第三節　愛情復原力之內涵與研究

一、復原力的定義

復原力（resilience）是近年來備受矚目的熱門研究議題之一，然而對於本身的定義卻沒有統一的說法。Bonanno（2004）認為復原力是當成人在面對被隔離或具有高度潛在破壞性事件時，維持其生、心理健康，及穩定功能層次之能力。有人經歷嚴重沮喪而沒有能力復原，但也有些人的失落經驗並未影響其功能與社交的正常運作，即是這些人具有「復原力」，而能夠促進其有正向結果之證明。Sagor 在 1996 年提出復原力就是個人的一組特質，當遭遇生活的困難與障礙時，使其有力量，足以堅強面對之（引自林秋燕，2004；陳俐瑾，2007）。

Waller（2001）指出強化及保護的影響可來自於內外在資源，亦可來自二者資源的結合，因此復原力也被視為能成功運用內在、外在資源以解決發展各階段突顯的議題。Luthar、Cicchetti 和 Becker（2002）則視復原力是一種在有意義的逆境脈絡裡之正向適應行為。然而，Rutter（1999）提出復原力並非是構成個性的一個特質，因為有些人可能在某些壓力或逆境中表現出復原力，但卻在其他壓力或逆境中沒有相同的表現。同樣的，有些人可能對某些心理病態的續發症狀有抵抗力，但卻沒有在其他症狀上具有相同的抵抗力。也就是說，復原力牽涉到復原歷程的範圍以及個人不同的機轉，也影響個人之經驗、壓力、處在逆境之時及以後的表現。

根據上述討論，學者們對於復原力到底包括哪些並無一致的看法，但多數均同意復原力為個人的一種能力，是指一種改變和恢復的動力過程，可以協助個體在壓力事件中透過個人特質、家庭、社會支持、人際關係與環境等因素的交互作用下，使個體由不良的狀態重新回復到原先的狀態，甚至進入到更好的狀態，使人在困難的逆境中，亦能保護個體並因而發展出健康合宜的因應行為方式。

二、愛情復原力的內容及其相關研究

(一) 愛情復原力的意涵

根據 Masten、Best 和 Garmezy 在 1990 年提出了三種型態，來表示復原力的顯現，藉此來說明愛情復原力所包含的內容如以下的三點（引自林秋燕，2004；Fraser & Richman, 1999）：

- 克服失戀困難的能力：即使暴露在分手的高情緒危機中，仍能保持成功地自我控制。
- 克服分手壓力的因應能力：在失戀的高危機之中，能夠成功而有效地加以適應。
- 失戀後創傷的復原能力：在失戀遭遇負向的諸多生活事件中，仍能成功地予以調適。

(二) 愛情復原力的相關探討

分手事件不但會使被提分手者產生失落經驗，甚至其生、心理狀況也會受到影響，後續可能持續出現悲傷的反應，嚴重者甚至會危害到個體安危，於是個體本身「復原力保護因子」與「復原力展現」，便成為最重要的關鍵。以下針對愛情涉入程度與分手後復原力展現之關係，一一詳細地說明之。

1. 由關係中的角色來看

愛情關係的結束是令人感到失落的事件之一。Rubin（1970）發現：有87%的男性與85%的女性，認為分手並不是共同想要的決定，可見分手常是單方決定的行為，而非兩人的共同協議。因此，簡春安（1996）認為分手的情侶必然會產生「分手者」與「被分手者」兩種角色，而這兩種角色在面對失戀的傷痛及復原的歷程則會有所不同。王慶福（2005）也提到，分手後被遺棄的一方，常出現的情緒反應是被拒絕的感覺、失去自我價值、不信任、憤怒和失敗感，並且會產生一些自我挫敗的行為，被動分手者往往長期停留在自怨自艾的傷痛中，或是怨恨憤怒的情緒中而難以解脫。柯淑敏（1996）則指出，主動提議分手的人在分手後有較少的情緒餘波，亦有較好的分手後調適；而被動分手的人，最難處理的是自我存在價值與自我相處的能力。簡春安（1996）認為提出分手的人較被分手的人容易感覺釋懷，較不會感覺沮喪，反而有輕鬆自由的感覺，但是其代價就是會對對方感到有罪惡感。同樣的，Lloyd 和 Cate（1985）則發現，分手後的反應與分手過程中的主動性有關；主動提分手的那方雖有罪惡感但卻較不沮喪，也較快恢復正常生活。反觀被動接受分手的那方，往往會感到較悲傷、憤怒與孤獨。這也意味著被提分手者相較於主動提出分手者，其伴隨而來的負面情緒往往多於正面情緒。

2. 由關係程度來看

從情侶間依賴水準和承諾強度來看分手後調適，王慶福（2005）指出，被提分手者之所以會造成強烈的適應困難，除了一般性的自尊與失落問題之外，對於高度認知互賴傾向者，因為他已經把兩人的關係視作是一個整體，他們的自我概念與伴侶是重疊的，且心裡已經把這份關係視為是最中心及最重要的。一旦要失去這樣的關係，其失落與難以調適是可以理解的。吳宜瑩（2007）也提到，依賴水準或承諾強度較高的分手者，需要較長的時間來調適，若是調適能力較差，找不到情緒的出路，或缺乏分手後較適應的想法與做法，也許就較容易發生自傷或傷害對方的事件。Simpson（1987）研究發現，關係愈親密、交往時間愈長、認為無法找到更好人選

者，其分手後情緒困擾愈高，復原的調適歷程也會愈辛苦。

3. 由愛情基模來看

愛情基模也會影響分手後的反應。Hatfield 和 Rapson（1996）認為，早期的依附關係會影響日後的愛情關係類型，進而將依附理論延伸，提出愛情基模理論。「愛情基模」是指個人看待愛情關係的基本認知結構，包含個人對自己在愛情中的期待、對伴侶的期待，及對愛情關係的期待。分手後的情緒反應、因應方式與愛情基模有關（吳宣瑩，2007）。

4. 由依附風格來看

Seldman（1993）則依據 Bowlby 提出的三種依附類型，探討情侶分手後的情緒反應與因應，研究結果顯示與情侶分手後，安全型依附者傾向以任務取向的因應方式（task-oriented coping）來處理分手事件；焦慮型與逃避型依附則傾向採取情緒取向的因應方式（emotion-oriented coping）。基本上，將情侶間親密關係按照依附風格來分類之後，觀察各類依附風格者在失戀後復原力展現的變化，可以發現不同依附風格者在復原力展現上也會有所不同，但可看出安全型依附者通常較容易與人親近，能夠自在的依賴別人，也能讓別人依賴自己，不會常擔心被遺棄，或擔心別人與自己太親近。由此看來，對於親密關係的經營較為彈性、適應較佳且感到滿意的人，此類型失戀者在分手後多傾向以任務取向的方式因應，會有較少的悲傷反應或過當情緒反應出現。相形之下，對於親密關係的經營較為疏離或是緊張，關係滿意程度也較差的人，分手後也多採情緒取向的因應方式，也更容易出現悲傷的反應或激動情緒，其復原力的展現自然也較弱。

綜合上述可知，愛情中的關係會影響到個人在分手後的復原力展現。在關係中主動結束愛情，也就是主動提出分手者，分手後的復原及調適會比被提分手者良好。而在愛情關係中涉入程度深且較為依賴者，在復原上也需要更多的時間來適應。而不同個體在愛情關係中的依附風格與程度，也會影響到分手之後的復原力展現。

本章摘要

經常可從報章雜誌與相關媒體報導中，看到許多人因感情受挫或愛情不睦而造成傷人與自殘的不幸悲劇；使得原本「情與愛」這般美好之事，卻由於一時處理不好而弄得家破人亡。

愛是相愛的雙方彼此間的互動作用，在與人親密相處及互動的過程中，其關係的建立與持續發展，可分為四個階段：(1)彼此吸引；(2)開始交談；(3)持續交談；(4)邁向親密。

在彼此交往的過程中，吸引他人之特質雖然會因為每個時期所處的社會，都有其不同之標準，卻有三項較為重要的不變因素：(1)身體外表特徵；(2)刻板印象；(3)個人的情緒狀態。

愛情是一種內在的感受，會依著人、時、地等的不同而有不同的感受與解釋，也就是每個人都可能根據自己的背景和經驗來解釋「愛情」。心理學家Rice指出：「愛情是一種深度、有關生命情感的需要與被滿足。在親密關係之中，彼此照顧、接受與被愛。」

Rubin開啟了學界研究愛情領域之先河，他提出愛情是一種態度，而「愛情」與「喜歡」在本質上有所不同。且情人間的愛情不像喜歡只是純然欣賞對方的特質，愛情主要的內涵包括：依附、關心和親密感，是雙方對這段關係的表現與感受。

研究愛情的學者，提出不少的愛情理論，其中四項較常見的說法是：(1)愛情二因論——激情愛和友誼愛；(2)愛情彩色圓盤論——情慾愛、遊戲愛、友伴愛、瘋狂愛、實際愛、奉獻愛。(3)愛情三角論——組成愛情的三種主要的成分為：親密、激情與承諾。(4)愛情關係特質論——包括平等的資格、享受、信任、相互協助、接納、尊重、自發性、了解、親密等九個特徵。

當男女雙方交往進展到某一階段，彼此都非常地看重對方；並願意採審慎的態度來面對這一段親密關係發展時，便稱為「戀愛」。情

侶的相處過程主要會經歷三個階段：「剛開始的興奮期」、「覺醒與疏離」，以及最後彼此都以踏實態度處理的「認同關係期」。

Levinger 和 Raush 對親密關係的發展作出一番共通性的模式，認為一旦當交往中兩人的接觸超越了陌生界線時，一般關係的發展可依循著三個階段進行：(1)基於距離上的接近，彼此認識而有了交集；(2)由外表的吸引力及內在觀念想法的相似性，促使雙方有進一步的接觸；(3)透過接觸過程中的同理心、自我坦露等，間接造成彼此關係相互性的成長與發展。

Reiss對愛情發展過程的研究，提出「愛情車輪理論」，來說明愛情發展過程的主要階段有四：(1)發展一致性階段；(2)自我坦露階段；(3)相互依賴階段；(4)人格需求的滿足。

「同居」係指男女伴侶共同居住在同一家戶，享有情感、性生活與經濟的連結關係，但並未有合法的結婚登記。雖然大多數同居伴侶認為同居是因為方便與省錢（同住一處只需要一個空間且房租也便宜），但其中更大的原因在於情感和性愛的相互依附，卻無須擔負合法婚姻上的道義責任，還可對彼此之間的協調一致性做嘗試，練習與未來伴侶共度婚姻生活等。綜合而論，同居的動機包含：(1)解放；(2)便利；(3)不安全感；(4)試婚。

在美國，部分地區法律認可未婚人士申請登記作為「家庭伴侶」，將之定義為「擁有共同的住所，並選擇分享彼此的生活，相互關心，建立一個親密合作關係的人們」。台灣地區關於婚姻的法律，記載於民法親屬篇，但未對同居家庭有任何法律上的約束。

「問世間情為何物，直教人生死相許。」簡單幾個字，卻道盡世上男女對愛情的渴求與絕對。但並非每段戀情的結果都能夠圓滿，有更多的是讓人心碎的悲劇。而可解釋失戀的理論有：(1)Adams的公平理論——個人感受到之公平性絕對會影響其對關係的滿意度；(2)Murstein 的 SVR 理論——亦即刺激、價值、角色的理論；(3)Rusbult 的投資模式——認為親密關係中的雙方，在關係中會有得失，而當事人會

以理性且公平的方式去評估、衡量自己在關係中的付出與收穫，進而決定其對此關係的應對方式；(4)Levinger 社會交換理論——人們努力在社會關係中追求最具報償的成果，因而在人們與他人互動時，會追求提高報酬並減少其成本。

愛情對很多人來說是一種刻苦銘心的深刻經驗，失戀經驗更是難以形容其中的甘苦，失戀其實也就是一種失落的悲傷經驗。有人可以從失戀中更了解自己、找到自我；但卻有人因此一蹶不振，甚至做出傷人傷己的舉動。

Kulber-Ross認為針對分手歷程且經歷失落經驗的個體，將會經歷否認、憤怒、討價還價、沮喪、接受事實等五個階段。Fisher 更進一步納入十五個愛情失落後再成長的步驟，其中依序為：否定、孤獨、內咎、哀傷、憤怒、告別、重拾自尊、友誼支持、殘渣、愛、信任、性、責任、成長、自由。另在「大學生愛情關係分手歷程之研究」中，依照分手歷程之時間階段，將其分成：關係衝突、關係拉扯、自我浮沉、自我起飛等四階段。

綜合相關學者的研究，可以得知失戀者面對失戀之心路歷程，當情侶在面對分手歷程時，會重新思考兩人關係，失戀者會經歷矛盾、對立、自責、互相拉扯的複雜情感，同時更會牽涉到自我失落的相關議題。了解失戀者的心路歷程，可當作諮商專業人員面對失戀個案的介入基礎。

既然失戀經驗被視作是失落與悲傷的事件之一，可能出現的悲傷反應並不只是一種情緒而已。一般會將悲傷症狀分成三類：情緒感受、生理反應及行為表現。遭遇分手時，個體在情感、認知和行為上可能會有所轉變，而因著個體是主動提出、被動接受或責任均攤等不同分手角色，亦會產生不同的情緒感受、思考深度及行為因應。

復原力是近年來備受矚目的熱門研究議題之一。學者們對於復原力到底包括哪些並無一致的看法，但多數均同意復原力為個人的一種能力，是指一種改變和恢復的動力過程，可以協助個體在壓力事件中

透過個人特質、家庭、社會支持、人際關係與環境等因素的交互作用下，使個體由不良的狀態重新回復到原先的狀態，甚至進入到更好的狀態，使人在困難的逆境中，亦能保護個體並因而發展出健康合宜的因應行為方式。

愛情復原力所包含的內容有以下三點：(1)克服失戀困難的能力；(2)克服分手壓力的因應能力；(3)失戀後創傷的復原能力。分手事件不但會使被提分手者產生失落經驗，甚至其生、心理狀況也會受到影響，後續可能持續出現悲傷的反應，嚴重者甚至會危害到個體安危，於是個體本身「復原力保護因子」與「復原力展現」，便成為最重要的關鍵。

研討問題

一、何謂「愛情」？在面對諸多「愛情」相關理論中，你最欣賞或同意者為何？試分別加以論述之。

二、由 Sternberg「愛情三角理論」來看，你如何看待你目前的親密關係？在維繫彼此的情感時，個人做了哪些努力？請一一加以探究之。

三、請依據失戀相關理論，來分析一個你個人或好友失戀分手的實例。並以此來評斷這些理論的實際可用性如何？

四、失戀後個體在情緒、認知、行為等部分，各有哪些可能出現的因應？並請各舉一實例來說明之。

五、試探討對愛情涉入程度的不同，與其分手後復原力大小之間有何關聯？請深入加以分析之。

第二篇

婚姻與家庭發生的問題

俗云：「家家都有一本難唸的經。」在婚姻與家庭實際生活中，當然免不了相互之間的衝突或問題的發生。兩人以上的場合，就會有人際的衝突與權力分配；人與人之間的權力互動不會是完全均等的，總有一方權力會高於另一方，既使親密如夫妻或家人，在其人際互動關係中也一定存在支配者與被支配者這兩種角色，因而彼此之間衝突的發生是必然的現象。

如果把人際衝突的看法運用在婚姻關係裡，那麼夫妻間的衝突就是非常正常的了。然而，如果為了贏得控制權，卻和另一半因此而愈來愈疏遠，或引發生氣及敵對，甚至破壞了彼此的關係，這樣就算獲得了控制權又有什麼意義？其實，夫妻關係既在閩南語中稱之為「牽手」，就意味著二人原本就應該同甘共苦，一起共同來打拼，將來若是事業有成則是雙方一同努力所獲得之成就；即便遭遇到重大的挫敗打擊，也可彼此安慰或相互扶持！因著相互合作而使兩方達到某一平衡的權力關係時，才會有較高的婚姻滿意度。

因此，在夫妻的恩愛天地裡，或是家人間的親密互動過程中，都必須學會如何有效處理這些爭執問題。否則，婚姻中一旦產生不平等的權力關係，很容易就會發生玩弄權力的情形，一方會試圖獲取權力以達到控制另一方的目的，這樣又會發生嚴重的權力鬥爭。

故此，本書在第二篇中，將針對家庭中的權力分配與家事分工，家庭中的壓力、危機、衝突與因應，以及外遇、分居、離婚與再婚等三章，分別加以探討之。

家庭中的權力分配與家事分工

本章學習目標

- 何以多數人包括家人在內，都嚮往於權力的追求？
- 哪些因素會造成家中成員之間權力的不平等？
- 有哪兩種權力策略的運用，將有助於家人間良好關係的建立？
- 有哪些權力策略，會維持或促成家人間不平衡關係的建立？
- 何謂「權力的中和」？有哪七種中和權力的策略？
- 家事工作的內容為何？又可作哪些分類？
- 家事分工有哪四種主要的理論？
- 在家事分工的時間分配上，有哪些重要論點與研究成果？
- 今日男性在家事分工上有哪些新的選擇？

佳作整理

男主內，女主外

朋友住的是三十幾年公寓式的房子，平時若有任何需處理的公共事務雖沒有像集合式住宅有管理員或管委會可以處理，但住在二樓的吳先生總是義務幫鄰居們統籌打理，舉凡大門換鎖、樓梯清潔及粉刷，或是找人清理水塔，他都一手包辦。

吳先生從年輕時就在家裡當家庭煮夫，並沒有出外工作，太太則在銀行當主管，所以家裡兩個孩子都是他一手帶大。早上常常可以看到他騎著腳踏車去市場買菜，傍晚時樓梯一定是濕的，因為吳先生會利用洗衣服的水幫大家清洗樓梯地板。最近他媳婦生了個兒子，則可以看到他三不五時推著娃娃車帶孫子出來散步。

另一個朋友大傻從大學畢業後一直找不到適合的工作，原本在科技公司上班，後來因為某些原因辭職，結婚後也嘗試找過許多工作，甚至想開

小吃店自己當老闆，但因為缺乏相關經驗所以仍在家待業中。

不過大傻在家也沒閒著，原本給保母帶的兒子，現在由他全權照顧，不論泡奶、洗澡、換尿布、說故事都難不倒他，對烹飪很有興趣的他，每天總是準備熱騰騰的晚餐等工作忙碌的老婆下班享用，家裡也打掃的一塵不染。

原來男人不一定要在外工作打拼事業，女人也不一定要在家當賢妻良母，其實只要夫妻兩人協調好，也可以過著幸福快樂的生活呢！

（本文係作者觀察現今另類家庭分工現象之撰文）

由上述文章中，讓我們很訝異地發現，過去總是將夫妻間的權力角力，稱為「男人與女人的戰爭」；而在今日家庭中夫妻所宜扮演的角色，已經可以有相當大的彈性。傳統上「男主外，女主內」的舊觀念，也早就該被完全揚棄；至於家事更是全家人的事，家中每一成員都應積極參與。在本章中將分別針對家庭中的權力、家中權力策略的運用，以及家事分工等部分，一一加以說明如後。

第一節　家庭中的權力

「人生而平等」？這可以是理想，事實的答案是否定的。在人類各種關係裡幾乎都避免不了「權力」的運用，每個人或多或少都想擁有一些權力，但因為性別、年齡、教育程度及薪資等各方面的不同，個人所擁有的權力也都不一。此種現象更反應在家庭裡的「夫妻關係」中，由於配偶雙方所擁有的權力不一，所使用的權力策略也是大異其趣。即使在家事的分工上，多少也隱含了權力關係在內；做多或做少家事，雖出自個人的意願或傳統角色分工所致，但或許與彼此權力高低的事實也脫離不了關係吧！

所有的人際關係互動中，都可能涉及權力的運用，而家庭權力僅只是社會權力的一部分而已。家庭權力包括有婚姻權力、父母權力、子孫權力、手足權力及親族權力等。除此之外，還有幾種混合形式的家庭權力，如父子權力、母女權力（Feldman, Wentzel, & Gehring, 1989）。

一、為何人們需要權力

在任何團體或家庭中，總會有人想扮演成一名控制者的角色，而另外有些人卻甘於處在被領導的地位。是哪些因素會造成人們在權力追求上的不同，何以多數人包括親密家人在內，又都醉心嚮往於權力的追求，分別探討如下（Rice, 1993）：

- 自我的實現：任何人都希望能控制自己的生活，及具有改變和影響事物的能力。缺乏某些個人權力的人是很難成為獨立成熟的個體，即使是兩歲大的小孩也需要學習如何說「不」，以及如何影響父母，這樣長大後他才會是個自主的個體。
- 社會的期待：每個社會都有一些制度規範去要求丈夫和妻子所扮演的責任，如丈夫的角色是一家之主；妻子則要扮演好家庭主婦的角色。雖然有些社會規範並非十分公平，但為了避免受到眾人的批評，社會期待對個人的行為仍具有相當大的影響力。
- 原生家庭的影響：個人權力的類型可追溯到原生家庭的經驗，父母往往是影響子女模仿的關鍵人物。生長在一個由父親主控家庭的子女，在其未來的婚姻關係是很難與其配偶建立民主平等的關係。而某些身體暴力和虐待事件，也是在早期階段，從家庭中所習得經驗而形成的代間循環。
- 心理的需求：一個極度缺乏安全感的男性，可能會以獨裁或專橫霸道的方式來彌補或掩飾其自卑心態，像這樣的丈夫一旦與妻子發生爭執時，絕不會認輸也不准他的妻子離開，以免顯出自己的懦弱與無能。

二、家中權力的來源

是哪些因素造成家中成員之間權力的不平等，甚至影響到個人在家庭中的決策地位？在此整理出以下八項重要的因素，分別加以探討（王以仁，2001；王以仁，2006；Gelles, 1995）：

- 性別規範：權力關係受到性別刻板印象的影響，社會化的過程往往嚴格的劃分了男女的責任及其應具備的特質。例如：女性總是被期待為被動、服從、依賴男性、照養子女及維持家務；男性則主導經濟大權，做一些屬於家庭外較粗重的工作。性別的特質使男女在運用權力時也不同，例如男性多以強制、直接及攻擊性的方式；女性則較訴諸非直接，情感性的控制方法。
- 文化規範：不同社會階層、種族及文化的家庭，其家庭決策的結構及權力分配的情形亦有所不同。由於低社經地位的丈夫較重視男性的自我形象，因而也相當依賴傳統的角色來證明自己的權威，所以低社經地位的家庭較中上社經地位的家庭在家庭權力的結構上，傾向於以丈夫為主的決策分配。
- 經濟資源：家庭中個人相對的資源愈多，決策權也愈大，而這些資源包括了收入及財產等。女性就業對其在家庭的權力影響很大，主要原因乃是女性就業所帶來的經濟獨立。也就是說，收入是賦予女性在家中擁有權力的重要因素之一。
- 教育及知識：教育程度的高低往往隱含了智慧的高低，多數人相信教育程度愈高的人愈有智慧，判斷事情也較正確，因此在家中的決策權也較高，這種權力來源的基礎即是專家權。另外，某些決策權是依據夫妻在各自特殊領域內的專長而定，例如：在教育子女及家事方面，由於妻子這部分的經驗比丈夫多，所以妻子擁有較高的決策權；而丈夫在購車的選擇權上則高於妻子。
- 溝通能力：能言善道的人可以很清楚的表達概念並讓對方信服。通常丈夫是開啟討論話題的那一人，他較常打斷妻子的談話，或要求妻子閉嘴；因此，在溝通時，丈夫較居主導與控制的地位。然而有些男人則較沉默寡言或不善言辭，這與他生長的原生家庭從不討論問題有密切的關係。另外，生長在一個衝突不斷的家庭的男人，為了避免再惹出爭端，因而會選擇保持緘默當作抗議的方式。

- 情感因素：「性」是情感因素中影響權力的重要來源之一。某些配偶會以性為條件，要求對方答應配合，否則就取消夫妻間的性生活。根據社會交換理論指出，最需要愛及情感的人，擁有的權力會愈少。雖然「撤銷愛」可能成為權力來源的方式之一，但只有當一方相當依賴對方的情感時，愛才可能成為有力的權力來源，當彼此的愛已不存在時，這種權力來源也將消失。
- 子女因素：必須照顧家中幼小子女的一方，因容易與社會隔絕且依賴對方的經濟支援，所以相對上擁有較少的權力。但是孩子本身也可能成為一個重要的權力來源，對父母或家中其他成員產生相當大的影響力；如懷孕期間母親可能因孩子而受到特別的禮遇，或當父母做決定時為了拉攏子女，這時子女反而變成權力的重要來源。
- 環境因素：當其他可選擇的資源愈少，個人在家庭或婚姻中的地位也愈低。例如：丈夫認定妻子沒人可訴苦、沒有地方可去、也沒有可供支配的金錢時，丈夫將擁有較多的權力，這種情形在今日許多有外籍配偶的家庭時常可見。家庭生活週期也是影響權力來源很重要的考量因素，尚有需扶養子女的婦女，因為與社會隔絕，且在經濟上又依賴他人，所以她們比那些子女已長大成人的婦女所擁有的權力更少。危機事件的發生亦會改變權力的平衡關係，例如：當配偶一方不幸生病或有重大傷殘，原本居附屬地位的一方，此時就必須扮演較積極的角色。

從上述諸多影響家庭中權力來源與分配因素來看，在家中因故造成權力分配不均而產生衝突，實在是無法全然避免。有時家庭中因父母不和而離婚及再婚，都會帶入新舊成員改變，以及角色和家規的不同，都容易產

生家人與親子間的權力變化及衝突（Afifi & Schrodt, 2003）。

在美國知識份子及中產階級強調的是平權型的婚姻關係，意即夫妻間彼此應享有一半對一半的平等權力。然而，即使是平權型的婚姻關係就表示夫妻能共同決定每件事情嗎？或在做決定時，夫妻雙方都享有一半的決定權？事實上，此種平權型的婚姻型態在執行上有實質上的困難，因為每個人對擁有多少權力的看法並不一致。有些人希望擁有較多的權力以控制他人，而有的婚姻關係其實只是表面上的平權，實際上總難免有一方的權力會多過另一方。因此，即使夫妻雙方真的擁有平等的權力，並不表示他們在做每個決定的過程都能共同的分享。

第二節　家中權力策略的運用

Safilios-Rothschild（1976）曾經指出，主權力（orchestration power）與執行權力（implementation power）的差異，主權力意指可以決定家庭生活型態並擁有做重大決定的一種權力，而執行權力則指讓所做的決定付諸實行的權力。例如：在家中妻子通常決定她先生可以花多少錢，而先生則是實際消費者，所以妻子握有做重大決定的主權力，先生則是執行權力的人。此兩種權力各有其界域，各人在其權力範圍下妥善運用其權力，並不去干涉對方的權力才不致於引起彼此重大的衝突。每個人運用權力方式各有不同，以下將介紹幾種對建立良好關係有幫助，及破壞關係的權力策略（王以仁，2001）。

一、對關係建立有幫助的權力策略

權力策略是指運用各種方法讓別人做到符合自己所想要達成的事情。以下兩種權力策略的運用將有助於良好關係的建立。

(一) 討論、解釋、發問、告知

這些都屬積極的權力策略。以理性、靈活的方式來解釋事情，或採直接而清楚的詢問方式，除了可建立更令人滿意的關係外，個人所接收到的情緒反應也是比較正面的。

(二) 商議與協調

協調的過程是指雙方在達成重大決定前，說明雙方應負的責任，甚至還可能包括以物易物的方式。協商之目的主要在於達成一致性，找出一個令人對問題較滿意的解決方式。當然，在不同的情況下使用相同的權力策略，也可能產生截然不同的結果。其進一步，又可採取下列兩種方式：

- 勸誘：勸誘目的在於使某人相信，或做原本所不願接受的事情。在對方勸誘下，有些人可能出自真心相信對方，有些人則可能違反自己的意願而勉強相信對方的勸誘。
- 討好：刻意討好對方、獻慇懃與體貼，除了能讓人感到心情愉悅之外，也令人無法拒絕對方的要求。真心善意的討好與體貼行為，是令人喜歡的，然而假如以不誠實的方法贏得對方的好感，除了構成欺騙的行為外，也會導致雙方的不信任關係。

二、破壞關係建立的權力策略

如果所使用的權力策略，在於維持或促成不平衡關係的建立，那麼這樣的權力策略就是具有破壞性的。

- 無助感與依賴心：有些人會試圖以無助或依賴的方式，達到控制別人的目的，他們可能故意表現出一付無助且無法達成的樣子，企圖引起對方的同情心，並讓對方能以專家姿態自居而感到自豪。缺乏安全感或自信不足的配偶，也會藉著扮演弱者的角色，以規避自己的責任，如要對方做事，然後故意批評對方做得不夠好，同時還抱

怨他喜歡多管閒事。

- 過度保護：當一方對另一方過度保護時，會使得他無法成長，而需處處依賴別人，最後變成一個毫無權力的人。例如：當妻子視自己的先生為一個無助的小孩，並以母親的角色來照顧他時，如此一來妻子就可能掌握家中的大權。
- 欺瞞、謊騙：有些人會以欺瞞及謊騙的行為來控制別人。例如：習慣說謊的人，可能會許下無法達成的承諾，以騙取對方的贊同，然後假裝他們是無辜的，藉以逃避責任。
- 批評：個人獲取權力最具破壞性的方式，就是不斷的批評以達到貶抑對方之目的。有些配偶會故意在家人面前，指責對方的過錯，讓其感到困窘而下不了台階。拿別人、朋友或兄弟姊妹來做比較，也是另一種讓人覺得難堪或不舒服的方式。
- 代罪羔羊：當事情做不好時便找人出氣，使對方產生罪惡感，進而覺得他對此錯誤應該負責，如此控制的一方就可達到免除被責罰之目的。
- 摧毀他人自信：這種方式是採否認對方所說的事實，經常諷刺或批評對方的情感及意見，或是以扭曲事實來讓對方產生個人的罪惡感。
- 懲罰對方：某些配偶選擇以懲罰的方式，試圖去控制對方的行為。當妻子心情不好的時候，可能做出許多丈夫所厭惡的事情，以作為對丈夫之懲罰。例如：故意煮丈夫最討厭吃的食物，或刷先生的卡買一堆不需要的東西。
- 無言抗議：保持沉默也是另一種形式的懲罰對方。有些配偶會以幾天都保持沉默的方式，來應付彼此緊張的關係。然而，沉默可能會阻礙溝通，甚至造成永久的誤解。
- 黑函：威脅性的黑函屬於一種高壓策略，藉此能使人產生恐懼與生氣的情緒反應。
- 生氣、憤怒：情緒不穩的人常無故勃然大怒、撞牆、摔東西或使用其他權力策略，以遂其為所欲為的目的。有些配偶指出，和情緒不穩定的另一半生活，其心理恐懼就像是等待一顆隨時會爆炸的炸彈，但更慘的是，你完全不知道炸彈何時會被引爆。

- 酷刑、虐待：殘酷及虐待的行為是最偏激的控制形式。有些丈夫會以毆打或恐嚇的方式來控制妻子，並使妻子相信這都是她咎由自取，或是她應得的處罰。

三、權力鬥爭的結果

假如為了贏得控制權，卻和另一半愈來愈疏遠，或引發生氣及敵對，甚至破壞彼此的關係，這樣就算獲得了控制權又有什麼意義呢？有的配偶在取得控制的權力後，反而失掉婚姻，真可說是得不償失。

通常，極端不平衡的權力關係容易對關係造成負面的影響。俗云：「權力使人腐化」，意指權力控制者在運用權力時，心中往往會發生巨大轉變，變得自我吹噓、自私自利及自我中心，甚至會變得冷酷無情。

不平衡的權力關係，會造成一方備受壓迫與控制，覺得很沮喪，以及引發懷恨的心理。一般人或許可以忍受一段時日的壓迫，然而一旦出現沮喪及敵對的感覺，彼此關係是很容易就被摧毀的。

只有當雙方達到某一平衡的權力關係時，才會有較高的婚姻滿意度。

然而，每個人對何謂平衡的權力關係的看法，卻是因人而異。因此，有些配偶偏好傳統以男性掌控的型態，有些則要求平等的夫妻關係。一項以黑人夫妻為樣本的研究指出，在黑人社會裡，丈夫主控型的婚姻滿意度最高，平權型或妻子主控型的婚姻滿意度則較低些。儘管大部分配偶都想追求平權型的婚姻關係，然而傳統以丈夫主控的婚姻關係，配偶都有較高的婚姻滿意度（Gray-Little, 1982）。Henggeler、Edwards、Hanson 和 Okwumabua（1988）發現，妻子主控型比丈夫主控型的婚姻關係較不會引發情緒上的衝突，青少年犯罪率較低，且家庭成員也有較積極正面的溝通。

極端不平衡的權力關係容易導致不滿意的情緒，很少有妻子可以忍受丈夫的無能及缺乏共同承擔責任的能力。而失去對自己生活掌控能力的妻

子也很難對自己有較高的評價，丈夫也會因此瞧不起毫無權力的妻子。有能力控制婚姻衝突的女性對婚姻滿意度較高，假如妻子只會一味的責備丈夫，對衝突事件卻毫無控制的能力，那麼婚姻滿意度也較低（Madden & Janoff-Bulman, 1981）。

四、權力中和的策略

不平等的權力會使配偶之間的關係更形疏遠，尤其是當彼此認為在配偶面前揭露自我的情感是暴露自己的缺點時，更會產生不信任感。婚姻中一旦產生不平等的權力關係，很容易就會發生玩弄權力的情形，一方會試圖獲取權力，以達到控制另一方的目的；即使是平權型的婚姻關係，一樣會出現此種情形。為了避免權力的玩弄，權力中和是終止無窮盡權力玩弄的一種方法。所謂「權力的中和」是指居於附屬地位的一方，拒絕採取合作的方式來達到消弱有權一方的控制。權力中和與權力的玩弄應是不一樣的，玩弄權力的配偶常以強迫或酬賞的方式去控制對方，然而權力中和的方式，並非想去控制他人，而是想與對方取得較平等的地位。人們常會用許多不同的策略，來中和另外一個人的權力，以便求取更平等的地位。以下將介紹七種中和權力的策略（Rice, 1993）：

- 拒絕做：一位丈夫說道：「我的太太從不與我爭論，一旦她決定想做的事情，她是不會聽勸的。」雖然妻子可以用拒絕的方式來中和丈夫的權力，但問題卻沒有獲得解決。
- 改變話題、拒聽、漠不關心：一位妻子抱怨說，每次只要和丈夫討論酗酒一事，他就開始找別的事做或乾脆走開。期待使用此種技巧來使事情獲得改善也是不可能的。
- 將情緒抽離問題情境、不在乎：假如一位丈夫威脅妻子要離開，而妻子的態度則是「隨便你」，或「門在那裡請自便」，那麼威脅雖然被中和掉了，但問題仍然存在。
- 採取彌補作用：若配偶拒絕做某些事情時，可以設法從別處獲得自己所需的服務。例如：另一半如果不願意粉刷廚房牆壁時，可以付錢請別人來刷。

- 尋求替代物：假如丈夫威脅撤銷對妻子的愛時，妻子可用「我根本就不需要你的愛，我可以從孩子那裡得到我所需要的愛」，以此種方式來中和丈夫的威脅。此一方式也許無助於問題的解決，卻可避免丈夫再次訴諸以撤銷愛當作威脅的手段。
- 增強自我的能力：當丈夫對他那肥胖及依賴心極重的妻子感到嫌棄，而妻子也自覺她在配偶關係中愈來愈無地位時，她會開始努力減肥，重回學校獲取學位，並得到一份待遇比丈夫還高的工作。現在，他的丈夫對妻子極為和善，而且害怕妻子會離開他。
- 攻擊對方玩弄的把戲：意指以強硬的態度回應對方，直到對方願意妥協，否則將撤銷對方的酬謝。有時候此種方法有效，可藉以達到恐嚇的目的，但有時候當雙方都不願妥協時，可能形成拉鋸戰。而且假使對方執意玩弄此種把戲，那麼只會讓彼此的關係更為惡化。

社會心理學家 Walster、Walster 和 Berscheid（1978）指出，平權型的關係較容易維持穩定及令人滿意的婚姻關係。當我們討論婚姻滿意度的議題時，必須將社會情境的因素也納入考量，因為我們的社會規範長期以來的主流型態，一直是丈夫處於主控型。一旦脫離了此種既定的社會規範，改而提倡平權型或妻子主控型的婚姻關係時，難免會導致衝突及較無法令人滿意的關係。

第三節　家事分工

平日家庭生活中，有許多繁瑣的事雖然個人不喜歡，卻是必須要有人做，例如：洗衣、燒飯、打掃清潔、倒垃圾等。通常，做家事並非是一項令人喜歡的工作，再加上做了也沒有酬勞可拿，使得做家事既缺少內在動機，又沒有外在誘因。因此，無論是男女老少，大都對做家事抱持避之唯

恐不及的態度。

一、家事工作的內容與分類

家務工作可稱為家務勞動或家庭勞工（李芳如，2001）。由於家事工作具有多樣特質，因而要將家事定義清楚是頗不容易的，再加上許多家事兼具有工作或休閒、生產或消費等功能，更增加家事在定義上的困難（唐先梅，2001）。綜合歷年來國內外以夫妻為對象，有關家事或家務分工的研究，所涉及的家事工作內容約可分為以下三種（李秀靜，1998）。

(一) 將家務內容不分類

一一羅列出欲探討的家務工作細項，歷年來依研究性質不同，國內外約採五至十幾項不等，依序為烹調工作、衣物清潔整理、清掃整理室內、餐後清洗整理、購買食物及日用品、房屋維修及庭園整理、付帳及記帳、照顧孩子、汽機車維修、倒垃圾、照顧幼童、指導孩子作功課、陪孩子玩耍、接送家中成員、管教子女、老人養護、計畫休閒活動等。

(二) 將家務內容依性質分類

將家務工作透過因素分析，以界定不同性質的家務工作類型，較常提及的是子女照顧、烹調工作、家庭清潔、家庭經濟、家庭維修、家庭活動管理、園藝工作、購物工作、一般家務等類別。

(三) 將家務內容依執行者的性別分類

有傳統女性家務工作、傳統男性家務工作及中性家務工作等三種。屬於傳統男性家務的是房屋維修、庭園整理、汽機車維修、保護家人安全、搬重東西、生計負擔；屬於傳統女性家務的是烹調工作、清掃整理室內、衣物清潔整理、餐後清洗整理、購買食物及日用品、照顧幼童、付帳及記帳、家庭管理；屬於中性家務的是接送孩子、辦事情、倒垃圾、陪孩子玩耍、指導孩子功課。

關於子女參與的家務工作項目，將隨其年齡的增長而增加，且難易度也會有所不同。兒童時期所參與的家事，大多是協助性質，所以會在家務工作的認定上感覺較為瑣細。一般而言，未成年子女的家務工作，包含餐飲處理、環境整理、衣物照料、協助購物、家人照顧、其他雜務等六個面向（黃淵泰，2004）。

二、家事分工的理論

家事工作通常是不支薪且又單調乏味的工作，但因傳統角色分工——男主外，女主內的觀念，家庭管理總是理所當然變成是女性的職責所在，而無所謂家事分工的問題。然而隨著愈來愈多的女性投入就業市場，以及教育程度的提高，許多女性在兼負內外雙重壓力的同時，亦開始思考此種傳統分工方式的不平等。關於家事分工的理論，主要有以下四種（Chafetz, 1988; Ross, 1987）。

(一) 衝突理論的觀點

「誰應該做家事」此議題清楚指出家庭內男女利益的衝突。假設夫妻雙方都想擁有一舒適整潔的家，但也都想外出工作，甚至丈夫也非常贊同妻子能外出工作賺錢或實現她的理想。然而，為什麼大部分做家事的責任仍是落在妻子的身上？根據分析，因為男人擁有較大的權力，享有較高的地位及高薪，所以在家也掌有較多的權力而可以選擇不做家事。因此，即使夫妻雙方都相信應共同分擔家庭內的事務，但許多妻子仍背負家事工作的重擔，而且傳統所持「男主外，女主內」的兩性分工模式，更使家事自然而然成為女性的工作。

(二) 意識型態的觀點

文化的期待是影響男女在家事的分工及分配時間的重要原因。研究顯

示，教育程度較高的男性較願意和妻子分擔家事，因為教育程度愈高的人受到傳統性別刻板印象的影響較少。由於傳統「男主外，女主內」的觀念仍是社會的主流，因而女性在社會化的過程中比男性做更多的家事，且家事分工仍受到男女特質的影響。如鋪床和換尿布會被視為妻子的工作，而丈夫則負責修護、除草及整理庭園等工作。

(三) 資源理論的觀點

資源較多的一方往往有較大的權力，而且花在做家事的時間也較少。當一方提供資源超出另一方所提供的價值時，另一方將提供等值的物質、勞力或感情等以平衡此一關係。因此，擁有較多資源的一方往往可要求另一方提供相對的資源以補足不平等的關係。應用於家事工作上，收入較高或資源較多的一方，因具有較大的協商決定權，所以他可利用此一資源優勢要求另一方做較多的家事；反之，資源愈少的一方因無法提供其有利的資源以換取另一方的勞力服務，故需花較多的時間在家事工作上。

(四) 理性投資的觀點

由於夫妻雙方希望花在工作與家庭的時間及精力能得到最大的經濟效益，所以在工作上較有效率的人，花在家事的時間相對的可以較少。而外出工作時間較長的人，因可花在做家事上的時間也較短，因此做的家事也較少。

基本上，理性的投資觀點和資源理論所強調的不是傳統性別的分工方式，它們認為配偶間付出較多的時間在工作的人，花費在家事的時間就可以比較少。由於受到社會期待的影響，丈夫通常寧願投資較多的時間在事業上，加上社會對男女資源分配不均的結果，在婚姻關係中丈夫常比妻子擁有更高權力及地位，同時也較常拒絕做家事。然而，Pina 和 Bengtson（1993）的研究中發現，當妻子與丈夫間的家務分工愈均等，其感受到丈夫的支持程度會愈高，並與較佳的婚姻品質產生關聯。

三、家事分工上的時間分配

儘管在做家事的分配上，現代夫妻已經比較能接受分工合作的觀念，但實際上妻子仍然負擔大部分的家事責任，即使妻子是全職外出工作者。Shelton（1992）研究發現，有職業的婦女平均每星期花在家事的時間約為為三十八小時，較丈夫所花的二十二小時高出許多。而家中子女數對女性在做家事的時間影響上，往往也比對男性來得大，如擁有兩個以上子女的妻子比丈夫更是花超過二十七小時的時間在家事上。這似乎也說明了社會在追求工作、薪資及法律地位兩性平等的同時，卻忽略了最基本的家庭生活中的平等。

在婚姻初期，丈夫有可能會幫忙清掃、煮飯、買東西或送洗衣物，而當孩子出生，以及隨著日常生活的需求增多，做家事也漸漸成為妻子單方面的工作。無論丈夫最後對做家事是抱持何種想法，的確需要花費數年的時間努力溝通，才能讓丈夫扭轉做家事專屬女人之事此種不公平的觀念。

對所有夫妻來說，家事的公平分配是一件很重要的事。然而為什麼結婚後的女性，家事工作量大增，而男性反而減少？對已婚的女性來說，孩子的出生可能是家事工作量增加的原因，除此之外，女性的內在動機，對婚姻及組織家庭的感受也是一大影響因素。不可否認，每對夫妻的情況皆不相同，而影響夫妻間對家事分工的因素也不同，但也有一些共同因素可供參考，例如：教育、收入、性別態度，以及孩子的年齡。舉例來說，妻子的教育程度及收入愈高，則做的家事較少；對性別角色比較持傳統觀點的夫妻，在家事分工上也愈不平等；擁有年紀愈小的孩子，妻子所做的家事也相對比丈夫來的多。Pittman 和 Blanchard（1996）發現，年紀較長才結婚的女性所做的家事會比較少，那是因為這些女性擁有的孩子數較少，另一個原因則是，這些女性原本就有一份工作，並在婚後仍持續地投入職場中，因此觀之，女性的就業對男性而言，應是增加了丈夫幫忙做家事的工作量。

研究發現，雖然丈夫會因為妻子為職業婦女，而分擔比過去為多的家事責任（Perry-Jenkins, Pierce, & Goldberg, 2004）；然而，這些妻子仍在家務事與照顧孩子方面實際所做的，要遠比丈夫為多（Huston & Homles, 2004）。

事實上，對很多投入職場的全職女性來說，在家中仍然要做大部分的家事，除非妻子在其性別態度上非常傳統或是其所屬的工作係兼職性質，否則丈夫對於家事的低參與感，往往會形成妻子在心理上的不愉快（Pina & Bengtson, 1993）。

對做家事持有抗拒心理的女性，必須解開自己心中對家事負向情緒，努力擔負起照護家庭的責任。例如：當她在煮飯、拖地時，可以象徵性地告訴自己「我正在照顧某一個人」，如此一來心理的不平衡比較能獲得釋懷。而當配偶願意分擔家事時，對另一半也會形成「我正在被人照顧」此心理意義（Hochschild & Machung, 1989）。

當妻子對家事負擔過重時，一個可以放鬆的方式是藉著外出用餐來調適心理壓力。外出用餐對於家庭中的每個成員都有其正面意義，雖然它不省時，卻能帶來快樂，改變生活步調，使人放鬆心情。另一方面，當妻子的收入用在家庭支出時，也更能使女性在家事責任上獲得解放（Bird & Ross, 1993）。

男性和女性對家事參與的發展差異與年紀和時間效益有關。Coltrane和Ishi-Kuntz（1992）研究指出，男性在二十八歲之後才擁有第一個孩子，相對地會做更多的家事。此一發現顯示出，當夫妻之間延遲成為父母親角色時，男性更能安排自己的工作計畫表，也會花更多時間和妻子商議如何做家事。

五十歲之後，當孩子慢慢離家，男性則會更投入家事的參與，但傳統的年老女性仍持續擔負著主要責任，而當男性退休後，他們也會做更多的家事。然而，這並不是女性所期待或指望的，當女性退休之後，會比男性更投入在家事工作上，儘管女性一再感受到家事的枯燥、卑微及孤立的一面，也有為數不少的女性抱怨男性在年老後入侵了她們的生活，那似乎在說：「在艱困的數年中，沒有你的幫忙我也可以做得好，現在更不需要你的幫忙了。」大部分年長的女性對家事和責任，能夠與先生公平分配而覺得相當地高興，尤其在退休之後，婚姻生活的快樂與夫妻能否共同參與決定、一起分享，以及表現男女間的公平性有很大的關係。

無論如何，在家事的處理上，女性是很難跳脫社會規範的，做家事常被視為是對家庭的付出和照顧。某些女性之所以能享受做家事，主要是因為它有一個強大的動力資源，即家務管理者能使家庭成員心裡所想和計畫的，一一獲得實現。儘管女性在教育及收入，漸漸與男性取得平等地位，然而在家事分工卻仍呈現不均衡狀態。因此，雖然女性認為這種情況是不公平的，卻也不會造成婚姻的衝突，或許由很多家庭理論用來解釋女性之所以願意自動自發做家事的原因，可以找到答案。在此整理出四項說法如下：(1)因為女性在家事管理中擁有高度價值感，可以從家事中，決定哪些事該做、誰該做；(2)比起共同分擔和分派家事而言，女性可以比較不需商議和妥協；(3)女性比男性更重視家庭的功能與和諧；(4)女性對傳統性別認同感較高，容易將自己界定在家事管理和照顧孩子的角色。

因此，她們的責任是無形的，也就無法像工作一般來下定義。無論如何，家事工作存在著許多職場上所沒有的附加壓力，例如：瑣碎、沒有地位及似乎無所事事的感覺。因此，那些不參與做家事的男性，更應該以一種肯定的態度來支持其配偶。

四、今日男性的新選擇

現今某些男性已漸漸揚棄把工作成就當作是成功最終指標的觀念。而願意選擇比較不具有競爭性的工作，把較多時間花在陪伴家人身上的男性，通常是把家人的需求看的比個人事業成功來的更重要。然而，有一些男性仍堅持在工作與家庭中抗爭到底，但是盡量減少工作的時間，以期有更多時間參與家庭活動。對男性而言，願意完全放棄工作，留在家裡專心成為家庭主夫者畢竟是少數，這樣的人口大約只佔 2%（Hochswender, 1990）。

年輕的男性之所以願意待在家裡成為家庭主夫，其原因可能包括：失業、健康狀況不佳、充滿空想、對過度競爭的工作環境不滿意、想花較多的時間來陪伴子女，或成全妻子想成為全職工作者的願望。像此種男性成為家庭主夫的情形，只會被稱作角色逆轉（role reversal），而非一般家庭的正常狀況。還有一些其他的狀況，如妻子在外工作一年讓丈夫可以安心在家裡寫作，甚至一些大公司所提供的彈性工作時間，也讓雖然是少數但卻是愈來愈多的男性，成為臨時的家庭主夫。

唐先梅（1999）針對雙薪家庭夫妻的家事分工研究指出，依美國全國家庭調查（National Survey of Family Household）的資料，家務工作項目中以「子女的照顧」是否為「家事」最有爭議，在該份研究中受訪夫妻所提及的家務內容，也以「子女的養育」及「親友互動」是否為「家事」最有爭議，這似乎也說明在家務工作中，與「人」有關的部分，較不容易有一致性的看法。

許多男性往往受限於社會規範，認為要賺比女性更多的金錢，而無法有更多時間來陪伴家人。雖然，男性的價值觀想把家庭擺在第一位，基於整個家庭的利益及經濟考量，多數仍鼓勵丈夫把時間投注在事業上。可見，社會規範的限制對於兩性在家庭分工的選擇上，仍具有相當大之影響力。

然而，近年來在美國政府的呼籲與促成下，許多有關父職的調查研究正在大力進行中（Cabrera & Peters, 2000; Marsiglio, Amato, & Day, 2000）。同時，家庭相關的研究帶進了女性主義觀點，重新檢示性別與家庭之議題（Greer & Velma, 2000）。而隨著時代社會的變遷，男性在家事上的參與比起上一代是增加了，對家務分工的部分也較抱持不排斥的態度（Eshleman, 2000）。

本章摘要

所有的人際互動中，都可能涉及權力的運用，而家庭權力僅只是社會權力的一部分而已。家庭中的權力包括有婚姻權力、父母權力、子孫權力、手足權力及親族權力等。除此之外，還有幾種混合形式的家庭權力，如父子權力、母女權力。

多數人包括親密家人在內，都醉心嚮往於權力的追求，以下四項是造成人們在權力追求上的主因：(1)自我的實現；(2)社會的期待；(3)原生家庭的影響；(4)心理的需求。

造成家中成員之間權力的不平等，甚至影響到個人在家庭中的決策地位，有以下八項重要的因素，分別是：(1)性別規範；(2)文化規範；(3)經濟資源；(4)教育及知識；(5)溝通能力；(6)情感因素；(7)子女因素；(8)環境因素。

當其他可選擇的資源越少時，個人在家庭或婚姻中的地位也越低。從諸多影響家庭中權力來源與分配因素來看，在家中因故造成權力分配不均和產生衝突，實在是無法全然避免。在美國知識份子及中產階級強調的是平權型的婚姻關係，事實上此種平權型婚姻型態在執行上有其實質上的困難，因為每個人對擁有多少權力的看法並不一致。有些人希望擁有較多的權力以控制他人，而有的婚姻關係其實只是表面上的平權，實際上總難免有一方的權力會多過另一方。

Safilios-Rothschild 曾指出主權力與執行權力的差異，主權力意指可以決定家庭生活型態並擁有做重大決定的一種權力，而執行權力則指讓所做的決定付諸實行的權力。此兩種權力各有其界域，各人在其權力範圍下妥善運用其權力，並不去干涉對方的權力才不致於引起彼此重大的衝突。權力策略是指運用各種方法讓別人做到符合自己所想要達成的事情。以下兩種權力策略的運用將有助於良好關係的建立：(1)討論、解釋、發問、告知；(2)商議與協調。協調的過程是指雙方在達成重大決定前，說明雙方應負的責任，甚至還可能包括以物易物的方式。協商之目的主要在於達成一致性，找出一個令人對問題較滿意的解決方式。

如果所使用的權力策略，在於維持或促成不平衡關係的建立，那麼這樣的權力策略就是具有破壞性的，這些權力策略包括：(1)無助感

與依賴心；(2)過度保護；(3)欺瞞、謊騙；(4)批評；(5)代罪羔羊；(6)摧毀他人自信；(7)懲罰對方；(8)無言抗議；(9)黑函；(10)生氣、憤怒；(11)酷刑、虐待。

通常，極端不平衡的權力關係容易對關係造成負面的影響。俗云：「權力使人腐化」，意指權力控制者在運用權力時，心中往往會發生巨大轉變，變得自我吹噓、自私自利及自我中心，甚至會變得冷酷無情。

不平衡的權力關係，會造成一方備受壓迫與控制，覺得很沮喪，以及引發懷恨的心理。一般人或許可以忍受一段時日的壓迫，然而一旦出現沮喪及敵對的感覺，彼此關係是很容易就被摧毀的。極端不平衡的權力關係容易導致不滿意的情緒，很少有妻子可以忍受丈夫的無能及缺乏共同承擔責任的能力。而失去對自己生活掌控能力的妻子也很難對自己有較高的評價，丈夫也會因此瞧不起毫無權力的妻子。

不平等的權力會使配偶之間的關係更形疏遠，尤其是當彼此認為在配偶面前揭露自我的情感是暴露自己的缺點時，更會產生不信任感。婚姻中一旦產生不平等的權力關係，很容易就會發生玩弄權力的情形，一方會試圖獲取權力，以達到控制另一方的目的；即使是平權型的婚姻關係，一樣會出現此種情形。

為了避免權力的玩弄，權力中和是終止無窮盡權力玩弄的一種方法。所謂「權力的中和」是指居於附屬地位的一方，拒絕採取合作的方式來達到消弱有權一方的控制。權力中和與權力的玩弄應是不一樣的，玩弄權力的配偶常以強迫或酬賞的方式去控制對方，然而權力中和的方式，並非是去控制他人，而是想與對方取得較平等的地位。人們常會用以下七種中和權力的策略：(1)拒絕做；(2)改變話題、拒聽、漠不關心；(3)將情緒抽離問題情境、不在乎；(4)採取彌補作用；(5)尋求替代物；(6)增強自我的能力；(7)攻擊對方玩弄的把戲：意指以強硬的態度回應對方，直到對方願意妥協，否則將撤銷對方的酬謝。有時候此種方法有效，可藉以達到恐嚇的目的，但有時候當雙方都不願妥協時，可能形成拉鋸戰。而且假使對方執意玩弄此種把戲，那麼只會讓彼此的關係更為惡化。

今日某些男性已願意選擇比較不具有競爭性的工作，而把較多時間花在陪伴家人身上的男性，通常是把家人的需求看的比個人事業成功來的更重要。有一些男性仍堅持在工作與家庭中抗爭到底，但會儘量減少工作的時間，以期有更多時間能參與家庭活動。許多男性往往受限於社會規範，認為要賺比女性更多的金錢，而無法有更多時間來陪伴家人。男性的價值觀雖想把家庭擺在第一位，但基於整個家庭的利益及經濟考量，多數仍鼓勵丈夫把時間投注在事業上。可見，社會規範的限制對於兩性在家庭分工的選擇上，仍具有相當大之影響力。

然而，近年來在美國政府的呼籲與促成下，許多有關父職的調查研究正在大力進行中；同時，家庭相關的研究帶進了女性主義觀點，重新檢示性別與家庭之議題。而隨著時代社會的變遷，男性在家事上的參與比上一代增加，對家務分工的部分也較抱持不排斥的態度。

研討問題

一、「權力使人腐化」是一句耳熟能詳的話，為何有些人既使在家中也汲汲於權力的追求？試暢述己見。

二、女性結婚後，扮演全職（full time）家庭主婦或有工作的職業婦女，對其個人與家庭會造成哪些有利（不利）之影響？試分別加以暢述之。

三、夫妻間權力策略的運用目的為何？又有哪些種類的權力策略方式？請就你平日觀察或親身體驗，來詳細加以說明之。

四、試舉例說明家事分工的類型及理論，並儘量以你個人的親身家庭經驗為例，來加以闡述之。

五、夫妻之間大大小小的決定（decision-making）應如何來進行方能維持彼此間的和諧與雙方最大的幸福？你是否贊成夫妻之間有一方可擁有最高（最終）決定權？試分別提出你的看法與理由。

家庭中的壓力、危機、衝突與因應

本章學習目標

- 何謂「壓力」與「家庭壓力」？
- 關於家庭壓力來源的說法有哪些？
- 何謂家庭壓力的「ABC-X 模式」與「雙 ABC-X 模式」？
- 常見的家庭危機激發事件有哪些？
- 何謂「社會再適應量表」？如何藉此來計算個人的壓力分數？
- 何謂「末世的四騎士」婚姻衝突模式？
- 解決家庭及婚姻衝突的非攻擊策略有哪些？

報紙投書

夫妻同甘共苦，一起打拼

日昨由新聞中得知，高雄市某婦人因丈夫在大陸包二奶，並決定下個月返台和她辦離婚，且在大陸的二奶更連續發了四通簡訊給她，喧賓奪主的要她讓位，終於擊潰其理智，而帶著兩名稚子燒炭自殺，造成又一樁的家庭悲劇。

其實在許多台商紛紛西進大陸以來，有關包二奶或有了新歡拋棄舊愛的新聞，就不斷的發生。台商隻身在大陸工作，競爭激烈、壓力也大，再加上孤單、寂寞，且有諸多的引誘之下，能不出問題者著實少見。

我從小就在教會進出，看到許多國外宣教士來台灣傳教，幾乎都是夫婦二人同進同出。我甚至有機會親口問過一位宣教士這方面的相關問題，他直接告訴我若丈夫要離開本國三個月以上，太太一定要設法同行才是！

反觀目前台商赴大陸時妻子長期相隨的比例不大，探究其主要原因不外乎是節省經費的考量、孩子的教育問題、婆家或娘家需要有人照顧、不習慣到大陸生活等。仔細想想，若真的在意夫妻的感情與關照，哪一項困

難是絕對無法克服者？說實在的，凡事多花錢或時間就可以解決的事，千萬不要捨不得，要知道有時錢財真如糞土般地毫無用處；倘若往後真出了什麼問題，將自己辛苦節省下來的大把錢財，供其他人花用（如外遇第三者），那才真的不划算呢！

夫妻之間原本就應該同甘共苦來一起打拼，將來若是事業有成則是二人共同努力所獲得之成就；即便遭遇到重大的挫敗打擊，也可彼此安慰或相互扶持！千萬別掉以輕心，任由另一半單獨在異地他鄉獨自奮鬥；要能警覺到人的需求與感情生活之變化，是很容易受到時空環境改變的影響！聖經中也有相關的提醒，哥林多前書七章五節：「夫妻不可彼此虧負，除非兩相情願暫時分房，為要專心禱告方可，以後仍要同房，免得撒旦趁著你們情不自禁，引誘你們。」當外遇已經發生且感情也隨之變質時，再想努力去挽回什麼，恐怕都屬於不可能的任務啦！

（本文係本書作者在 2007 年 5 月 22 日，發表於基督教論壇報第 3 版「新聞短打」）

上述文章中，談到的問題雖是因台商丈夫包二奶而引發家庭嚴重衝突，其實家家都有不同的壓力、危機和衝突，重點在於面對這些困境時，家人之間能否進行有效的溝通與解決。在本章中將分別針對家庭壓力及其調適、家庭危機的來源與解決之道，以及婚姻與家庭的衝突及因應等部分，一一加以說明如後。

第一節　家庭壓力及其調適

一、壓力的定義

「壓力」一詞是物理學、生物學、心理學、社會學、醫學等領域中的重要概念，也經常出現在傳播媒體與一般人的言談中。壓力最早的概念是取自物理和工程學，係指將充分的力量用到一種物體或系統上，使其扭曲變形。而在心理學及個人適應方面，最初由Canon於1935年提出壓力觀念和個體回復平衡的關係，而後由其學生Selye於1956年繼承他的理論，將壓力引入社會科學領域加以探討（引自王以仁、林淑玲、駱芳美，2006；蔡素美，2003）。在此，就筆者蒐集到近半世紀有關國內外學者針對壓力的重要定義，依其年代先後順序分述於後：

- 壓力是一種需要以異常的反應，克服其負面情緒、目標障礙及壓迫感，而妨害了正常功能之情況（Arnold, 1967）。
- 壓力是身體為滿足需要，所產生的一種非特定（nonspecific）之反應（Selye, 1976）。
- 壓力是一種由個體知覺環境的要求具有威脅性，所引發生理及心理緊張的狀態，亦即是個體被迫要去處理的任何情況（Kaplan & Stein, 1984）。
- 壓力是指事件給個人的生活帶來改變，使個人必須去面對及努力去適應不熟悉的生活情境（張苙雲、吳英璋，1985）。
- 壓力是個體生理和心理上感受到威脅時的緊張狀態（張春興，1989）。
- 壓力是指個人對外界的一種反應，舉凡外界的人、事、物都能造成個人生理與心理的反應（藍采風，2000）。

此外，也有人將壓力分為兩類，分別是：(1)原級壓力（primary stress）：指的是一個事件或經驗，導致一個相對反應；(2)次級壓力（secondary stress）：由原級壓力引發而成次級壓力，通常是原級壓力的持續，因次級壓力而採取的行動，將可能延長原級壓力的持續時間（陽琪、陽琬譯，1995）。

綜上所述，筆者可將「壓力」歸納為：個體基於其內外周遭的要求或特定事件的刺激，所帶來身體或心理緊張之反應狀態，此種反應是以個人過去的經驗、人格特質與認知歷程作為媒介者。例如：在衝突、焦慮、挫

折、危險、驚恐等情境中，都會帶給個體不同的壓力。

壓力可以說是生活中不可避免的一部分，為了要使生活過得更好，每個人都必須面對來自環境或其本身的挑戰，使其生活中充滿著壓力。多數學者對壓力缺乏一致性的看法，經整理後分成以下三類（王以仁、林淑玲、駱芳美，2006；林玟玟，1987；邱錦詳，2003）：

- 視壓力為對情境的整體性反應。
- 視壓力為生活情境的變動刺激。
- 視壓力為個人迎合環境要求的某種關係形式。

二、家庭壓力及其來源

「家庭壓力」（family stress）是指足以造成家庭系統內的壓力和緊張，受到家庭內在與外在脈絡（internal and external context）的影響，家庭壓力也可說是改變家庭對於壓力所造成的波折和轉變（Boss, 1988）。家庭壓力是一中立概念，對家庭而言到底是有益或是有害，多半得視家庭如何看待、認定和評價該壓力事件（周麗端、吳明燁、唐先梅、李淑娟，1999）。

而簡郁雅（2005）則認為，家庭壓力是指家庭在平衡狀態中有了改變，使家庭處於低潮、壓迫、擾亂而非靜止的情境，然而對家庭的壓迫是否有害，要看此壓力程度對家庭帶來的結果，是有害或有利而定。關於家庭壓力來源的說法，可分為以下兩方面來闡述。

(一) 家庭壓力脈動

周月清譯（1994）指出影響家庭壓力的外在脈動組成要素是家庭無法控制的，它包括被隱含於家庭的環境，也稱之為「家庭生態系統」（the family ecological system），故其不容忽視，當壓力發生時，外在脈動已經影響到這個家庭如何覺知和管理或失敗的管理。

1. 外在脈動

- 文化的脈動：包含對家庭存在的大社會所帶來顯著的理念、價值和理想，及清楚的特質，它提供了規範和習俗。
- 歷史的脈動：指事件發生於家庭的歷史時間，如事件是發生於有選擇的環境還是有種族歧視及資源受限中。
- 經濟的脈動：即經濟狀態影響家庭而反應的壓力事件。如近期高失業率。
- 發展的脈動：指的是當事件的發生傳達了對事件的知覺及事件的本身。當壓力事件發生時，家庭的發展脈動同時是個人及家庭兩者生活週期的階段。
- 遺傳的脈動：家庭生物學和遺傳學的脈動，影響家庭成員的健康和身體的力量，有人因家庭的遺傳因子和好的環境會輕易地強過他人，特別當壓力持續長時間時，若為強而有力的生物遺傳構造會使其個人及其家庭更容易抵抗壓力事件。

2. 內在脈動

- 結構的脈動：涉及家庭界域的形成和功能、角色分派以及家庭界域內外的角色考慮。
- 精神的脈動：涉及家庭的認知、評價、界定或對壓力事件的評估。
- 哲學的脈動：包含價值和信念。當大文化和個別家庭哲學發生衝突時，壓力就產生，如少數民族和其他文化共處時，會接受不同文化經驗的衝擊，例如：扶養兒童、照顧長者及性別角色等。

從上面的研究可以發現，家庭事件發生時個體是否會判定其為家庭壓力事件，與個體如何界定與覺知此事件有關，而個人的知覺會受環境的外在脈動與家庭的內在脈動影響。

(二) 家庭壓力因素

壓力在生活中無所不在，而且無法避免。周麗端等人（1999）認為造成家庭壓力的原因，可歸納為以下四項：

- 物理環境因素：如空間擁擠、交通混亂、空氣污染、溫度變化、環境變遷等都會形成壓力。
- 人文環境因素：如文化環境的差異、角色要求、政治、經濟、教育等影響，因而出國、遷居、結婚、轉換工作、教育政策改變等，都會形成壓力。
- 生理因素：如遺傳、飢餓、口渴、頭痛、發燒、睡眠等都會形成壓力。
- 心理因素：如挫折、衝突、壓迫感、焦慮等都會形成壓力。

三、家庭壓力源的特徵

壓力源（stressor）的特徵可依其向度的不同，區分為以下四方面來說明（王以仁主編，2001）。

(一) 可預期的（規範）vs. 不可預期的（非規範）

可預期的壓力源是指幾乎會發生在每個人身上的，如親職身分的改變、子女的出生、退休、喪偶、遷徙、改變職業；不可預期的壓力源如失業、暴力、酗酒、心理疾病、重大變故、外遇及身體傷殘，不可預期的壓力通常比可預期的壓力更容易導致家庭危機或家庭解組。如年老死亡是可預期的，但嬰兒的早夭是不可預期的；子女的出生一方面是可預期的，但另一方面出生後帶有重大缺陷則是不可預期的。

(二) 短期的 vs. 長期的

長期的壓力如家庭中有嚴重障礙兒的出生或家人患有不治之症，其所帶來的壓力往往比因離婚或失業所帶來的壓力更難處理與評估。因而在面對長期的壓力情境時常常需要有一套新的法則與適應之道。

(三) 內部的 vs. 外部的

壓力源可起因於家庭內部或家庭外部，內部的壓力有酗酒、賭博、遺棄、家庭發生劇變；而有些危機是來自於家庭外部，如龍捲風、地震、水災、戰爭、經濟不景氣所引發的工廠關閉。通常家庭遇到外部壓力時，會增進家庭的凝聚力使全家更加團結起來共同抵禦外力，但內部的壓力嚴重者卻可導致家庭的分裂，因為內部的壓力源大都由個人本身的因素所造成的，家庭其他成員可能會責難對方為家庭所帶來的災難，一旦把焦點放在責備某人身上將使家庭間溝通的能力減弱而加重家庭間的壓力。然有些壓力源是模糊不清的，如失業可能是本身工作不勤快所造成的，也可能是受經濟不景氣的非個人因素所影響。

(四) 自願的 vs. 非自願的

死亡一事很明確的是屬於內部的壓力，但它卻也可以同時屬於非自願或自願的壓力，如壽終正寢是非自願的，但自殺是自願的選擇。另外，身體上的疾病大都是屬於非自願的，但假如某人不願接受適當的預防治療以致延誤或阻礙病情的治療，那麼此時的身體疾病就是屬於自願的。在大部分離婚的案例中，都有一方發起者，即主動提出離婚要求者。對發起者而言，離婚事件所導致的壓力是自願的，因此，其帶來的壓力會較小。

表 5-1 係以表格的方式將壓力源的類型呈現以便能更清楚的了解。

有些壓力是不易明確劃分的，而且它可能因為和某一壓力的結合而導致另一個壓力的產生，尤其是當各種不可預期的壓力結合後，其產生危機的程度更高。壓力或許並不如我們預期中那麼容易處理，但可預期的、短期的，及外部的壓力都比較好處理，且不管壓力情境是否改善，是漸趨穩定或更惡劣，悲傷的情緒通常會隨時間而降低。

表 5-1　壓力源事件的類別

內在的 事件的開始來自家庭內部的某個人，如喝酒、自殺或是當選。	外在的 事件開始來自家庭外的某個人或某事，如地震、恐怖行動、物價上漲或是文化的態度傾向女性或少數族群。
正常的 在家庭生活週期中，事件是被預期的，如出生、進入社會的青少年、結婚、年老或死亡。	非正常的 事件是不被期待的，如中樂透、離婚、年輕人早逝、戰爭、成為人質。有時讓人悲傷但並非一直在悲傷中。
模糊的 你無法獲得事件的真實性，它是如此的不清楚，以至於你無法確定它發生在你的家庭中。	非模糊的 對於事件能清楚的知道其情況：發生了什事、何時、如何、多久以及發生在誰身上。
意志的 事件被要求和洞悉，如自由地選擇更換工作、大學入學、或是想要懷孕。	非意志的 事件不被洞悉只是發生，如剛開始即被解雇或是突然失去某人的愛。
長期的 有著長期的情境，如糖尿病、酒癮、藥癮或是種族歧視。	短期急性的 在短時間內發生者，但卻是嚴重的，如腳斷、失去工作或是考試不及格。
累積的 事件累積，一個接著一個，所以在下一個事件發生之前，前一事件並未解決，在多數個案中，這種情境是危險的。	隔離的 一個事件單獨發生，至少在當時沒有其他事件產生，它可被簡單地精確指出。

資料來源：引自周月清譯（1994）。

有關國內家庭壓力的來源，藍采風（2000）將家庭壓力分為十類：(1)家庭內壓力：包括家庭成員間的衝突，親職及扮演日益困難的親職角色；(2)婚姻壓力；(3)懷孕與養育子女的壓力；(4)財務、家庭經濟及事業的壓力；(5)家人工作變遷及工作的壓力；(6)疾病及照顧子女的壓力；(7)失去家人的壓力；(8)家人遷居的壓力；(9)家庭法律壓力；(10)家庭累積壓力：包括上述九個類別中累加所產生的壓力。

總括上述，研究者將家庭壓力來源歸類為家庭成員互動壓力、角色壓力、家庭系統變遷的壓力、家庭外在壓力等。影響家庭生活變動因子複雜許多，對於職業婦女而言，必須花費更多的時間精力同時兼具家務操持與經濟活動，此一雙重負擔易造成壓力。家務事是婦女最需要幫忙也最容易幫忙的，協助家務當然以家庭成員為先，依次為丈夫、公婆，而這其中包含了家務分工的協調及家人互動關係的品質。這使得家庭和工作中的平衡，常會成為家庭壓力的重要來源。

四、家庭壓力理論

(一) ABC-X 模式

家庭不斷面臨改變，改變常會帶來或多或少的壓力（周麗端等，1999）。家庭要如何面對與處理這些壓力事件，ABC-X模式對家庭壓力理論提供很好的說明（周麗端等，1999；Hill, 1958）（如圖 5-1 所示）：

- A 因素——壓力源：指的是造成壓力的事件或情境。當家庭受到外在環境因素或家中成員所造成的事件影響，家庭無法應變時，因而引起不平衡的狀態，即產生了壓力。為了使日常例行事務有所改變，壓力源是必要的。例如：在某研究中家庭壓力對「育有子女的國小女老師」所帶來的影響與衝擊，則為「育有子女的國小女老師」之壓力來源。

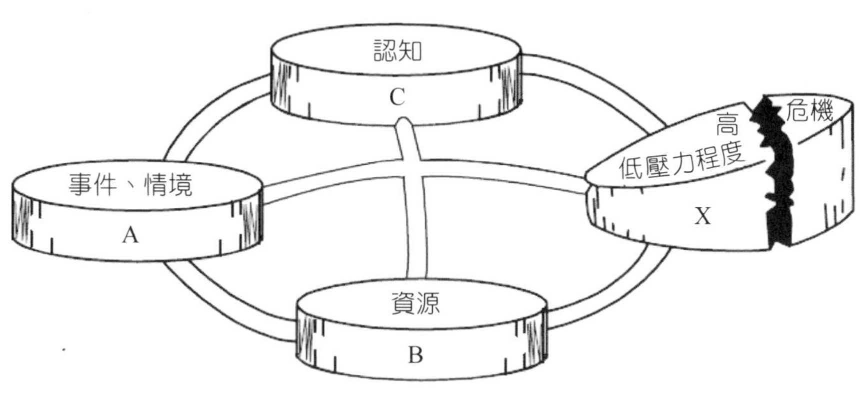

圖 5-1　ABC-X 家庭壓力模式

資料來源：參考採自周月清譯（1994：36）。

- B 因素——在事件發生時家庭的資源或力量：指的是因應壓力所造成的紊亂情況。家庭擁有許多資源，家庭利用這些資源來因應壓力。資源包括：家庭成員間彼此的感情牽繫、共同興趣、經濟上相互支援所凝聚的力量、家庭解決問題時尋找因應策略時所具備的彈性。例如：在某研究中當家庭壓力出現時，「育有子女的國小女老師」從家庭內外所獲得的資源和支援為何？
- C 因素——家庭對事件所賦予的意義即是家庭對壓力事件的認知：家庭及個人對壓力事件的認知、定義及感受因人而異。出現困難或壓力事件未必會對家庭造成傷害，關鍵在於家庭給予其何種界定與認知。對壓力的定義，會左右個人所採取的因應之道。例如：在某研究中當家庭壓力出現時，「育有子女的國小女老師」對壓力事件的認知，所持因應策略為何？
- X 因素——感受壓力的程度及危機：壓力實質上所引發的紊亂，亦即壓力所引起危機的程度。壓力是需要與能力之間的不平衡，而危機則是不斷的壓力造成互動和家庭結構的改變，若家庭欠缺恢復和解決的能力，則造成危機。壓力事件是否對家庭造成危機要看（A）、（B）與（C）互動的結果。例如：在某研究中當家庭壓力出現時，「育有子女的國小女老師」對壓力事件所持因應策略是否足夠面對生活中的種種改變？

(二) 家庭壓力的雙重 ABC-X 模式

家庭壓力模式的限制是忽略了「壓力累積」的影響，Levee、McCubbin 和 Patternson（1985）針對一千名美國軍人家庭做實驗研究，將 Hill 在 1949 年所提出 ABC-X 模式增加時間系列，發展出「家庭壓力的雙重 ABC-X 模式」（double ABC-X model of family stress）（如圖 5-2 所示）。採用長期的觀點解釋家庭壓力及危機，兼顧到「時間序列」的影響，加入與家庭結構及家庭史有關的因素。可用來說明生活中「一波未平，一波又起」的連續壓力，及家庭面對壓力或危機後的因應措施，說明家庭危機處理後的調適情形。所謂「雙重」，是因必須同時考慮危機前和危機後的相關因素。家庭適應壓力事件的過程，受以下四種因素所影響（周麗端等，1999；陽琪、陽琬譯，1995；藍采風，2000；Levee, McCubbin, & Patternson, 1985）。

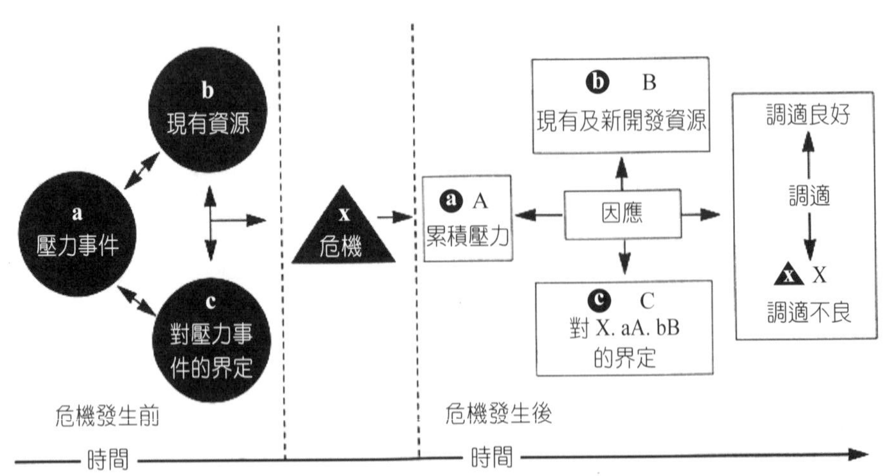

圖 5-2　雙重 ABC-X 壓力模式

資料來源：採自鄭維宣、楊康臨、黃郁婷譯（2004：14）。

1. aA 因素代表累積性壓力

先前發生的壓力事件未妥善處理，加上現行的困難，形成累積的需求（壓力來源），亦會使家庭失衡。壓力不是短期的，而是一長期性的複雜過程。需求係指資源的不足或生活上必須做某種程度或形式的改變。例如：在某研究中，「育有子女的國小女老師」所面臨的家庭壓力，對所帶來的影響與衝擊，若未處理，則形成累積性壓力。

2. bB 因素代表現存及新開發資源

指的是家庭中現存及新開發可利用資源。資源是指已有的（現有的）或因為要應付危機而加強、擴張及尋覓的資源。例如：

- 個人資源：家庭成員的特質，如自尊、知識、技能等能用來面對危機的一些特質。
- 家庭系統資源：健康家庭的特質，如家庭凝聚力、溝通模式。
- 社會支持系統：除家庭成員與家庭系統之外，能協助家庭度過難關或面對困境的朋友或社會網絡。如好友、鄰居、同事。例如：在某研究中，家庭提供「育有子女的國小女老師」資源和支援來協助其處理所面臨的家庭壓力，及其所帶來的影響與衝擊。

3. cC 因素是主要限於個人對家庭壓力的主觀認定，包括家庭體系面對困難時的凝聚力

指的是家庭對危機情境所下的定義，不僅是指家庭對內在與外在環境觀點，強調家庭成員的動力。此因素影響整個家庭如何運作有效資源及相互支持。認知的一致性使家庭在面對家庭壓力時更加有凝聚力、更能互相扶持。反之，累積的需求增加。例如：在某研究中，「育有子女的國小女老師」對所面臨的家庭壓力，其所持有的因應策略以及所得到的協助為何？

4. xX 因素指的是調適

當家庭面對累積壓力時，為適應新的情況，於是產生調適來面對壓力。家庭在面對壓力過程調適後所產生的後果，是一連續性的過程。當遇到壓力時，必須盡快因應處理，以免到時累積過多壓力無法處理時，就會產生危機。例如：在某研究中，「育有子女的國小女老師」對所面臨的家庭壓

力，其所持有的因應策略調適過程所產生的正負向影響為何？

(三) 家庭生態學理論

根據系統理論的觀點，家庭生存的環境為生態系統（鄭維瑄、楊康臨、黃郁婷譯，2004）。Bronfenbrenner（1989）將家庭與人類生態學的主張結合，並提出家庭生態學的七主張，Bronfenbrenner認為家庭生態系統包括小系統、中系統、外系統、大系統等四個系統，家庭是小系統的一種，中間系統為兩個小系統的連結。外系統為外在的環境脈絡。大系統下的外系統、中間系統、小系統受彼此直接或間接的互動影響。若因系統間的不適應於是產生改變，則為壓力與危機的開始。系統理論主張系統大於部分的總和，因此家庭的意義不僅止於特殊關係與關係的個別成員組合，更包含這些成員間的關係、共享的記憶、共同經歷的成功與失敗，系統理論關注的是比個別成員對壓力反應更複雜的家庭回應壓力現象（鄭維瑄、楊康臨、黃郁婷譯，2004）。

(四) 家庭發展理論

Duvll 在 1977 年將家庭的建立與結束以家庭的大小、最大子女年齡、生計負擔者的工作狀況等，探討家庭在固定時間內，家庭與家人的關係以及家庭、家人與外在環境互動的影響，共分為八個階段的生命週期。每個週期皆有其發展任務，每個危機的產生在於其階段發展任務累積後而無法如期完成（引自陳玲婉，2004）。

由以上幾個家庭壓力理論，可從多元角度深入了解發現，Reuben Hill 的家庭壓力 ABC-X 架構，強調家庭危機發生時，家庭成員是否準備好或擁有足夠資源來處理危機；McCubbin 和 Patterson 雙重 ABC-X 模式則加入「壓力累積」所產生的效應（Olsen & DeFrain, 2000）。而未能適時得到解決的壓力，長久累積下來則會形成家庭危機。

家庭生態系統理論則特別重視「系統」的觀念，系統間的平衡運轉是降低家庭壓力的重要關鍵。而家庭發展理論強調家庭中的危機是家庭發展

過程中所必然面對的階段，因家庭隨著家庭的大小、子女的成長而有不同的週期與週期任務，當家庭無法順利完成週期任務時，則家庭危機與壓力就會產生。

第二節　家庭危機的來源與解決之道

一、家庭危機

家庭壓力是指一種緊張的狀態，當家庭的資源負荷不了需求時就會產生壓力，持續的壓力非但破壞家庭和諧的氣氛，同時也擴大家庭成員彼此間的隔閡。要解決家庭所遭遇到的壓力僅是依賴資源的增加、外人的幫助，或逃避責任是不可能的，最重要的還是需從社會心理學的角度來解決，即家庭成員彼此情感的表達與支持、具幽默感、建立家庭共同的儀式以抵銷衝突所帶來的對立。建立幸福快樂家庭必須透過雙向互動的支持關係，毫無壓力的家庭生活是神話。因此，如何有效面對家庭壓力及處理危機就顯得特別重要。

危機是壓力的另一種形式，它包含了三個主要概念：(1)改變；(2)轉捩點：危機 vs. 轉機；(3)相當不穩定的時期（Lamanna & Riedmann, 1994）。所以危機是指當事件產生重大改變後，所引起的一段不穩定的時期；危機之所以常被視為一轉捩點，是因為它可能產生正面或負面的影響，如導致某一家庭嚴重的創傷，也可能提供另一個家庭成長的機會，增進家庭的力量及凝聚力。

危機一旦產生，家庭成員必須改變其思想與行為以符合新情境的需求。長時間居住在一起的人們會發展出一套適應關係的模式，如角色關係及對彼此的期待，任何干擾這種期望的改變都會破壞原有的關係而產生危機。危機所帶來的影響有時是重大的、不可預期或不幸的，如子女的死亡、配偶罹患重大疾病、家中頓時失去主要的經濟來源、未婚懷孕……，這些改變都促使家庭成員必須重新思考以面對所發生的問題。然而，正向的改變也會產生危機，沒有預期或太過突然的改變往往讓人不知所措，如因升遷搬到一新環境也必須花一段時間重新適應新的人事物。由於每個人對壓力的認知及定義皆不同，因此，不同種類及程度的壓力源對每個家庭所造成的影響亦不同。

二、家庭危機生活事件的概念與評估

當我們討論到發展的問題時，浮現在一般人腦海中的概念是指隨時間持續改變的過程。就長遠而論，發展心理學把人類的發展以出生和成年當作兩個主要的區隔，直到最近，人們才賦予發展另一個新的概念，因為成年並無法代表發展的完成，發展應該是一種從成年到老年持續成長的過程。

在生命的過程，每個人多少都會遭遇到一些重大事件，而對未來的生活產生影響（如重要他人的死亡或子女的出生）。首先，事件一詞意涵某事在時間及內容上異於日常生活事情，且需要人們處理此事情及其所帶來的後果。因為事件本身的類型及個人人格特質的差異，因此事件對每人所產生的壓力亦不同。其次，危機生活事件所導致未來生活的改變，此改變可能是重大的或微小的，正面的或負面的影響。因此，一個人如何覺知壓力事件、設想其他不同的觀點與選擇何種因應策略，對一個人的心理健康影響遠大過於壓力本身（林彥妤、郭利百加，1995）。

表 5-2 所列的是可能發生的家庭危機生活事件項目，你可以回想在過去這些年來是否經歷過此事件，如果有的話是在多久以前。此表把對象區分為父母及子女兩代，主要在說明每代之間生活的情形。假如你曾經歷過某危機事件，也請你回答以下的七個問題（Schneewind & Ruppert, 1998）：

- 可預測性：事件發生前的可預測程度。
- 處理能力：事件發生的當時，你認為自己處理問題的能力程度為何？
- 持續時間：處理該事件所花費的時間。

表 5-2　危機生活事件項目表

事件	適用對象
死亡（家人、親戚、朋友） 重大疾病或傷害（包括慢性疾病） 物質或經濟困難 特殊的個人問題（如酗酒、不良嗜好、強烈的內在衝突） 工作問題（失業、訓練結束、換新工作） 朋友問題（嫉妒、性困難、不忠、分離） 與配偶關係的問題（嫉妒、性困難、不忠） 與前配偶的問題 離婚或分居 搬家 子女的出生 原生家庭的特殊問題 配偶家庭的特殊問題 特別的假期或旅遊	適用親子兩代
孩子的出生 子女長大離巢 最後一個子女長大離巢 子女入學讀書 退休 子女結婚	適用父母
父母離異或分居 其他手足的出生 離家 結婚 開始工作	適用子女

資料來源：參考採自 Schneewind 和 Ruppert（1998）。

- 先前的壓力：當時你認為該事件帶來的壓力程度為何？
- 目前的壓力：假如目前你又再經歷該事件，它帶來的壓力程度為何？
- 先前的收穫：當時處理該事件時，你認為對幫助改善生活的程度為何？

- 目前的收穫：現在處理該事件時，你認為對幫助改善生活的程度為何？

三、家庭危機的激發事件

在家庭中其危機的激發事件（precipitation event），係指能激發家庭危機的任何潛在因素。壓力源在種類及程度上都可能有所不同，然而它們的本質仍是一樣的，都是影響家庭如何回應危機的一個因素。生活不可能永遠風平浪靜，偶爾還是會有些狂風驟雨，因而生活中所發生的任何事情，都有可能是家庭危機的激發事件，以下將一一加以探討：

- 失去家庭成員：通常失去家庭成員有兩種情形，一是指因死亡或背棄的原因使家庭永久失去某位成員；二是暫時失去某家庭成員，如生病入院或入監坐牢。
- 額外的家庭成員：成員的加入或減少都使家庭界域的範圍產生改變，如新生命的誕生，或因收養、婚姻關係而多出來的家庭成員，有時多出的不僅是一個人而已，可能還包括其整個親族。因新成員的加入帶來不同的社會接觸及生活經驗，可能產生和以前截然不同的家庭氣氛。
- 突然的改變：大部分的人都認為改變之後的壓力只會造成負面的影響，其實並不然。如搬到較好的居住環境、晉昇到較高的職位、獲得意外之財等，這些正面的改變也會帶來危機，因為改變之後需要重新適應以面對新的情境，如果在此過程適應不良就有導致危機的可能性。
- 持續未解決的衝突：日常家庭生活事件都可能是潛在的壓力源，有些問題因為超過個人能力解決的範圍或無足夠的資源以應付，這些持續未解決的衝突可能引發或累積成為更棘手的問題，而這些問題如果又是發生在有叛逆青少年的家庭，或是離婚的家庭，那麼問題

將更為複雜與嚴重。

- 照顧家中失依或未成年的成員：身心障礙的子女對父母所造成的負擔常會轉換成壓力。邇來因醫療技術的進步，失依或未成年子女的死亡對家庭所帶來的衝擊已不再那麼大。「脆弱的老者」（old old）是家庭生命週期中最後的階段，根據研究，六十五歲或超過六十五歲以上的老人只有 5% 住在養老院；1987 年超過 90% 無法自理的老人，大都接受來自家庭及朋友的幫助，70% 卻依靠非專業的正式照養（Soldo & Agree, 1988）。事實上，今天大部分失依或未成年的子女如果可能的話還是待在家中由自己的親人來照顧。
- 混亂的事件：家庭中突如其來的混亂事情，如失業、非預期的懷孕、貧窮、青少年犯罪、犯罪的起訴、賄賂、家庭暴力、疾病、酗酒、吸毒及自殺等。

無論是正面的或負面的改變，輕微的或重大的改變都可能會破壞個人原本平衡的生活，而形成一種壓力的來源。而當個人無法有效適應環境的改變時將產生壓力，輕者可能只是引發其情緒上的低落，重者將造成身心上的疾病。Holmes 及 Rahe 二人於 1967 年編定完成「社會再適應量表」（Social Readjustment Rating Scale, SRRS），在此量表中，列出了四十三項人們所經歷的生活變動事件（如表 5-3），累加其所選事件指數，便可知道他所承受壓力之強度。根據 1972 年 Holmes 及 Masuda 進一步研究顯示，若一個人一年內在 SRRS 量表上壓力分數評量為三百點，則此人有 80% 的可能，會轉變為某些嚴重的慢性疾病；若壓力得分在一百五十至三百之間，也很可能會導致罹患某些心理疾病（引自王以仁、陳芳玲、林本喬，2005）；而這些過大的壓力，均會引發家庭危機。

表 5-3 社會再適應量表

生活事件	衝擊程度	生活事件	衝擊程度
配偶死亡	100	子女離開家	29
離婚	73	與姻親相處上有困擾	29
夫妻的分居	65	個人有傑出成就	28
牢獄之災	63	配偶開始或停止工作	26
家族近親死亡	63	開始或停止上學	26
個人身體有重傷害疾病	53	生活情況的改變	25
結婚	50	個人習慣的改變	24
被解僱	47	與上司有所不和	23
夫妻間的調停和解	45	工作時數的變動	20
退休	45	居住處所的變動	20
家庭成員健康情形不好	44	就讀學校的變動	20
懷孕	40	娛樂消遣活動的變動	19
性困擾	39	教堂活動的變動	19
家中有嬰兒誕生	39	社交活動的變動	18
職業的更換與再適應	39	輕微的財務借貸	17
財務狀況的大變動	38	睡眠習慣的改變	16
好友死亡	37	家庭成員人數的改變	15
轉變行業	36	進食習慣的改變	15
與配偶爭吵次數有增加	35	放假	13
抵押貸款超過一萬美元	31	聖誕節	12
負債未還抵押物被沒收	30	輕微的違法行為	11
工作責任的變動	29		

資料來源：參考採自 Holmes 和 Rahe（1967）。

四、家庭危機的解決

家庭危機可說是家中有重大事件的改變，在這一段不穩定的時期需要重新做決定以適應新的情境，因而危機是影響未來生活重要的轉捩點。家庭系統內部所產生的危機，例如：親人的逝世、家庭暴力所導致的衝突、離婚、酗酒往往容易使家庭陷入混亂，增加成員間的對立、疏離感及衝突。然不僅只是嚴重且長期的問題才會對家庭造成壓力，一連串的小事件或不相關的事件亦會對家庭產生壓力，因而危機的產生有時候是由一連串家庭成員無法處理的內外部小事情或一系列無間斷的小事件所引起，專家稱這種情形為危機的超載（crises overload）。

(一) 家庭危機因應的三階段

許多研究家庭危機的學者都發現，危機的出現、解組及復原是一般家庭在因應危機時很重要的三個階段（Boss, 1988; Levee, McCubbin & Patternson, 1985），分述如後。

1. 第一階段：危機的出現

危機一開始產生時，個人的反應通常是不把它當一回事，也可能否認該事件的存在，仍照往常般生活，好像事情未曾發生過。當漸漸認知到危機出現的事實後，初始的反應是「懷疑」，所以家庭危機的第一階段是界定問題，並慢慢接受危機存在的事實。由於每個人對危機的定義不同，對某人是重大的危機，但對另外一個人可能反成為芝麻小事。因此，在影響家庭面對危機時所造成的影響必須考慮下列事項：事件的本質、對事件的認知及解釋、危機或壓力產生的程度，及解決問題可利用資源的多寡。

2. 第二階段：解組

過度的震憾及懷疑可能使家庭某些功能無法發揮出來，家庭危機解組階段所呈現的普遍反應是「我不知道怎麼做……」。此時家庭的日常生活及成員的角色受到極大的衝擊而陷於混亂狀態，家庭和諧的氣氛也會遭到破壞，空氣中瀰漫著緊張的氣息，家庭衝突升高，向心力降低，生氣及憎恨的情緒也通通爆發出來。婚姻暴力或兒童虐待通常是家庭呈現最混亂的時期。由於人們不知道下一次家庭暴力發生的時間，或這種悲劇會持續多久，所以這種壓力的影響將會持續一段時日。

在此階段，家庭成員和親朋好友的關係也可能受到衝擊，有些家庭會斷絕和朋友的關係或退出社交活動，直到危機結束。此種自我孤立的結果，他們會比危機發生之前和社會產生更大的脫節，這種方式只會減弱而不能增強一個家庭應付危機的能力。

3. 第三階段：復原

一旦危機陷入最谷底，事情往往開始好轉，並出現轉機。在遭遇財務危機時，家庭成員可採取多種方法，如借貸、賣車子或變賣家中值錢的東西，或家中其他成員外出工作。家庭產生危機後，有些家庭仍會團結在一起，但其組織或彼此支撐的程度卻不如危機發生之前。然而有些家庭則能在危機後提高家庭關係的親密程度。因此，家庭重組可能不見得令人滿意，可能比從前更差，也可能較從前好。總之，有足夠和穩定的力量可以減緩或結束危機所帶來的衝擊。

(二) 家庭危機解決的策略

根據 Schneewind 和 Ruppert（1998）的研究發現，人們在面對極大壓力與危機時，可能採取的策略有以下七種方式（如表 5-4）。其中，第 1、6、7 是屬於認知層面，即找出解決問題的其他方案、獲得更進一步的知識，或試圖從不同的觀點看問題，而第 1 也是屬於行動取向，第 2、3 則屬情感取向，第 4 的逃避方法代表非解決問題取向，第 5 的利用人際資源解決問題、在困難的時刻找朋友商量都是解決問題中被視為最有效的策略。

表 5-4　七種解決危機事件的策略

解決危機事件的策略	當我必須處理重大壓力時……
1. 理性的問題解決	……　我會找出解決問題的方法 ……　我會積極尋求解決問題的方案
2. 情感取向	……　我會控制情緒 ……　哭泣
3. 順從接受	……　面對不能改變的事實 ……　面對問題時感到無助
4. 逃避	……　試著忽略問題 ……　尋找其他面向的認可
5. 社會接觸	……　找朋友、同事或認識的人尋求解決之道 ……　找朋友或認識的人談論問題
6. 資訊提供	……　發現他人如何解決此問題 ……　透過書籍、報紙、電視獲取資訊
7. 重新定義	……　試著看問題的積極面 ……　告訴自己事情會慢慢好轉

資料來源：參考採自 Schneewind 和 Ruppert（1998）。

(三) 有效因應家庭危機之道

有效的因應危機是指當危機到了最壞的地步時，有情感的支持使家庭達到危機發生以前的程度或提高到更高的程度。以下是一些幫助家庭從危機走向轉機的技巧（Lamanna & Riedmann, 1994）：

- 積極展望：當危機發生之後，家庭成員有許多選擇方式，最重要的是不要將罪過完全歸咎於某人，即使某人是應得到某些譴責也要暫時拋開，重新對危機下定義，把危機視為一挑戰，換個更積極的方式，如此才能幫助個人或家庭有效的應付危機，如公開的溝通，以接受的態度來面對危機，把焦點放在生活的積極面。有些配偶對危機調適的相當順利，主要是因為彼此有很親密的關係，只有接受自己及他人的缺點才能發揮更多的優點。

- 精神上的價值及支持團體：宗教信仰虔誠的家庭，其向心力較強也較能面對危機；部分是因為信仰使人對艱困產生更積極的看法，許多後來能適應良好的受害者都是因早期就屬於宗教團體的一份子，所以宗教對某些人提供了一種堅定其信心的資源。
- 提高自尊：當家庭成員有較高的自尊，則愈能有效面對危機，那是因為當家庭成員都把精力放在對付危機時，他們會減少對家庭在情感和情緒上的支持。高自尊的人在應付家庭危機時，也有比較多的具體方法。
- 公開及支持性的溝通：家庭成員的關係愈密切，彼此的支援將更能有效的應付危機。開放的溝通使誤會的機會減少，增進彼此了解。相反的，不良的溝通及缺乏對彼此的支持將無法有效解決實際的問題，如有些人會把家庭的危機歸咎於搬家的緣故，因為它擾亂了家庭的整個社會網絡。其實，家庭所經歷長期的擾亂及孤立，通常是由於家庭關係的緊張及不當的溝通所造成的，而非搬家本身的問題，因而在危機階段了解個別的需求而予以支持是相當重要的。
- 加強適應力：民主且平權的夫婦關係適應力較強，對家庭所產生的危機也較能自然的調適。由一人獨當大權的家庭很容易因他個人錯誤的抉擇而使整個家庭承擔此項錯誤的後果，而且也不允許別人來接替領導者的位置。在某些家庭擁有權威的人通常是做丈夫的，一旦他不能有效的解決家庭危機，那麼他的權威地位就可能移交給家中其他份子，如配偶或長子。
- 非正式的社會支持：當有人願意伸出援手時，危機較容易處理。當危機發生時，親屬網絡、朋友及同事也是極有價值的輔助資源。不同的關係也提供不同的支援，如金錢上的幫助、子女的照應、給予支持與關懷、分擔心事，及提供有用的訊息。親屬網絡在危機的處理上仍具有非常重要的意義，因他們常能提供一些無條件的支持，

而這些遠比象徵性的身分更為重要。

- 運用社區資源：社區所提供的一個最重要的資源是婚姻及家庭輔導。輔導不但可以對發生危機後的家庭提供協助，也可以幫助家庭事前預測可能發生的改變及危機。所以婚姻輔導不僅提供婚前的輔導，同時對親密關係的建立也是一項有利的資源。

即使最不幸的家庭危機，除了帶來負面的結果之外，也有其積極正向的一面。一個家庭是否能從危機中抽身而退，是否能因此次的危機讓家庭成為支持個人強而有力的資源，使家庭成員更有向心力與認同感，取決於個人如何定義家庭危機的情境，而後是全家人能否做到公開、支持的溝通、角色的改變是否有彈性，及外在資源的多寡。危機不見得只有負面影響，處理得當一樣可以化危機為轉機。

第三節　婚姻與家庭的衝突及因應

社會化的過程讓我們尊重衝突的禁忌（conflict taboo），在道德上總認為衝突是負面的，只有破壞而沒有建設，因而不鼓勵家庭有衝突情事發生。事實上，一個新家庭是由夫妻結婚後所組成，而婚姻中難免也會發生口角與爭執，衝突之後如能經由適當的因應來化解——有建設性的爭執，這樣必能使婚姻與家庭度過危機。

一、婚姻衝突

雖然家庭中的親密關係，對個人而言可能創造出一個安全的基礎，使他們在世界中忙自己的事；親密關係也可能是創造衝突的沃土，和潛在、建設性或破壞性溝通模式。夫妻的許多衝突是來自財務、育兒、閒暇活動、感情的表達、對對方生活方式的批判、配偶的易怒和他們一起參與的許多活動。存在家庭裡各種問題的衝突，並非所有都是對立的緊張關係。我們處理衝突的方式可能產生或多或少的積極成果。換句話說，雖然我們大家可能稍微感覺被衝突的語言溝通所傷害，但如果衝突解決得好，可以創造更大的親密感，還可以在家庭關係上創造更大的體諒，帶領大家走向正向的結果。但如果解決不好，例如：言語溝通上充滿傷害性的溝通、緊張的情緒，或者不合理的行為，衝突就會導致毀滅性的結果。

二、婚姻衝突的本質

衝突可以定義為：「在不同目標、缺乏鼓勵，或者在得到目標時所受到阻礙時的兩個獨立個體之間的一種壓抑掙扎的呈現。」這個定義幫助我們了解為何在道德、教育、宗教方面有極大相似的夫妻其婚姻滿意度較高；因為他們的關係，來自於已經互相認同的基礎目標。例如：比較傳統的夫妻（妻子扮演家庭主婦，然而丈夫主要扮演資源供應者）會有比較少衝突產生，因為他們在先前就有共識。這一點可以解釋為何傳統的婦女跟傳統的丈夫比起來，可接受較大的不公平性，他們早就同意家庭就是這樣運作，而衝突機率比較少發生，因為夫妻的目標有很大的相似性。

如果把衝突理論的看法同樣運用在家庭與婚姻關係裡，那麼夫妻或家人間的衝突就是非常正常的了，在家人的關係中，不要為了求表面假象的和諧而忽視問題的存在；經由建設性的爭執，彼此的關係會更親密，心靈也更契合。因此，在溝通的時候，運用坦誠的技巧，時時給予互惠的回饋、關心彼此，表達正向的情感，願意以同理心的態度了解對方，同時有意願自我坦露感覺及想法，正確的表達出個人的態度、感覺及想法，並當一名好聽眾，這樣才會有雙贏的結果。同時，衝突不全然具有破壞性，因衝突而帶來的溝通有時反而可以增強凝聚力。所以如果有適度的協調，衝突並不必然會造成家庭與婚姻的決裂。

親密感的本質也可能使目標受阻礙以及相繼而來的衝突將發生。尤其是家庭關係中的高投資（如：更多的愛、關懷），實際上會使衝突更容易發生。親密關係會增加互動的頻率和關愛的程度，而最終會導致某方需要

的親密感，將會阻礙另一方的目標，這是衝突矛盾點。

處理好衝突可以創造更大的正向結果，而且衝突會使關懷的關係更加持續下去。不幸的是，在遇到有建設性的衝突或者可以強化關係的衝突時，不是每個人都有良好的溝通技巧（如：增強親密感、增加體諒與諒解、導致正向的感覺）。

Sillars、Canary 和 Tafoya（2004）研究提出，有 80% 的夫妻表示他們大概一個月會有一次衝突。然而有 6% 的人則每週會有一次不和諧爭執，也有研究提出夫妻間的不和諧每個月發生兩到三次；父母跟孩子之間的衝突會比夫妻關係多，大概每星期發生兩次；兄弟姊妹間的關係是最有衝突的，大概每小時就會有六到七次 。由此看來，家庭生活是充滿衝突的，生活中的衝突像連續劇一樣，兄弟姊妹間每小時發生，父母小孩間每星期發生，夫妻間大約每個月發生（Lollis, Ross, & Leroux, 1996; Perlman & Ross, 1997）。

衝突的頻率，在有更大壓力與悲苦的家庭中（如較少滿足感或穩定感的家庭），更容易產生。尤其是新婚夫婦和剛剛要適應婚姻生活的人，會遭受到更多衝突。目前還沒辦法確定的是，到底是衝突預測了婚姻的痛苦，抑或是婚姻的痛苦預測了衝突。換句話說，不快樂的夫妻是否會更常有爭執，又或者是衝突使得原本開心的夫妻，變得不開心了？研究緊張關係和衝突者認為，緊張關係會導致衝突。而且，不快樂的夫妻有可能會面對持續性的衝突，經常是那種沒有明顯解決辦法的重複性衝突。

三、婚姻衝突模式

(一) 解釋人際衝突模式

此為闡述婚姻的衝突模式或理論，可以幫助我們了解並預測導致衝突的因素，以及衝突事件，跟衝突潛在的建設性與毀滅性結果。衝突要被定義成具有建設性或毀滅性，是由衝突的互動以及最後產生的結果決定。如果實際的溝通過程和結果是正向的話，衝突可以是有建設性的。有建設性的衝突可以導致正向的近側結果，例如：對配偶感到更親密；或者正向的遠側結果，例如：有更大的婚姻滿足以及穩定感。毀滅性的衝突會導致負面的近側結果，例如：錯誤的迎合對方、增加負面的表達；還有遠側的結果，例如：婚姻滿足及其穩定性的減少。

(二) 末世四騎士模式

末世四騎士模式幫助我們了解實際衝突過程如何影響毀滅性關係。哪些溝通方式會損害婚姻關係的滿意與穩定性？也稱為婚姻解體的行為系列，介紹並解釋了婚姻衝突的毀滅模式。根據 Gottman（1994）花了很長時間研究已婚夫婦，並試圖確定溝通行為如何來預測離婚，他持續發現痛苦的夫妻表現出更多的批評、蔑視、防衛、漠視。在他最受歡迎的著作《為何婚姻成功或失敗》中，他稱這四種行為，是「末世的四騎士」。這些行為顯示問題婚姻關係，他提到當更積極溝通行為對另一方是不相稱時，這些跡象將能預測婚姻的死亡。進一步分別說明如下：

- 批評：包括負向評價和對伴侶行為和個性的攻擊、高度指責、對另一人的全面攻擊、抱怨的清算，及背叛或不可信賴的譴責。
- 蔑視：包括對伴侶極大負面影響的表達，和常常包括心理虐待和故意侮辱。在婚姻關係的衝突裡，故意使用侮辱很可能產生傷害，因來自浪漫夥伴和其他家庭成員傷感情的訊息，會比來自其他人的更大。Vangelisti 和 Young（2000）發現，個人覺察到故意傷害的訊息比非故意傷害的訊息，在關係上有更疏遠的影響。
- 防衛：運用批評和蔑視往往導致此種回應。防衛包括自我辯解以企圖維持個人的自我感覺（通常表現在面對批評或攻擊時）。防衛包括：推卸責任、找藉口、憤怒的發牢騷、抱怨。
- 漠視：也被稱為守備擋擊。包括回應被拒絕和無表情的負向影響之攻擊。Gottman 注意到男人更喜歡以守備擋擊來回應，因為他們在衝突期間傾向更多的生理回應，那可能產生延長衝突的更多不舒適，

也可以導致男人感覺要從衝突情境撤退的極大壓力。漠視也是運用在撤退的一個機制。

然而，要注意的是雖然批評、蔑視、防衛、漠視，可能造成低婚姻滿意度和更多婚姻不穩定的毀滅性溝通形式，但不是所有具有這些溝通行為的婚姻，都是不滿意或是不穩定者。因此，這四種行為不是預言離婚的前兆，而是負向行為與正面行為的比率（Gottman 認為成功婚姻在正向與負向溝通行為的比率是 5：1），才更能預言離婚的情況。

(三) 撤回需求的社會結構模式

撤回需求的社會結構模式檢驗了配偶要求另一方改變的一般傾向，隨著而來的是另一個配偶的撤回傾向。婚姻衝突期間撤回需求的模型與Gottman守備擋擊的研究是一致的。大量研究說明了當妻子想改變關係時，會傾向做出某些要求，而隨後其丈夫傾向於撤回。常常以撤回需求衝突模式為依據的不滿意婚姻，是較具有毀滅性的，而這樣的婚姻也常常以離婚收場。

此一模式討論到妻子在婚姻中相對地無權力，而導致妻子比丈夫在婚姻中更不滿意。假如以賺錢能力來定義權力的話，多數研究顯示妻子通常收入低於丈夫（約有 80% 的婚姻），故女人通常會藉著做更多家事和照顧孩子來彌補其較低的收入。

一般女人通常的婚姻滿意度比丈夫低些。她們也比丈夫更傾向於渴望改變彼此的關係，丈夫通常因在婚姻關係中，擁有更多權力的角色而滿意。所以男人渴望維持現狀（維持他們的權利地位），他們更傾向採取撤退或避免妻子的要求。而許多研究也發現，當丈夫改變需求較高的時候，他們比妻子提出更多的需求。因此，無論性別，渴望改變才會產生高需求行為。而撤回需求模式，在父母—青少年關係中也較常出現。

有一些衝突因應模式，有利於彼此關係的穩定，如果彼此之間採用直接或間接性的合作競爭模式，衝突可以是具有建設性的。而滿意度較高的婚姻通常亦使用這種方式，這也是預測婚姻穩定度及夫妻是否離婚的重要因素。

四、解決家庭及婚姻衝突的非攻擊策略

家庭與婚姻衝突不見得都是不好的，事實上處理得當能藉此認知到問題並進而解決衝突，例如：把問題公開化、澄清對彼此的看法，及避免使小衝突累積成為大問題等，都會對婚姻有正面的影響。重要的不是衝突本身的存在，而是家人與配偶如何共同解決它。以下將討論三種解決家庭及婚姻衝突的非攻擊策略，分別是：避免衝突、面對衝突及解決衝突（王以仁主編，2001；王以仁，2006；Stover & Hope, 1993）。

(一) 避免衝突

有些配偶以逃避的方式來解決婚姻中的潛在衝突，意即他們無法面對現實婚姻或家庭中的問題。逃避的方法有許多種，如忽視問題（渡假時玩的很愉快，不要去想帳單的問題），延後對問題的討論（很晚了，明天再說吧！），有的甚至否認問題的存在（我的先生並沒有實際動手毆打我，他只不過有時候出手重了些），或以離家當作威脅或付諸實際行動離家以撤回已發生的衝突（如果你堅持再談論我母親干擾我們婚姻的問題，我將離家出走）。

逃避衝突最後會如何影響家庭與婚姻？此影響程度必須視下面兩個關鍵的問題而定：誰選擇以逃避作為解決衝突的方法？以及逃避問題的時間有多長？有時候配偶雙方會共同以逃避的方法來解決衝突，或是一方選擇以逃避的方法強迫另一方也以逃避來解決衝突。當配偶雙方都決定以逃避的策略解決問題時，對某些婚姻是有利的。但如果一方選擇逃避法而要另一方接受時，可能會威脅到婚姻，此單向的逃避策略實際上會成為另一衝突的來源。

逃避問題解決的時間長短也是影響長遠婚姻希望的一項重要因素。暫時逃避問題並不會對婚姻與家庭造成負面的影響；然而，無限期的逃避和

未解決的婚姻衝突，最後常會導致更多的問題。逃避問題就短期而言或許對家庭與婚姻關係有所助益，但就長期而言終究會將應有的關係破壞殆盡。

(二) 面對衝突

直接面對衝突的配偶比逃避問題的配偶最後有較高的婚姻滿意度及較少的問題（Gottman & Krokoff, 1989）。然而面對重大的婚姻衝突並不是一件愉快的事，選擇以公開方式來解決衝突的配偶，有時候必須忍受一段短時間並不和諧的婚姻關係，但最後通常會以喜劇來加以收場。在此列出堅定配偶（strong couples），面對衝突時所使用的六項技巧（Stinnett & De-Frain, 1985），分述如下：

- 遇到爭執時，堅定的配偶會馬上處理而不會延緩面對問題的時間。研究指出，無限的逃避常會導致婚姻嚴重的問題，甚至婚姻的破裂。畢竟拖延的時間愈久，持續累積的問題會愈來愈多，愈來愈嚴重。
- 堅定的配偶一次只解決一個衝突的議題。一次只解決一個問題遠比一次解決許多問題來得容易，當同時面對許多問題時，堅定的配偶一次只會選擇一個問題解決，其他的先暫時擱置在一旁。有些配偶的做法是累積所有的問題後，在以馬拉松的方式一次全部解決，最後卻以悲劇收場。
- 堅定的配偶使自己相當了解衝突的關鍵。亦即當他們在詳細協調之前，會先針對衝突有深入的溝通，並澄清對彼此的誤解。
- 堅定的配偶會找出特殊議題中衝突的關鍵所在。把問題泛論化之後反而不易解決，針對特殊問題中的衝突點較容易找到解決的方法。
- 堅定的配偶站在同一陣線共同解決問題。他們會極力避免零合衝突的產生，即一方贏另一方輸的情況。對婚姻最有利的衝突解決方式不是由一方單槍匹馬奮鬥，而是配偶雙方同心齊力。
- 堅定的配偶不會以本身的優勢條件傷害對方。關係親密的配偶相當了解對方的優缺點，並會避免彼此遭受到情感上的傷害。有些人會使用本身優越的條件當作爭吵時的武器，然而關係親密的配偶是不會如此做的，因為他們相當關心對方，而且也很重視他們的婚姻。

(三)解決衝突

面對衝突只是讓問題浮出檯面而已，並沒真正解決問題。專家建議解決衝突的方法有三：接受合理的差異（acceptance of legitimate differences）、放棄（giving up）及協調（negotiation），分別說明如下：

- 接受合理的差異：當問題被詳細公開討論後，有些家人才發現他們生活領域中某些差異幾乎一直沒有辦法獲得徹底解決。每個人都了解衝突的本質，而且也了解對方堅持己見的原因，然而如果對方仍堅持原先的信念，要協調出雙方都可接受的方式似乎是不可能的。在此情況下，家人只好「同意不一致」（agree to disagree），亦即接受對方的觀點是合理的，並學習與這些差異和平相處。
- 放棄：解決衝突的第二種方法是配偶一方放棄己見，並接受另一方的意見。當先生發現對太太應做全職或兼差的工作這一件事，如果最後可能導致婚姻的衝突時，先生只好讓步讓太太做她盼望的工作。或太太認知本身的宗教信仰和先生的相比，宗教信仰對自己並不是那麼重要時，太太會順從先生的要求，讓子女參加先生的宗教聚會。放棄的技巧在非強迫及一方不是在脅迫的情境下自願放棄己見時最有效果。
- 協調：另一個衝突解決的方法是協調，即共同協調出一個令雙方都能接受的解決之道。Cox（1980）指出，家人或配偶協調時的方式和一組科學家們的科學調查並無太大的差異，其重點在於協調時家人或配偶應特別注意下列諸事項：

  (1)認知並定義問題。

  (2)提供問題解決的支持情境。

  (3)腦力激盪可能的解決方法。

  (4)選擇最佳的解決方法。

(5)執行。

(6)評估。

(7)修改解決的方法。

值得注意的是，協調過程包括團隊工作，及嘗試錯誤（trial and error）的實驗。假如家人或配偶在家庭或婚姻關係中的權力與資源都勢均力敵時，那麼腦力激盪、執行、評估及修改工作的整體工程會達到最佳的效益，在此情況下，配偶雙方都是贏家。反之，如果家人或配偶在婚姻關係中的權力與資源明顯的有一方高過另一方，那麼協調的結果事實上可能一方是贏家，另一方卻是輸家。有時候配偶雙方很難獨自協調出令彼此都滿意的結果，此時諮商師或治療師就成為一個很有用的介入外力。

每種關係中都有一些衝突與不一致的地方存在，這是很正常的，因為沒有兩個人對每件事的看法皆一致，在生活的過程一定會累積一些壓力而產生誤解。由於配偶間常常必須做無數的決定，因此有時候只是一個傷害的眼神、一句生氣的話，或一次公然的爭吵都會導致失望、挫折。有些配偶比其他的配偶有更多的衝突；而有些配偶也比其他配偶更能以建設性的解決方式處理衝突。但無論如何，任何一種人類的關係都有潛在的衝突存在。事實上，愈親密的伴侶，關係滿意度會愈高，但潛在衝突發生的機率也相對的增高（Argyle & Furnham, 1983）。

記得曾在網路上看過一個故事──「兩個好人的婚姻」。故事內容是敘述一對顧家盡責的夫妻，夫妻二人都盡心盡力的做好份內的工作，用心照顧子女，在子女心中皆是無可挑剔的好父母，然而二人終其一生的婚姻生活都過得不快樂，原來他們自以為是的付出，使他們無法真正接觸彼此的心靈。妻子覺得做好家事就是愛的表現，而丈夫也覺得賺錢養家就是愛的表現，但彼此卻從未將內心真正的感受告知對方，只發覺彼此的婚姻生活枯燥乏味。當我們時常只用自己的方式愛對方，而不是用對方期待的方式，結果往往自己累得半死，而對方卻完全感覺不到，於是最後連自己也失去了再努力的勇氣。只有用對方法，給對方所想要的，我們的付出對方才能真正體會。

表 5-5 係綜合相關的說法，針對婚姻衝突中，配偶之間應遵循的幾項策略及規則，加以條列出來（Rice, 1993）。

表 5-5　婚姻衝突中配偶應遵循的規則

體諒
• 不藐視或羞辱對方，也不使用攻擊或貶抑對方人格的字眼。 • 不認為對方的議題無關緊要。 • 認可並試圖了解對方的觀點。 • 不輕視對方，與對方談話時把他當成人看待。 • 不把過錯全歸諸於對方身上，或做不公平的控訴。 • 不認為只有自己的觀點才是對的，也考慮對方的想法。 • 不譏諷或嘲笑對方。 • 試著體諒對方的缺點，並不給予批評或評論。 • 不傷害對方。 • 不讓對方有罪惡感。 • 不講太多的話，或主導整個談話。 • 不中斷對方的談話。
自我表達 • 切中問題核心，排除無關議題，快速進入問題核心。 • 誠實說出心中的想法。 • 表達自己對問題的看法。 • 解釋自己對問題所持觀點的理由。 • 不誇大問題。
衝突解決 • 探索可能的解決方法。 • 共同做決定。 • 有妥協的準備。 • 有說抱歉的雅量。 • 解決問題並讓雙方都有滿意的結果。

（下頁續）

理性化
• 不動怒。 • 不提高說話的聲調。 • 不向對方攻擊或發脾氣。 • 保持冷靜，不陷入沮喪的情境。
積極
• 在爭論中（透過開玩笑、微笑）釋放緊張。 • 使用令彼此都可接受的身體語言。 • 注視彼此。 • 給予對方讚美與支持。

資料來源：參考採自 Rice（1993）。

本章摘要

壓力最早的概念是取自物理和工程學，係指將充分的力量用到一種物體或系統上，使其扭曲變形。而在心理學及個人適應方面，最初由 Canon 提出壓力觀念和個體回復平衡的關係，而後由其學生 Selye 繼承他的理論，將壓力引入社會科學領域加以探討。

有人將壓力分為兩類，分別是：(1)原級壓力：指的是一個事件或經驗，導致一個相對反應；(2)次級壓力：由原級壓力引發而成次級壓力，通常是原級壓力的持續，因次級壓力而採取的行動，將能延長原級壓力的持續時間。

可將「壓力」歸納為：個體基於其內外周遭的要求或特定事件的刺激，所帶來身體或心理緊張之反應狀態，此種反應是以個人過去經驗、人格特質與認知歷程作為媒介者。例如：在衝突、焦慮、挫折、危險、驚恐等情境中，都會帶給個體不同的壓力。

「家庭壓力」是指足以造成家庭系統內的壓力和緊張，受到家庭內在與外在脈絡影響，家庭壓力也可說是改變家庭對於壓力所造成的

波折和轉變。此為一中立概念，對家庭而言到底是有益或是有害，多半得視家庭如何看待、認定和評價該壓力事件。

家庭壓力的來源，可分為兩方面來闡述：(1)家庭壓力脈動，包含：外在脈動、內在脈動；(2)家庭壓力因素，包含：物理環境因素、人文環境因素、生理因素、心理因素。

國內學者藍采風將家庭壓力分為十類：(1)家庭內壓力：包括家庭成員間的衝突，親職及扮演日益困難的親職角色；(2)婚姻壓力；(3)懷孕與養育子女的壓力；(4)財務、家庭經濟及事業的壓力；(5)家人工作變遷及工作的壓力；(6)疾病及照顧子女的壓力；(7)失去家人的壓力；(8)家人遷居的壓力；(9)家庭法律壓力；(10)家庭累積壓力：包括上述九個類別中累加所產生的壓力。

家庭不斷面臨改變，改變常會帶來或多或少的壓力。家庭要如何面對與處理這些壓力事件，ABC-X模式對家庭壓力理論提供很好的說明。其中，A 因素——壓力源；B 因素——在事件發生時家庭的資源或力量；C 因素——家庭對事件所賦予的意義即是家庭對壓力事件的認知；X因素——感受壓力的程度及危機：壓力實質上所引發的紊亂，亦即壓力所引起危機的程度。

ABC-X模式家庭壓力模式的限制是忽略了「壓力累積」產生的影響，之後發展出「家庭壓力的雙 ABC-X 模式」。採用長期的觀點解釋家庭壓力及危機，兼顧到「時間序列」的影響，加入與家庭結構及家庭史有關的因素。其中，aA 因素代表累積性壓力；bB 因素代表現存及新開發資源；cC因素是主要限於個人對家庭壓力的主觀認定；xX因素指的是調適。

根據系統理論的觀點，家庭生存的環境為生態系統。Bronfenbrenner認為家庭生態系統包括：小系統、中系統、外系統、大系統等四個系統，家庭是小系統的一種，中間系統為兩個小系統的連結，外系統為外在環境脈絡。

Duvll 在 1977 年將家庭的建立與結束以家庭的大小、最大子女年

齡、生計負擔者的工作狀況等，探討家庭在固定時間內，家庭與家人關係以及家庭、家人與外在環境互動的影響，共分為八個階段的生命週期。每個週期皆有其發展任務，每個危機的產生在於其階段發展任務累積後而無法如期完成。

危機是壓力的另一種形式，它包含了三個主要的概念，(1)改變；(2)轉捩點：危機 vs. 轉機；(3)相當不穩定的時期；所以危機是指當事件產生重大改變後，所引起的一段不穩定的時期。危機之所以常被視為一轉捩點，是因為它可能產生正面或負面的影響，如導致某一家庭嚴重的創傷，也可能提供另一個家庭成長的機會，增進家庭的力量及凝聚力。

危機一旦產生，家庭成員必須改變其思想與行為以符合新情境的需求。長時間居住在一起的人們會發展出一套適應關係的模式，如角色關係及對彼此的期待，任何干擾這種期望的改變都會破壞原有的關係而產生危機。然而，正向改變也會產生危機，沒有預期或太過突然的改變往往讓人不知所措。

在家庭中其危機的激發事件，係指能激發家庭危機的任何潛在因素。壓力源在種類及程度上都可能有所不同，然而它們的本質仍是一樣的，都是影響家庭如何回應危機的一個因素。常見的家庭危機激發事件，包括：(1)失去家庭成員；(2)額外的家庭成員；(3)突然的改變；(4)持續未解決的衝突；(5)照顧家中失依或未成年的成員；(6)混亂的事件。

無論是正面的或負面的改變，輕微的或重大的改變都可能會破壞個人原本平衡的生活，而形成一種壓力的來源。而當個人無法有效適應環境的改變時將產生壓力，輕者可能只是引發其情緒上的低落，重者將造成身心上的疾病。Holmes 及 Rahe 二人編定完成「社會再適應量表」，列出了四十三項人們所經歷的生活變動事件，累加其所選事件指數，便可知道所承受壓力之強度。

家庭危機因應時很重要的三個階段：(1)第一階段：危機的出現；

(2)第二階段：解組；(3)第三階段：復原。而有效因應家庭危機走向轉機的技巧有：(1)積極展望；(2)精神上的價值及支持團體；(3)提高自尊；(4)公開及支持性的溝通；(5)加強適應力；(6)非正式的社會支持；(7)運用社區資源。

雖然家庭中的親密關係，對個人而言可能創造出一個安全的基礎，使他們在世界中忙自己的事；親密關係也可能是創造衝突的沃土，和潛在、建設性或破壞性溝通模式。夫妻的許多衝突是來自財務、育兒、閒暇活動、感情的表達、對對方生活方式的批判、配偶的易怒，和他們一起參與許多活動。

如果把衝突理論的看法同樣運用在家庭與婚姻關係裡，那麼夫妻或家人間的衝突就是非常正常的了，在家人的關係中，不要為了求表面假象的和諧而忽視問題的存在；經由建設性的爭執，彼此關係會更親密，心靈也更契合。

婚姻衝突的末世四騎士模式，幫助我們了解實際衝突過程如何影響毀滅性關係。持續發現痛苦的夫妻，較常表現出更多的批評、蔑視、防衛與漠視等四種行為。

撤回需求的社會結構模式，討論到妻子在婚姻中相對地無權力，而導致妻子比丈夫在婚姻中更不滿意。一般女人通常的婚姻滿意度比丈夫低些。她們也比丈夫更傾向於渴望改變彼此的關係，丈夫通常因在婚姻關係中，擁有更多權力的角色而滿意。

有一些衝突因應模式，有利於彼此關係的穩定，如果彼此之間採用直接或間接性的合作競爭模式，衝突可以是具有建設性的。而滿意度較高的婚姻通常亦使用這種方式，這也是預測婚姻穩定度及夫妻是否離婚的重要因素。重要的不是衝突本身的存在，而是家人與配偶如何共同解決它。三種解決家庭及婚姻衝突的非攻擊策略，分別是：避免衝突、面對衝突及解決衝突。

研討問題

一、何謂 Hill 的家庭壓力 ABC-X 模式與雙重 ABC-X 模式？請以你個人的家庭為例，來詳細說明這兩種模式。

二、試分析在你個人日常生活中具有哪些角色行為？它們分別會給你帶來多少的壓力？並請依據「社會再適應量表」，具體列出並計算最近半年，你個人在 SRRS 量表上的點數為何？且提出你對這些壓力的紓解之道。

三、一般面對家庭危機適應的三個階段為何？請舉你生活上的實例，來作詳細地說明。

四、在婚姻關係中總有一些無可避免的衝突，當你面對這些婚姻衝突時有何因應策略？試分別加以說明之。

五、請審視當代的家庭危機，面對未來三、五十年後家庭的發展與變化，請提出你個人的預言，並詳細說明其理由（觀點）為何。

第六章

外遇、分居、離婚與再婚

本章學習目標

- 何謂「外遇」？其廣義與狹義的定義各為何？
- 婚外性行為比率逐漸升高的原因為何？
- 外遇大致的發展過程與階段為何？
- 分居制度在今日社會有何功能？
- 分居後夫妻之間的權利義務關係有何調整？
- 有效預測配偶間離婚的因素有哪些？
- 離婚後對大人及孩子造成的壓力與影響有哪些？
- 再婚與第一次結婚之間的主要差異為何？
- 再婚家庭有哪些常見的問題？要如何加以因應？

個案報導

他倆條件這麼好卻走上離婚一途

有一對夫婦雙方都是大學教授，女方月薪約七萬元，有博士學位、身高一百六十五公分、擁有姣好身材和面容。男方也同樣有博士學位，二人當初結婚時，原本是人人稱羨的鴛鴦伴侶。

他們夫妻看外在條件，確實是令人稱羨的組合，為什麼日後會離婚真令人想不透。沒想到是女方發現丈夫經常藉故在學校研究而夜不歸營，經其委託徵信社調查後發現老公有外遇，並抓姦在床。

女方抓姦原本只是想讓丈夫難堪並悔改，而未打算要離婚；沒想到丈夫因此惱羞成怒，反而執意要求離婚。同時，男方也坦承外遇第三者無論學歷、條件都比元配差，但第三者關心他、了解他，不像元配老是認為自己什麼都知道也比較強，使他這個作丈夫的在家中毫無地位；最後雙方只有走上離婚一途。

經濟的不景氣終會過去，而婚姻與家庭經營卻頗不容易，誰都不願意婚姻出現問題，而離婚也絕對不是唯一的解決方法，與其一個人不知所措、兩個人負氣分手，傷害無辜的孩子及家人，還不如先找家庭與婚姻專家談談。

（本文係本書作者根據2009年2月下旬，台北市某婦女協會專業志工分析個案故事整理之內容）

從上述文章中，可以了解夫妻的和諧相處，不能只看外在條件的適配，一旦彼此間發生嚴重衝突無法善了，恐怕就會步入分居和離婚之途。離婚不僅是夫妻兩人間的事，更會造成全家的大變動。在本章將分別針對外遇與分居，離婚的困境與影響，以及再婚及其生活調適等部分，一一加以敘說如後。

第一節　外遇與分居

離婚與再婚是現今婚姻生活中的大難題。但在這類問題發生之前，往往會先有前一章提及的婚姻與家庭的衝突，以及在此要討論的外遇及分居困擾，這些也都是影響人生的重要事件。

一、外遇的界定

近代人們進入婚姻時，大部分仍對性的忠貞保持一定的承諾，且對於夫妻間性的彼此獨佔性，仍保持高度肯定，認為這是維繫健康婚姻關係重要的因素（Stayton, 1983）。

所謂「外遇」（extramarital sexual relationship），廣義的定義為：泛指婚姻中夫妻任一方，在情感上有所轉移；而狹隘的定義則為：當婚姻一方與配偶以外的異性發生性關係時，就構成了外遇的事實（簡春安，1991）。此外，有學者認為男女的愛情是一對一而具有排他性的，當第三者介入婚姻時，便是對二人世界的排他性構成挑戰（吳就君、鄭玉英，1987）。從多數的定義看來，「性關係」已成為外遇關係的必要條件，但面對沒有涉及肉體關係的「精神性外遇」，卻往往不是在此定義下所能討論出結果的。

從美國研究相關數字來看，大約有 40% 到 50% 的男性曾經發生過婚外性行為的情形，而女性發生比率相較之下則低些。但在台灣對於這樣的具體統計數據較為少見，不過對現代社會來說，外遇問題的普遍與嚴重性，已經是人們可以明顯感受到的事實。

二、外遇的原因

從 1960 年以後，外遇比率有逐漸升高的趨勢（Rice, 1993），究其原因大致可歸納為以下數點。

(一) 個人情感的需要

對某些人來說，婚外情無疑是來滿足人格內在的需求，而外遇情況的產生則是個人問題的徵兆。一個女性可能表現出無意識尋找一個較年長、宛如父親角色般了解她、愛她的男人，而這些正是童年所失落或被拒絕的。另一方面，一個男人可能需要像母親般對待他的女性，因為成長過程中未獲得母愛的滿足。許多職業婦女愛上了他們的上司，因為在這種提供依靠的外遇關係當中，女人可以是嬌弱、膽小可人的，和獨立自主的工作角色大大相反。

此外，在新的愛情中確認自己的吸引力與自信，也往往是引發婚外情的關鍵。一些女性將與已婚男人的外遇關係視為一種挑戰，因為在現存的制度下，這類的愛情更難到手。婚外情可能起因於擔心自我價值與性吸引力消退，而外遇的事實則變成一種自我的肯定。事實上，一些外遇發生的本質並非在「性」的追求，而是個人欲從另一段重要他人關係中，尋求自

我內在的一種慰藉與情愛。

(二) 婚姻中未能解決的問題

另一方面，外遇也可能正好顯現出婚姻關係中一些未獲得解決的問題徵兆。這些問題可能在幾十年的婚姻中都沒有獲得適當的處理，或者是有關性生活無法協調的問題，一些丈夫在與配偶的性關係感到挫敗，因而尋求婚姻以外的性滿足感。舉例來說，當配偶習於掌控另一方而導致婚姻衝突時，在缺乏溝通與澄清的情況下，人們壓抑自己的感覺，緊閉起溫暖、情愛等積極的情感，當他們敏感而脆弱的內在無法從婚姻獲得滿足時，逐漸消失愛情及關懷的惡性婚姻關係將逐漸持續。

在平穩的婚姻關係中，大部分人對婚外情並沒有多大的興趣，但部分外遇者生理、情感與社會需求都無法在婚姻中獲得滿足，因而容易受到外在提供滿足需求的誘惑，由此推論，他們的婚姻維繫已經破裂，而外遇也正是這個有裂縫婚姻的證據。此外，如果配偶雙方處於敵對關係，則外遇的發生也可能是平衡伴侶間怨恨的方法。因此，婚外情的發生也有可能是呈現婚姻中問題存在的徵兆。有些時候，社會關係、工作環境或個人情緒也有可能引發外遇的問題，例如：人們透過工作遇到心儀的異性而相互吸引。

(三) 對婚姻所抱持的矛盾情感

單身的人對已婚的人可能抱持著矛盾的情感，他們尋求結過婚的性伴侶，讓自己感覺到「更安全」。人們認為這樣的外遇關係不需要彼此承諾，也就逃離愛情的單一出口——結婚的責任，並由其中享受愛人或被愛的好處。

(四) 外遇帶來喜悅與興奮的刺激感

一個新開始的愛情可能比存在的婚姻關係更為有趣刺激。在一般不被社會大眾許諾的關係中，有一些人尋求婚姻以外性關係與異性換新的刺激感，甚至介入他人的婚姻中，透過已婚者的角色來增加關係的挑戰性。然而，抱持這種心態所發展出的愛情關係卻是相當危險的，他們可能讓自己身陷極端的情緒化。對某些人來說，在對婚姻承諾與責任的約束下，一夜情也提供個人相當的自由及刺激感，然而，這種關係的風險也包括感染 AIDS 或其他性病的威脅。但是，當外遇最初的新鮮感在緊繃情緒的情況下逐漸下降時，若非在外遇二人中間重新建立與加深情感，則外遇關係的情感也終將消耗殆盡。然而，面對已經出軌的婚姻關係而言，更是造成較難彌補的傷害。

(五) 個人縱容的價值觀

有些人並不認為婚外情有何不對，只要他們的配偶沒有發現，或這樣的外遇關係沒有傷害到任何人。一些人在婚前便擁有了很親密的情人，且在各自結婚後繼續維持這樣密切的關係，因為這是他們的價值觀所允許的。一些夫妻接受「交換伴侶」的觀念，並且有實際的「換妻」或「換夫」的行為，而如此的性關係則是另一半所知曉的。然而，當這樣牽連複雜的性關係成為情感介入的導火線時，往往便隱藏了對婚姻關係的威脅。

(六) 外遇者潛藏的動機

從另一個角度來看，除了情感與性滿足之外，外遇的事實有時候也提供其他的好處，例如：獲得一個可依靠的照顧者。當然，也有一些人對照顧的好處沒有興趣，而是想要仰賴某個有權有勢的人。

(七) 個人自由的選擇權

隨著適婚的年齡不斷上升，以及社會男大女小的婚姻觀念，對某些單身的女性而言，和已婚的男人外遇乃是因為沒有那麼多「理想的」單身男子可以匹配。愈來愈多女人接受高等教育，因而對擇偶條件也有了更多的篩選。然而，當中意的男性多為年齡較長、受高等教育、職業穩定的人時，這些好男人大都已經結婚了！在被迫去選擇較不具吸引力男性的情況下，

單身女性寧可選擇已婚的男人。從男人的觀點來看，一些已婚男人選擇年輕單身的女性為外遇的對象時，他們也發現在沒有社會責任的情況下，性的刺激及情感愉悅會更為強烈。

依 Linquist 研究歸納，不分男女容易產生外遇關係的高危險人口群包括下列的情況（引自彭懷真，1996）：(1)在結婚前已經有婚前性行為的發生；(2)結婚時間較久，對彼此關係已產生倦怠感；(3)認為個人婚姻品質已經日趨下坡者；(4)與配偶的性生活品質較差者；(5)個性較自主而獨立的人；(6)對外遇關係感到新奇而不排斥，且容易模仿外遇情況者；(7)工作場所相處，所熟識的同事之間。

Linquist 並以為，最容易發生外遇情況的組合則是「已婚男子」加上「未婚女子」的情況。此外，Norman Goodman 則認為，兩性產生婚外情的背景也是男女有所差異。男人外遇對象多半與自己年齡相當者，而女人則喜歡尋找比自己年齡稍長或稍幼者；男人被外遇的吸引多是基於性的新鮮感與好奇心理，而女性則通常在找尋另一段感情獲得柔情與溫馨的感受。由此可知，男女發生外遇關係時，內在心理需求並非站在同一個基點上（陽琪、陽琬譯，1995）。

國內學者從學理上來探討，認為外遇現象的產生不外下列六項因素所導致（彭懷真，1996；簡春安，1991）：(1)夫妻之間溝通不良；(2)婚姻中夫妻角色協調不當；(3)遭遇困境時，夫妻處理問題的技巧不足；(4)夫妻之間性格無法協調；(5)夫妻認知與觀念的衝突；(6)夫妻性生活不協調。

三、外遇的發展過程

外遇是如何開始的？對於逾越規範的男女又隱藏著什麼危機？這些問題在學者的研究下，似乎也有了一些答案。Linquist發現外遇大致的發展過程如下（引自彭懷真，1996）：

- 外遇者在日常生活或辦公的場所中，發現某一些人特別吸引自己。
- 經過談話溝通之後，發現彼此都能以接納與感受性敏銳的態度來互動。

- 一方或雙方不斷增強原有婚姻不幸福感覺，說服自己另外尋找愛情的機會。
- 對另一方坦承，自己願意用開放的態度來面對彼此產生的愛情。
- 逐漸脫離固有的婚姻關係，並增強自己在另一新關係中的吸引力。
- 尋找適當的機會參加共同的活動，並確保隱密性。
- 個人放鬆自制力或拋棄社會婚姻規範的約束，外遇關係終於正式爆發。

無論外遇的親密關係看起來是多麼美妙，它對單身女性仍是一個危機。在區分外遇的階段中，外遇開始於「甜蜜期」的階段，雙方彼此盡可能忘記社會道德的束縛與對原配偶的罪惡感，只享受此時此刻的浪漫，而這段「只在乎曾經擁有」的親密關係，也必須保持它的隱密性，兩個人往往刻意約定不在公開場合一起出現。漸漸地，當外遇的一方希望能夠確定這段愛情「天長地久」的承諾時，也就進入外遇「轉型期」的階段；雙方必須開始處理相處時間、活動，以及彼此聯絡的問題，並面對愛情以外社會背景差異的問題。此時，外遇一方開始顯露出對愛情的排他性，對另一方婚姻的配偶產生忌妒、仇恨心理，使外遇的關係浮上檯面，甚至希望能夠取代對方配偶的地位，進入另一段合法的婚姻關係。

然而，當進展到外遇的「維持期」階段時，經由雙方頻繁接觸，關係中所要考慮的問題也愈來愈多，不論是個人工作生活圈、親戚朋友的看法，以及彼此錢財、權力關係等問題接踵而至。對外遇關係中的單身女性而言，將漸漸失去對自己時間的掌控能力，而成為迎合已婚外遇對象的附屬品，女性角色在漫長的時間等待中將失去獨立而被間接地控制，也漸漸失去自我。女人在關係中變成較為依賴，承受更多的痛苦遠超過外遇的歡愉感受；另一個情況是，若一個男人答應離婚卻永遠做不到，女人便可能漸漸感到被忽略或者是被傷害（Rice, 1993）。

因此，最終除了極少數外遇者能夠攜手走入合法的婚姻制度，大部分的外遇情況最後將會走向「結束期」的階段。而通常結束外遇關係的理由

包括：(1)一方無法與元配離婚；(2)外遇戀情被發現；(3)對外遇的愛情關係失去興趣；(4)個人心神不寧或心理障礙，造成關係中的問題；(5)一方感覺自己身陷兩難的困境，而欲掙脫這樣的情境；(6)個人改變了對關係的期望與需求；(7)外遇其中一方發生了新的戀情，因而抽離外遇的關係（王慧玲譯，1999）。

在很多情況下，家庭中外遇的發生是沒有任何預警的，而配偶及家庭也會受到明顯的情緒影響及傷害，其中包含了震驚、生氣、忌妒、不信任、失去尊敬，及毀壞婚姻中的愛情與親密關係等，都是元配發現另一半有外遇時，當下深受傷害的痛苦感受，緊接而來的是嚴重憂鬱和感覺被欺騙、被傷害、被羞辱。

外遇事件中，最難處理的問題是當外遇一方又重新回頭、想要與配偶重修舊好的階段。此時，被配偶背叛的心境是易怒而無法釐清過去的種種，往往存在著不信任對方的行為，且認定對方說的一切都是謊言類的消極態度。受害者此刻覺得自己已經輸掉了婚姻夢想，且不再相信這段親密關係可以滿足他們的心理需求；但另一方面，卻又抱持著希望對方只是一時糊塗，而能夠重新來過的矛盾想法。

男女柏拉圖式的友誼關係或情緒外遇，對婚姻都具有很大的傷害，配偶之間無法再彼此信任，主要是因為理智已經被「忌妒心」所佔領，而此時元配被婚姻背叛者所引發產生的傷害包括：時常被恐懼所縈繞、強迫症、過度緊張，以及欲掌控他人的心態。

根據美國的研究發現，外遇所導致的創傷症候群很可能產生三種症狀：(1)持續在受創的經驗中；(2)持續出現逃避的行為；(3)處於過度緊張的情緒。創傷症候群是來自婚姻中配偶不信任對方的殺傷力所產生的後果，而這類復合的情況中，配偶往往已經粉碎了先前對婚姻的美好假設，例如：自我價值實現、世界是安全及有意義的，以及對配偶關係的彼此信任、忠實、對婚姻的承諾，以及親密關係的安全感等，而陷入消極的想法之中。

四、外遇的防治之道

外遇是影響幸福婚姻的關鍵因素，然而面對現今外遇比例不減反增的情況下，在此綜合幾位國內外學者專家所提出的預防外遇之道，以提供大家參考（吳就君、鄭玉英，1987；Stayton, 1983）：

- 和配偶保持公開的溝通，分享彼此的感覺、沮喪心情、未實現的期望，及正面的反應。重大問題通常起因於一系列、累積一段時日未解決的小事情，以理性、冷靜、同理態度學習討論日常生活中所遭遇到的小問題。
- 在關係中察覺配偶的需求，並儘量滿足彼此在身體、社會、情感及智力上的需求。
- 學習愛對方，經常表達溫暖及身體情感。如擁抱、愛撫、親吻、親熱，及身體上的親近，都是滿足情感的重要因素。
- 假如你有一些屬於個人人格特質上的缺點，或是問題尚未解決，不妨求助於專業的治療師。
- 儘量使夫妻間的性行為多樣化，與充滿想像力。假如你的配偶把性行為只當作例行公事時，不妨改變性行為的時間、地點、方法及性表達的方式，以激起對方的性慾。
- 關心對方的喜好及慾望，讓性關係變成雙方都滿意的經驗。
- 遵守對配偶在性關係上的承諾。
- 對配偶表現出尊敬、珍惜、認可與接受的態度。
- 避免一些容易與異性產生戀情的情境，公事和私事要分明，更要避免一對一的約會。而你也必須認知一個事實，即在喝酒或嗑藥的情況之下，人們常常會做出或說出異於平常之事。
- 當你發現受到配偶以外的其他人吸引時，以不欺瞞且坦誠的態度，去和配偶討論此事。

五、分居制度的原因與功能

分居制度有些學者亦稱為「別居制度」，或稱為「桌床離婚」，藉此免除夫妻同居的義務，但並不切斷夫妻之羈絆，故當事人雙方仍不得再結婚。

過去相關的研究中，很少著眼於分居的頻率或分居因素的關聯性。在1950 年，美國人口普查局統計全國分居人數並將它分為兩類：因婚姻本身不如意而分居者；另一為其他因素影響，如就業問題、兵役義務或法律、身體、心理等問題而分居。而在 1984 年的統計中，全美國有 2.4% 的人口因為婚姻不合而分居，不過這項統計資料遭受其他研究資料的質疑，例如在 1970 年美國有 1,317,620 位女性與先生分居，然而男性的資料顯示只有873,471 人，其中矛盾的關鍵則被認為是出在未婚媽媽身上。

在逐漸失去親密感受或突然瓦解的過程中，配偶的分居型態的確是整個離婚過程中非常重要的階段，但一般關於這類非正式終止婚姻的統計與研究資料卻非常有限。而這方面的資料不足，也或許是因為分居不像結婚或離婚一樣，夫妻雙方會正式發請帖邀請親朋好友參加婚禮，或透過律師提出離婚的申請，以便正式終止婚姻配偶的關係。相較之下，分居則是屬於較不公開的形式（徐蓮蔭譯，1997）。

在分居之前，大部分配偶都會經歷一段吵吵鬧鬧的時期，然而不管雙方如何爭吵不休，分居之前總會有必須作決定的時候。在決定彼此暫時分開的過程中，所考慮問題的重要性也攸關了個人未來的生活、親子關係的變化，以及與親朋好友關係的轉變，而這些在日常生活中接踵而來的問題，也使得當事者對婚姻關係的決定感到猶豫不決。

而 Stover 和 Hope（1993）歸納出以分居來脫離婚約的原因有三：

- 夫妻選擇用分居的形式，來逃避婚姻的束縛。
- 一方利用家庭遺棄的手段離開婚姻。
- 婚姻關係未取得法律形式的認可。

歸納現今選擇分居而不離婚的可能原因，有以下五點：

- 小別勝新婚（去除婚姻關係長久以來的乏味）。
- 考慮調整或處理子女的問題。
- 傳統觀念影響（長輩所施壓力）。
- 距離的困擾（因工作兩地相隔甚遠）。
- 彼此之間個性的不合。

因此，分居制度有使夫妻雙方冷靜檢討，反省過去婚姻生活之功能，對夫妻間緊張之婚姻關係，具有舒緩之功效。同時，分居制度可讓欲離婚之配偶，有緩衝時間積極準備重建其社會關係，並評估自己是否有辦法適應離婚後之生活，也使雙方有更妥善的時間及機會，去好好的考慮。

六、分居期間之權利義務

分居後夫妻之間權利義務關係有所調整，其中在同居義務、日常家務代理等方面當然會中止；而貞操義務、彼此間之扶養義務，及相互繼承權因彼此仍具夫妻關係，自然會依舊存在。子女監護權因夫妻雙方已不共同生活，應該比照離婚後子女監護權之規定來處理。另外，關於夫妻財產制方面，則應該改用夫妻分別財產制。

今日，在台灣女性意識抬頭，為維護其自身權益，及設法保護社會之治安，有引進國外分居制度之必要；並可藉此緩衝夫妻雙方之間，因一時氣憤而衝動做出離婚之決定，使得彼此能有更多空間去思考雙方婚姻上的問題，進而達成日後夫妻可以言歸於好，期能減少離婚率之快速竄升。

第二節　離婚的困境與影響

最近，法務部因應社會變遷，修正及新增了民法親屬編的條文，關於離婚方面，其中最重要的精神則是「使離婚更容易些」。然而，當人們開

始容易走出婚姻束縛時，將對另一些想加入婚姻的人們產生什麼樣的影響？兩性互動日趨頻繁、平均結婚年齡升高、子女生育率下降的台灣社會，又將造成何種衝擊呢？應該會逐漸進入「一生多次結婚」的社會轉變，長相廝守的親密關係將日漸減少。對部分人們而言，婚姻不再是一個沒有終點的噩夢，而是一門可以快樂學習的課程。兩個人一起相處得快樂，便繼續攜手前行長長久久；兩個人想分手各修各的人生功課，便讓這段婚姻關係提早下課吧！

台灣社會的基本單位是家庭，過去的五十年來，台灣地區經歷政治民主化、經濟自由化、社會多元化與教育的普及化等急遽轉變，影響個人的生活方式與價值觀之外，隨著社會的變遷與時代的進步，台灣的家庭與婚姻狀況也因此發生一些顯著的變化。二十年前，人們離婚時還需遮遮掩掩；而二十一世紀的今天，離婚彷彿變成一種時髦（陳棟墀，2002）。內政部（2006）統計處統計資料顯示，2005 年平均每千位有偶人口有 12.5 位離婚，比較十年前（1995 年）增加 5.4 位；平均每日離婚對數為 171.6 對，較十年前增加 81 對，其中以結婚年數未滿五年者最多，佔 34.03%。不過，若以增加倍數而言，與十年前相比較，以結婚二十五年至二十九年者離婚數增加 2.8 倍最高，三十年以上者增加 2.7 倍次高，二十至二十四年者增加 1.4 倍再次高，顯示台灣地區離婚者結婚年數在二十年以上者有快速成長的現象。

簡春安（1991）認為，台灣的離婚率不斷升高之主因為：(1)個人主義的興起；(2)婦女解放運動的興起；(3)生活中娛樂功能需求提高；(4)都市化的興起。而國外 Gottman 和 Levenson（2000）的研究發現，在結婚頭七年期間，若夫妻互動時經常缺乏正面情感的交流，將會是往後造成其離婚收場的最佳預測變項之一。

一、造成離婚的原因

過去，離婚和死亡是造成配偶間分離的重要因素。但從 1970 年代開始，配偶要求主動選擇結束婚姻，逐漸成為夫妻分離的新趨勢。

Stover 和 Hope（1993）歸納解除婚約的種類，有以下三種。

(一) 長久的分居狀態

因為長久的分居型態，雙方決定結束他們的婚姻，但不選擇離婚，其原因可能是無法承受離婚的結果、所信仰宗教的反對，或想省去法律程序的麻煩。然而，分居配偶多因尚未辦理離婚手續而無法再婚。統計結果顯示，近代的婚姻中，大概有不到 5% 的人會選擇永久的分居形式來逃避婚姻的束縛。

(二) 家庭的遺棄

遺棄家庭像是另一種形式的分居。結婚的配偶永久分隔兩地，卻未有任何的離婚形式，不同的是，遺棄通常是配偶單一方選擇長久時間離開個人婚姻關係。在一百年前，利用遺棄方式來結束婚姻比現代更為普遍。

(三) 無效的婚姻

有一小部分婚姻的結束是因為婚姻關係沒有取得法律形式的認可，就像是這個婚姻從來沒有存在過一樣。無效婚姻的原因大概有：配偶一方尚未達到結婚的法定年齡；或其中一個配偶在婚姻關係之外有其他的伴侶。

近年來，各國朝著工業化與現代化大步邁進，然而身為領導地位的歐美各國，在社會發展上無不經歷動盪不安的變遷，尤其社會的兩性關係，更是處於一個規範愈趨薄弱與情感關係愈漸自由化情況。在美國 1989 年的一個學術性期刊報導中指出，現今結婚的伴侶中，每三對將會有兩對因為分居或離婚而無法白頭到老。這是一個很誇張的數據，但也可能成為潮流之下真實的情況，而這個數字的背後，也間接說明婚姻的解除將成為現代人們親密關係的一個主要部分。

陳棟墀（2002）研究指出，一般男性提出離婚的原因有：太太有外遇、要求太多、無法溝通、難與對方家人相處及婚姻對自由的限制過多等；而

妻子提出的離婚理由更多，主要有：丈夫大男人主義、不關心體貼妻子、婚外性關係、嗜酒及賭博、婚姻暴力、個性不合、性生活不協調及財務困難等。黃維仁（2002）指出在婚姻中，不是雙贏、就是皆輸。

依據 George 和 Michael（1995）研究發現，會促使配偶選擇中斷婚姻關係的因素，依序排名是：(1)外遇的發生；(2)婚姻情感的消失；(3)個人情緒問題；(4)經濟財務問題；(5)性生活的失調；(6)親戚關係的處理不當；(7)子女的問題；(8)婚姻暴力與虐待；(9)酗酒與犯罪行為；(10)就業問題。

同時，從國外大樣本的離婚個案研究中，也可以藉由地理環境因素及個人因素兩方面，來有效預測配偶離婚的可能性，分述如後（George & Michael, 1995）。

(一) 地理環境因素

從地理因素來看，一些居住在都市的人比居住在其他地方的人更容易離婚，而離婚升高的比率也更容易發生在高度工業化國家的地區。

(二) 個人因素

- 社會經濟地位：當人們有更高學歷、收入與社會經濟地位時，比社經地位低者較不願選擇離婚，而丈夫收入的穩定性及對家庭經濟的依賴程度也是一個重要的事實。以美國白人為例，當收入較低卻對收入較為依賴時，比收入高卻不穩定者更能促進婚姻的穩定度。另一方面，當妻子也有另一筆收入時，配偶也較少傾向離婚，然而這個前提是妻子的薪水必須在丈夫之下而非平等。
- 結婚時個人的年齡：一般來說，較年輕者的第一次婚姻有較高離婚的可能性，而青少年更特別有離婚的傾向，甚至比非青少年的配偶有二到三倍的離婚率。
- 配偶的年齡及婚姻時間的長短：最大多數離婚原因是因為結婚的人和婚齡都很年輕，當丈夫或妻子均較年老時，選擇離婚的比率也較低，超過四十歲而離婚的比率很稀少，第一次結婚在四十歲左右而離婚的婦女比率只有 13%，然而當其再婚一次以上時，離婚比率則提高到 20%，相較之下，離婚最高的可能性則是在結婚的頭幾年。

- 個人結婚的次數：研究結果顯示，通常第一次結婚與第二次結婚的離婚比率並沒有很大的差異，且再婚寡婦的離婚率則比第一次結婚或離婚三、四次的人來得低的多。
- 種族和宗教：雖然社會情況顯示高社經地位指向較低的離婚率，但現代的美國白人已經沒有如此強烈的指標。然而對美國黑人與白人而言，社經地位與收入仍是非常重要的指標之一。收入與社經地位較高的黑人離婚率是與白人相當接近的，然而一般的美國黑人分居與離婚的比率仍有 50%。另一方面，天主教徒的離婚率則比基督教徒低，但卻呈現較高的分居比率情況；而婚姻關係中，不同宗教的男女相結合的穩定度則比兩者相同宗教者來得低。
- 有無小孩的情況：「小孩留得住婚姻嗎？」研究中比較結了婚而有小孩的年輕成人以及沒有小孩者發現，在結果呈現方面，小孩的出現也有可能是導致父母選擇離婚的導火線。當小孩一歲時，增加父母離婚或分居的比率提高 5% 到 8%；相對的，沒有小孩的配偶離婚比率則高達 20%。進一步來說，小孩的出世影響到婚姻穩定度的情況。另一方面，未婚懷孕或婚前有了小孩則將增加夫妻離婚的比率，婚前懷孕進而婚後生下小孩的情況則是較無影響，婚後懷孕生子對離婚的影響則是最低。

二、離婚造成的影響

Bohannan（1970）指出，離婚是一個激烈的過程，包含有六個不同層面，對於夫妻間每個個體，都有著不同之強度。分別為：感情上的離婚、法律上的離婚、經濟上的離婚、撫育上的離婚、社會網絡上的離婚，以及精神上的離婚。

依據相關學者專家的研究，發現離婚者因婚姻關係的解除，不但帶來

個人內心極大的壓力，離婚後一年的家庭生活也幾乎呈現混亂的狀態。離婚的壓力可分為心理、社會及行為三方面（王以仁主編，2001；徐蓮蔭譯，1997；Booth & Amato, 2001; George & Michael, 1995; Rice, 1993; Wallerstein, Lewis, & Blakeslee, 2000），分別討論如下。

(一) 在心理方面

離婚後需重新評估個人在社會與家庭的角色，而離婚後所存在的憤怒、矛盾、沮喪及痛苦等情緒，仍是在短時間內個人無法調適的內在壓力。比較結婚分居和離婚的人，年長離婚者的心理狀況比年輕者為佳，而離婚分居者則比未離婚者的心理狀況較為不健康，甚至有較高比率的酗酒、車禍、身心疾病及死亡率發生。這個現象並非很明確的可以用數據表現，但在雙方決定離婚的這個過程中，的確對當事者會造成許多生理與心理的爭執與衝突。

在離婚後二到五年的調適期間，一般人通常透過約會或再婚的途徑來開始另一段新的親密關係。然而面對那些想要再婚卻又找不到親密伴侶的人，則更容易感到內心的痛苦與孤單。離婚的結果對較具性別平等觀念的女性而言，可能是一段個人的悲傷經歷，但通常較不會給自己加諸太多的煩惱與痛苦；然而對一切心力投注在先生、小孩身上，尋求家庭角色認同的女性而言，在被塑造成社會、經濟、情感個方面有著強烈依賴感的同時，就婚姻關係結束而言，離婚經驗可能被視為人生中的挫敗，並且在自尊與尋求他人認同方面感到受挫。

在這個新角色的調適過程中，個人心態轉變將成為一個顯著的壓力。對某些人來說，婚姻關係的終止可能是一種解脫，但對迫於情勢離婚的配偶而言，內心的創痛不只是婚姻信念的破滅，甚至導致個人自尊心受損，因而產生社會適應不良的情況。

(二) 在社會方面

當離婚事件發生時，產生的影響包括：離婚的當事者、當事者的小孩、雙方的家庭，甚至還包括了彼此工作的環境及社會本身。個人的人際關係必然因婚姻的決裂產生變化，在角色重新認同、缺乏導引及關心的調適過程中，家庭子女及社交關係必然帶給離婚者社會上的壓力。

離婚和分居的人必須重新學習一個人過生活、轉換新的角色、調整和前配偶關係維繫的相處形式，以及重新建立一個新的社會聯繫。結婚是由單身世界進入兩個人的社會所組成，而離婚則是宣告這種形式已經不復從前。離婚也代表著結束婚姻中的分工合作，變成兩個單獨的個體或單身家庭，例如：賺錢及家務等一些工作，不再是兩個人共同分擔的情況。

一些離婚者可能完全斷絕和其配偶的關係與聯繫，有一部分人則維持著某一種新的關係形式，這其中的原因很多，包括：過去強烈的情感聯繫、繼續生意夥伴的關係，或者是小孩的因素。其中，透過父母角色聯繫特別能夠維持和前配偶的關係，例如：透過商量事情、解決孩子的問題，或參加孩子生活與成長過程所發生的重要事件等。

離婚之後，並非所有人都會和過去婚姻關係的朋友及親戚網絡保持關係與聯繫。結婚時候的朋友可能避免和離婚的單身一方常保持聯繫，因為害怕會得罪離婚的任一方。即使過去所建立的社會網絡仍然很歡迎他們，但離婚之後男女卻會因為心理的因素而自動減少聯繫，大多數的選擇是建立新的關係或搬家。

(三) 在行為方面

分居或離婚之後的煩惱及壓力也容易反映在身心行為方面，例如：工作效率滑落、抽菸喝酒的頻率增加、不正常的飲食和睡眠習慣等，有時也會表現出生活失去目標的茫然感，與行為上無所適從的舉止。甚至會有較高比率的酗酒、車禍、身心疾病或死亡率的發生。

典型的離婚型態中，當婦女獨立賺錢時，通常需要有兩到三個兼職或全職的工作，才能維持離婚後家庭的開銷；另一方面，單親者養育小孩的責任全部在一個人的身上，在必要情況下也得學習有關修理房屋或汽車修護的技巧，此時的單親媽媽往往成為全時間待命的機器，生活中很少有喘

息休息的機會。

第三節　再婚及其生活調適

在過去那些年代，再婚（remarriage）是一般年輕男性喪偶者普遍的選擇。因以往中國父權體制社會裡，只有男性可以因喪偶或休妻而再婚，相形之下再婚的條件及機會就比女人有更多的自由；女人只能守寡，而社會對婦女常用「三從四德」的道德禮教來約束，並以「貞節」評價一位女性的婦德，要遵守規範才不會被社會輿論所排斥。

然而當各國醫學發達而死亡率逐漸降低時，二十世紀的離婚率卻也日漸升高，再婚的情況也因著變得普遍。根據統計，90% 的再婚情況是發生在離婚以後，而 10% 則是因為配偶死亡。

社會變遷與工業化的結果，「離婚」與「再婚」已普遍發展，開放的價值底下，社會的包容度也變得較寬些，人們不用再壓抑與受到約束。人與人之間的關係建立，正是一種兩者之間穩定且持久，並且彼此有某個固定之歸因、態度或信念，各自的行為都將影響雙方的內在與外在（Noller & Feeney, 2006）。

1966 年以後，再婚率已經下降而離婚率卻仍快速上升，研究認為，再婚下降的原因是因為同居形式成了另一個選擇，離婚者可以選擇生活在一段類似婚姻的關係中，卻不願進入再婚的正式法定關係與形式。根據統計，同居的生活型態比再婚更為普遍，從 1980 年開始，當再婚者被問及如何準好進入第二次婚姻時，大多數的回答是「同居」，而再婚前的同居形式可能會變成一種約定成俗的普遍規範。此外，許多再婚者也很容易由親密性關係，而進入第二次的婚姻（Stover & Hope, 1993）。

一、再婚選擇的差異

從社會大環境來看，某些人比其他人更傾向於再婚。例如：離婚男性的再婚率高於女性、離婚者的再婚率高於配偶死亡的情況，而離婚的人比同年齡未婚的人更傾向再婚。當男人與女人被問及再婚的理由時，其答案往往大異其趣。男人再婚多傾向於尋找結過婚而年輕的配偶，但配偶上一段婚姻時間可能很短，且通常是沒有小孩的情況。從另一方面來說，這表示高齡婦女再婚的機會相對減少，而對第一次婚姻有了小孩的女人，也間接地限制了她們的再婚機會。

從社會階層來看，上層階級的男性即使離婚後擁有子女，但其具有優勢的社經地位卻足以吸引可供選擇的婚姻對象。然而，超過三十歲、有地位及高收入的女性，則因具有充足的獨立條件及社經條件來照料自己，因而較男性不願意或選擇更晚進入再婚的情況。

女性離婚後再婚的機會通常會較男性為低，綜合分析其主要的原因有六（葉肅科，2000）：(1)男女性別比例的不均衡；(2)男大女小的婚齡差距；(3)男女有別的審美標準；(4)離婚媽媽子女的牽絆；(5)婚姻斜坡的不對稱性；(6)擇偶資源的性別差異。

此外，適當再婚人選是否出現也是選擇進入再婚的關鍵。故在再婚的市場上，女性喜歡尋找具有經濟穩定基礎的男性，而當婦女本身為高收入者時，她們也有可能放棄再婚；相較之下，較有年紀而高收入的離婚男性，則更急於尋找一個再婚的伴侶。

當大多數的喪偶者或離婚者被問及為何再婚的時候，多數人的回答是「愛情」、「在生活上較方便」、「因為社會壓力」或者是「希望能一起撫養小孩」等，雖然經濟的因素被隱藏在回答中較不明顯，但可以發現，家庭經濟的考量卻也是大多數離婚者進入再婚最主要的原因之一。雖然再婚者對第二次婚姻意向較不明確，但他們多以第一次婚姻作為第二次選擇的基礎，例如：所選擇的再婚對象，人們多會同樣地選擇與自己相似的同

類結合，或是屬於互補性的異類結合。

二、再婚與第一次結婚的差異

當男女雙方尚未進入婚姻時，父母面對子女的約會對象多抱持觀望的態度，而其開銷也大多依賴原生家庭父母的供給；相對於再婚的情況，當事人的交往過程往往受到父母兄弟姊妹的關注，甚至受到前配偶與小孩的監督。第一次結婚的男女要從彼此的適應中學習許多新東西，例如：試著去調適婚前對丈夫、妻子角色不切實際的期望。然而，再婚者大多已經知道婚姻生活是怎麼一回事，實際生活要花多少錢？熱情及性愛在親密關係上的重要性，以及婚姻中可能衝突的情形。

因此，離婚後及在婚前當事人都有一段時間去思考、釐清這些事情，例如：刻意避免婚姻中的挑剔與嘮叨、酗酒或不留心等，而這些行為很可能在第一次婚姻中造成顯著的傷害，這些改變在另一段婚姻生活中都是很積極的，也將會帶來不錯的結果。

很顯然地，這些反省對於再婚生活有明顯的益處，也可以避免掉一些不必要的衝突及麻煩。然而，進入一段新的婚姻關係時，當事人可能會產生一些對配偶情緒化或負面的思考，稱為「留戀過去作用」。每位再婚者或多或少會將第一次婚姻與前配偶的經驗帶入再婚生活，或用來與再婚配偶相互比較。這種行為將對目前婚姻產生很大的影響，雖然潛在因素來自於另一半過去的婚姻而非自己，但對於再婚配偶與前妻、小孩的關係與聯繫，都有可能對現在的婚姻造成不少的困擾。

三、再婚家庭正常運轉的條件

社會心理學家Robert Bales認為，團體的運作需要有三個重要的要求：規範、角色及凝聚力，進一步能夠解決問題並滿足團體成員的社會及情緒需求。因此，如想維護再婚家庭正常運作，信守承諾、向心力、溝通及維持其界域等四項因素，分述如下（王慧玲譯，1999）。

(一) 信守承諾

初婚家庭成員由於是在自然的情況下相互依賴、成長，經由共同的生活經驗，漸漸培養出對家庭信守承諾的忠誠態度，而這一點卻無法在短時間內轉移到再婚家庭的情境中。在過去分歧的生活經驗及角色標準之下，因父母再婚而產生親屬關係聯繫的子女，更需要大人表達出愛與關懷的承諾，藉此引導子女到適當的行為模式。另一方面，一些社會工作者注意到，有些再婚的夫妻無意作個人的犧牲或調適，甚至並不在乎是否維繫一個穩定的家庭。

(二) 向心力

向心力乃是使團體成員願意留在團體中，彼此接納並同心協力，共同完成目標。在初婚家庭中，對家庭向心力的凝聚乃是隨著成員日常相處而發展出來的，因此夫妻與親子關係的親密度被視為理所當然的存在。然而，再婚家庭的人們尚缺乏歸屬感，因而需要更多的時間去熟悉自己新的角色定位。

(三) 溝通

溝通是發展親密關係的重要關鍵，也是家庭成員情感交流的必要條件之一。初婚夫妻在開始建立關係時便發展一套共享的溝通模式，隨之誕生的小孩也將在此溝通模式中學習與家人交流，並了解對方的期望。然而，當再婚的男女各自帶著一套不同的溝通模式一起相處時，在建立新型態的協商過程中，往往因為來自前次婚姻的孩子而變得複雜、混亂。

(四) 維持界域

界域是一條劃分個人、家庭次系統與外在環境的隱形線條，在這樣共享的觀念中，得以明確規範家庭成員彼此互動的自主性。在維持外在界域

及親子界域外，再婚家庭尤需維護第三種家庭界域，也就是新的家庭成員之間，考慮彼此界域分化的可能性。

四、再婚家庭運作上可能遭遇的困難

國內針對再婚家庭之研究發現，每一個家庭雖其背景不盡相同，但多數再婚夫妻的親密關係與親子相處所面臨的困難，卻存在著某些共通的難題，例如：對繼父母的迷思與刻板印象、新家庭角色與界域的混淆不清、親子間情感的發展與敵意、家庭財務的處理與分配等。從過去的研究歸納顯示，發現再婚的家庭中最常見的問題包括：親子教養問題、經濟問題、與前任配偶的關係，以及配偶之間溝通不良等（王慧玲譯，1999）。

國外對於再婚家庭常發生的問題之研究，發現有以下四項（Kaufman, 1993），分別是：孩子對繼親與繼子女的排斥、管教方面的問題、青少年時期的雙重壓力，以及新舊兩個家庭之間的差異及衝突。不過，這些問題與其說是繼親家庭的衝突，不如說是繼親家庭所面臨的混淆與迷惑（藍采風，1996；Anderson & Taylor, 2000）。

另有一些研究發現，再婚伴侶在親密關係中卻更傾向消極及否定的態度來面對彼此，例如：用一些沒有效果的策略（如：吼叫、暴力、翻舊帳等）來處理他們之間的衝突。而這些通常來自上一段婚姻的不良溝通習慣，可能讓他們的問題更趨於嚴重。再者，再婚的婚姻規範比第一次結婚更曖昧而不明確，雖然再婚後提供了金錢上的支持與親密關係的依靠，但在共同養育小孩的觀點、與前一次婚姻配偶的關係維繫，贍養費支付、子女教育費支出，以及再婚後更為複雜的親戚網絡關係等，卻更容易成為婚姻生活中的壓力源與雙方觸碰的焦點（Stover & Hope, 1993）。從繼子女的觀點來看，可以發現新組成的家庭中，青少年的兩大煩惱為家庭忠誠度的衝突，以及如何接受繼父母新的規範與符合期望（王慧玲譯，1999）。

如一般婚姻情況，再婚的過程中仍有不適合相處而走向分手一途。然而經歷過再婚而又離婚的人很容易被人當作一個婚姻的失敗者，對個人想法可能造成每下愈況的打擊與心靈的創痛，而這些再婚的男女遭受到兩次婚姻的被拒絕與情緒上的洩氣時，往往會讓他們在生活上感到無望而苦無其他的機會。

雖然再婚比結婚似乎有著更高的離婚率，但有許多例子可以證明再婚生活也可以是非常滿意而且成功的，甚至直到另一方配偶老死，而這樣美好的再婚情況是有益於伴侶自尊及自信心的維持，也讓第二次踏入婚姻的男女因而變得較離婚之前更為睿智。

近年來，在中國大陸民間有這麼一段描述婚姻選擇及演變的說法：「結婚是個錯誤，生子是因失誤，離婚產生覺悟，再婚是執迷不悟！」聽來有些像是戲弄口吻，但多唸幾回倒也能夠引人深思！

本章摘要

「外遇」廣義的定義為：泛指婚姻中夫妻任一方，在情感上有所轉移；而狹隘的定義則為：當婚姻一方與配偶以外的異性發生性關係時，就構成了外遇的事實。從多數的定義看來，「性關係」已成為外遇關係的必要條件，但面對沒有涉及肉體關係的「精神性外遇」，卻往往不是在此定義下所能討論出結果的。

從美國研究相關數字來看，大約有 40% 到 50% 的男性曾經發生過婚外性行為的情形，而女性發生比率相較之下則低些，但在台灣對於這樣的具體統計數據較為少見，不過對現代社會來說，外遇問題的普遍與嚴重性，已經是人們可以明顯感受到的事實。

外遇的原因大致可歸納為：(1)個人情感的需要；(2)婚姻中未能解決的問題；(3)對婚姻所抱持的矛盾情感；(4)外遇帶來喜悅與興奮的刺激感；(5)個人縱容的價值觀；(6)外遇者潛藏的動機；(7)個人自由的選擇權。

依 Linquist 研究歸納，不分男女容易產生外遇關係的高危險人口群包括：(1)在結婚前已經有婚前性行為的發生；(2)結婚時間較久，對

彼此關係已產生倦怠感；(3)認為個人婚姻品質已經日趨下坡者；(4)與配偶的性生活品質較差者；(5)個性較自主而獨立的人；(6)對外遇關係感到新奇而不排斥，且容易模仿外遇情況者；(7)工作場所相處，所熟識的同事之間。

Linquist 並以為，最容易發生外遇情況的組合則是「已婚男子」加上「未婚女子」的情況。此外，Norman Goodman 則認為，兩性產生婚外情的背景也是男女有所差異。男人外遇對象多半與自己年齡相當者，而女人則喜歡尋找比自己年齡稍長或稍幼者；男人被外遇的吸引多是基於性的新鮮感與好奇心理，而女性則通常在找尋另一段感情獲得柔情與溫馨的感受。

外遇開始於「甜蜜期」的階段，雙方彼此盡可能忘記社會道德的束縛與對原配偶的罪惡感，只享受此時此刻的浪漫。漸漸地，當外遇的一方希望能夠確定這段愛情「天長地久」的承諾時，就進入外遇「轉型期」的階段；雙方必須開始處理相處時間、活動，以及彼此聯絡的問題。而後當進展到外遇的「維持期」階段時，經由雙方頻繁接觸，關係中所要考慮的問題也愈來愈多。最終除了極少數外遇者能夠攜手走入合法的婚姻制度，大部分的外遇情況最後將會走向「結束期」的階段。

家庭中外遇的發生是沒有任何預警的，而配偶及家庭也會受到明顯的情緒影響及傷害，其中包含了震驚、生氣、忌妒、不信任、失去尊敬及毀壞婚姻中的愛情與親密關係等，都是元配發現另一半有外遇時，當下深受傷害的痛苦感受，緊接而來的是嚴重憂鬱和感覺被欺騙、被傷害、被羞辱。

外遇所導致的創傷症候群很可能產生三種症狀：(1)持續在受創的經驗中；(2)持續出現逃避的行為；(3)處於過度緊張的情緒。創傷症候群是來自婚姻中配偶不信任對方的殺傷力所產生的後果，而這類復合的情況中，配偶往往已經粉碎了先前對婚姻的美好假設。

分居制度有些學者亦稱為「別居制度」，或稱為「桌床離婚」，

藉此免除夫妻同居的義務，但並不切斷夫妻之羈絆，故雙方仍不得再結婚。在逐漸失去親密感受或突然瓦解過程中，配偶的分居型態是整個離婚過程中非常重要的階段，但一般關於這類非正式終止婚姻的統計與研究資料卻非常有限。

現今選擇分居而不離婚的可能原因，有以下五點：(1)小別勝新婚；(2)考慮調整或處理子女的問題；(3)傳統觀念影響（長輩所施壓力）；(4)距離的困擾（因工作兩地相隔甚遠）；(5)彼此之間個性的不合。

分居後夫妻之間權利義務關係有所調整，其中在同居義務、日常家務代理等方面當然會中止；而貞操義務、彼此間之扶養義務，及相互繼承權因彼此仍具夫妻關係，自然會依舊存在。子女監護權因夫妻雙方已不共同生活，應該比照離婚後子女監護權之規定來處理。

簡春安認為，台灣的離婚率不斷升高之主因為：(1)個人主義的興起；(2)婦女解放運動的興起；(3)生活中娛樂功能需求提高；(4)都市化的興起。而國外 Gottman 和 Levenson 的研究發現，在結婚頭七年期間，若夫妻互動時經常缺乏正面情感的交流，將是往後造成其離婚收場的最佳預測變項之一。

陳棟墀研究指出，一般男性提出離婚的原因有：太太有外遇、要求太多、無法溝通、難與對方家人相處及婚姻對自由的限制過多等；而妻子提出的離婚理由更多，主要有：丈夫大男人主義、不關心體貼妻子、婚外性關係、嗜酒及賭博、婚姻暴力、個性不合、性生活不協調及財務困難等。

依據 George 和 Michael 研究發現，會促使配偶選擇中斷婚姻關係的因素，依序排名是：(1)外遇的發生；(2)婚姻情感的消失；(3)個人情緒問題；(4)經濟財務問題；(5)性生活的失調；(6)親戚關係的處理不當；(7)子女的問題；(8)婚姻暴力與虐待；(9)酗酒與犯罪行為；(10)就業問題。

從國外大樣本的離婚個案研究中，也可以藉由地理環境因素及個

人因素兩方面，來有效預測配偶離婚的可能性。其中，個人因素又必須考量：社會經濟地位、結婚時個人的年齡、配偶的年齡及婚姻時間的長短、個人結婚的次數、種族和宗教、有無小孩的情況等項目。

Bohannan指出離婚是一個激烈的過程，包含有六個不同層面，對於夫妻間每個個體，都有著不同之強度。分別為：感情上的離婚、法律上的離婚、經濟上的離婚、撫育上的離婚、社會網絡上的離婚，以及精神上的離婚。

依據相關的學者專家的研究，發現離婚者因婚姻關係的解除，不但帶來個人內心極大的壓力，離婚後一年的家庭生活也幾乎呈現混亂的狀態。離婚的壓力可分為心理、社會及行為三方面。

當各國醫學發達而死亡率逐漸降低時，二十世紀的離婚率卻也日漸升高，再婚的情況也因著變得普遍。根據統計，90% 的再婚情況是發生在離婚以後，而 10% 則是因為配偶死亡。社會變遷與工業化的結果，「離婚」與「再婚」已普遍發展，開放的價值底下，社會的包容度也變得較寬些。

從社會大環境來看，某些人比其他人更傾向於再婚。上層階級的男性即使離婚後擁有子女，但其具有優勢社經地位卻足以吸引可供選擇的婚姻對象。女性離婚後再婚的機會通常會較男性為低，其主要的原因有六：(1)男女性別比例的不均衡；(2)男大女小的婚齡差距；(3)男女有別的審美標準；(4)離婚媽媽子女的牽絆；(5)婚姻斜坡的不對稱性；(6)擇偶資源的性別差異。

再婚而進入一段新的婚姻關係時，當事人可能會產生一些對配偶情緒化或負面的思考，稱為「留戀過去作用」。每位再婚者或多或少會將第一次婚姻與前配偶的經驗帶入再婚生活，或用來與再婚配偶相互比較。這種行為將對目前婚姻產生很大影響，雖然潛在因素來自於另一半過去的婚姻而非自己。

如想維護再婚家庭正常運作，信守承諾、向心力、溝通及維持其界域等四項因素，就必須嚴格遵守。從國內過去的研究歸納顯示，發現再婚的家庭中最常見的問題包括：親子教養問題、經濟問題、與前任配偶的關係，以及配偶之間溝通不良等。國外對於再婚家庭常發生的問題之研究，發現有四項，分別是：孩子對繼親與繼子女的排斥、管教方面的問題、青少年時期的雙重壓力，以及新舊兩個家庭之間的差異及衝突。

雖然再婚比結婚似乎有著更高的離婚率，但有許多例子可以證明再婚生活也可以是非常滿意而且成功的，甚至直到另一方配偶老死，而這樣美好的再婚情況是有益於伴侶自尊及自信心的維持，也讓第二次踏入婚姻的男女因而變得較離婚之前更為睿智。

研討問題

一、「外遇」的定義為何？除肉體情慾的一般外遇，「精神外遇」算是外遇嗎？試以你個人的觀點，來分別加以探究之。

二、今日離婚的人口比率不斷升高，試以台灣的風土民情及觀點，列舉出高離婚率所帶來的問題，並想想如何能有效加以解決？請分別加以說明。

三、分居在夫妻嚴重衝突與離婚之間，提供了哪些緩衝性的功能？是否需要有年限之限制？請暢述己見。

四、再婚提供了離婚者尋找第二春的機會，但男女雙方在這方面的條件與機會卻大有差別，試分別加以說明之。

五、再婚家庭中常見的問題有哪些？要如何才能有效因應？請提出你個人觀察的論點，並請詳細加以說明。

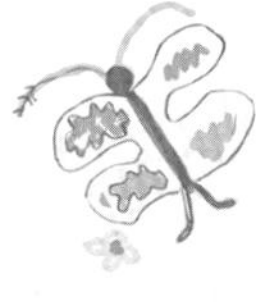

第三篇

婚姻、家庭的
互動溝通與調適

在愛情的國度裡，往往為了表達自己對愛人的愛意，什麼都可以忍耐或視若無睹，因此一再忽略掉彼此在某些方面的差異；然而當二人願共譜戀曲，而走向地毯的另一端時，許多戀愛期中看不清楚的對方缺點，這時很可能會在婚後爭執或衝突中逐漸擴大。這種婚前婚後不同調的情形，很容易導致當初懷抱美好婚姻憧憬的破碎而彼此怒目以對；但只要有心且願意留在婚姻關係中的夫妻，就會試著從這樣被搗碎的夢幻婚姻中，經由相互的體諒和溝通，而重新打造一個符合現實生活的婚姻藍圖，以便繼續努力去完成未來美好的願景。萬一真有什麼嚴重衝突和困擾，適時尋求輔導諮商等專家的協助，來進行婚姻或家族治療，應可獲得不錯的成效。

家庭是孩子們第一個成長發展的環境，他們自其中學習生活技能、培養生活習慣、建立人與人之間的情感依附，家庭和孩子之間亦由此建立起密不可分的關係；同時，家庭對孩子在人格發展、情感依附以及社會化的建立，也有非常重大的影響。然而，親子與家人之間要想達到良好的互動與溝通，就有必須先行了解有關整個家庭隨著時間發展的脈動及其過程，亦即所謂的「家庭生命週期」；家庭以其發展的功能來看，會隨著時間的改變而產生不同的發展任務。因此，在每個家庭生命階段，家中夫妻及親子間的良好互動和溝通，就顯得格外重要。

故此，本書在第三篇中，則將針對人際的溝通與互動，夫妻間的良好溝通與相處，親子關係及家人間的彼此溝通，以及伴侶與家族治療等四章，分別加以探討如下。

第七章

人際的溝通與互動

本章學習目標

- 「人際關係」、「溝通」與「人際溝通」之意義為何？
- 在「人際形成模式」中，將人際互動與溝通分成哪六個階段？
- 良好的人際關係與溝通能提供哪六方面的社會支持網絡功能？
- 在溝通的基本模式中，包括哪些元素？
- 現代人常用的五種溝通方式（管道）為何？
- 在口語表達溝通的方式上，有哪五點相對應的類型？
- 在語言溝通過程中，有哪八項常見的溝通障礙？
- 在溝通的過程中，有哪五項口語溝通的技巧？
- 面部表情與肢體訊息，包括了哪些具體內容？
- 超語言的內涵為何？聲音又具有哪四項特色？

報紙投書

穿著牛仔褲，也要看場合

日昨貴報「時論廣場」有位張姓新聞工作者投書，抱怨在參加我匈牙利代表處歡迎呂副總統的晚宴上，因穿著牛仔褲而被該處冷代表要求新聞局曾組長，表明因其穿著不妥而將其請出會場一事。個人倒有不同的觀點，認為穿著牛仔褲似乎也得看場合，以免造成彼此的不便！

我個人並不十分清楚，在上述類似的場合是否有穿著禮儀的成文或不成文規定？若有則參與宴會的主人與客人，大家都應遵守以示相互間的尊重；若無則可按個人的喜好與方便，只要不過度暴露或髒亂即可！

我所服務的單位過去是師範學院，目前雖整併為綜合大學，我的系仍屬教育學院。針對即將畢業到國小去實習或代課的準老師們，都會事前再三叮嚀他們：第一次到服務學校去報到及拜會校長和主任們時，必定要整

飾自己的服裝儀容，不要蓬頭垢面、滿臉鬍鬚，也不宜穿著短褲、牛仔褲、拖鞋等，且在應對進退方面亦要合乎禮儀！個人到美國渡假時，看見在IBM等大公司工作的友人，上班時也都是很正式的穿著，只有到週五因即將展開週末休閒活動，這天就可穿較輕鬆的便服或牛仔褲上班。

所以，個人認為我國駐匈牙利的冷代表若對類似的晚宴場合，都要求正式的穿著，而非對張員特別待遇，那就不能對他的做法有所苛責！然而，若能在發出的晚宴請帖上能稍加說明以作提醒，將可減少類似不必要的衝突；或是在表明穿著牛仔褲不適合的同時，能協助當事人更換一條褲子而非直接請出場去，那就更能達到賓主盡歡之功！

（本文係本書作者在2002年3月24日，發表於中國時報第15版「時論廣場」）

由上述文章中，可以明顯地看出這位張姓新聞工作者，與當時我國駐匈牙利的冷代表之間，所產生的摩擦與衝突；由此亦可了解到在人與人間關係不佳，並加上不良溝通互動過程中，難免會出現一些落差與不滿。其實，夫妻及家人間的互動和溝通，也是人際互動及溝通的一部分，且其基本的原理原則幾乎完全相同。因此，在本章中將分別針對人際關係與溝通的概念，兩人之間的溝通與互動，語言的溝通及表達技巧，以及非語言訊息的使用等部分，一一加以說明如後，以作為往後論及婚姻、家庭的互動溝通與調適之基本構念。

第一節　人際關係與溝通的概念

一、人際關係

「人際關係」是指人與人間互相交往而彼此影響的一種狀態，亦是一種社會影響之歷程（Brammer, 1993）。Heiman（2000）認為有意義的人際關係是奠定在情感的交流，願意分享彼此的想法，有坦承、開放的心和親密感做基礎。

蕭文（1996）認為人際關係是指少數人，通常是兩個人或三個人之間的關係，亦即一個人對另外一個人的看法、想法及做法。張春興（2000）亦認為人際關係是指人與人交感互動時，存在於人與人之間的關係；人與人之間的關係是心理性的，是對兩人或多人都發生影響的一種心理性的連結。而林淑華（2002）則認為人際關係是人與人之間的心理交會、情感溝通以及生命的對話所形成的一種特殊關係，包括親情、友情、師長、朋友、同學等之間的彼此互動與依存關係。

綜合上述國內外的觀點，可將「人際關係」歸納為：人與人間相互往來而彼此影響的一種互動過程，屬於會變化的動態狀況，可包括親子關係、手足關係、夫妻關係、師生關係、同儕關係與兩性關係等。

二、溝通

Daniels 與 Spiker（1987）認為，「溝通」是指兩人或兩人以上，透過語言和非語言的互動，共同分享意義的過程。謝文全（1988）將溝通定義為：個人或團體相互間交換訊息的歷程，藉以建立共識、協調行動、集思廣益或滿足需求，進而達成預定的目標。張春興（1989）的張氏心理學辭典談到「溝通」一詞，是指一方經由一些語言或非語言的管道，將意見、態度、知識、觀念、情感等訊息，傳達給對方的歷程。而吳就君和鄭玉英（1993）認為，「溝通」一詞的意義是指在社會情境中，兩人有意義的互動，交談時所發生之口語和非口語的行為；是人與人之間給予取得資料的過程，亦即訊息傳遞的過程。

統整前述的說法可知，所謂的「溝通」主要是經由兩人或兩人以上，運用口語表達和非口語的行動，讓彼此有所互動且將想要傳達的想法、理念和情感做一番交流，而產生訊息傳遞的過程。

茲將「人際關係」與「溝通」兩者加以互相結合，可視為係因人與人的接觸而形成了人際關係，一旦有了人際的互動，就會需要相互之間的溝通。這就有如 Verderber 與 Verderber（1995）定義「人際溝通」（interpersonal communication）為一種具有意義的互動歷程（process），雙方在溝通歷程中相互影響，且彼此對於溝通當時及溝通之後所形成的意義均負有責任。而丁興祥、李美枝和陳皎眉（1991）認為，所謂的「人際溝通」則是指藉著某種符號（symbols）的媒介，將一個觀念或訊息，由一個人傳遞到另一個人的過程。而張德聰和黃正旭（2001）則指出，「人際溝通」乃指至少兩人以上的傳達者，以口語或非口語的方式，有目的進行訊息傳遞的過程，在傳遞過程中同時交流雙方的感情、思想和知識等，是一種有意義的社會互動行為。

在人際溝通過程中，最基本的形式就是「兩人間的雙向互動溝通往來」，他們因著互動過程與功能的不同，分別扮演著「傳訊者」與「收訊者」的角色。當然，角色因著需要及功能的改變，也會隨之互換及變更，這是極其自然和常有的事。在兩人溝通的過程中，傳訊者腦海中有他希望與別人分享的感覺或想法，這些都會受到傳訊者的身體特質、心理狀態、社會經驗、知識與技能所影響。要把意思轉變成可溝通的訊息，傳訊者必先予以編碼，再藉由相關管道傳遞出去，而這些管道通常是指聲音（語言）和光（非語言行為）。

如上所述，訊息是由語言及非語言行為所組成，收訊者經由譯碼的過程而了解其意義。譯碼的經過會受到收訊者的整體經驗影響，同樣對傳訊者也有其特有因素，在影響傳遞的訊息結構。在譯碼與解碼時，收訊者把傳訊者的訊息轉成自己的語言及非語言訊息，並經由所選擇的回饋管道將其反應遞回給傳訊者；傳訊者再將收到的回饋解碼，以便解釋從收訊者取得的反應。同時，在整個人際雙向互動溝通之中，此一過程將不斷地被重複進行著。

三、人際互動與溝通六階段

Devito（1994）提出「人際形成模式」，將人際互動與溝通分成六個階段：

- 接觸（contact）。
- 投入（involvement）。
- 親密（intimacy）。
- 衰退（deterioration）。
- 修復（repair）。
- 解散分離（dissolution）。

也就是說，人際關係與互動剛開始接觸時，會受到彼此的第一印象與個人相關條件的影響，其後將視雙方投入的程度來決定兩者之間的關係能否臻於親密狀態，然而在人際溝通與互動過程中，有時亦免不了發生一些誤會而使彼此關係衰退，倘若有可能澄清誤解則雙方關係則得以修復，否則一再的負面交往或衝突，最後不免會步上解散分離之局面。

四、良好人際關係與溝通之功能

根據苗廷威譯（1996）提到良好的人際關係與溝通，對個人的生活具有以下四方面的益處：

- 壽命：有良好人際關係或經常與他人保持良好互動者，壽命較失去良好人際關係的人要長些。例如：已婚男性在配偶死亡六個月內的死亡率上升 40%，自殺率也有上揚的趨勢，已婚女性亦類同。一項相關研究調查發現：在各年齡層裡，最缺乏人際關係的人較可能會死亡。
- 生理健康：已婚者和單身者相比，比較不會死於各種疾病。而且人際關係的親密與否對男性的影響大過女性，對年輕者的影響大過年

紀較大者。此外，有不少的研究發現，配偶、親朋好友能幫助病人克服疾病，加快痊癒的速度。擁有工作上的人際關係，對於健康也有幫助；尤其是女性，有工作對單身、喪偶或離婚者有顯著的幫助。

- 心理健康：未婚者罹患精神疾病的比例高於已婚者。綜合數十個大型研究結果所得的平均顯示：男性單身者罹病率是已婚者的三倍，在女性則是將近二倍。另有研究發現，擁有美滿婚姻及工作的女性較不易罹患憂鬱症，因為這種親密的關係與互動，也同樣是一種社會支持。
- 幸福感：在「美國生活品質」的調查研究中，不論男性或女性，已婚者都比未婚者有較高的幸福感，尤其是那些沒有子女的夫妻。針對孤獨感的研究結果顯示，覺得孤獨的人也較傾向於覺得不幸福、沒有自信與低自尊等；而人之所以覺得孤獨，通常是因為缺乏朋友或其他的人際關係。

Palan（1998）指出親子溝通是人際溝通領域內的一個範疇，其基本含義仍以溝通為主，只是範圍限定在父母與子女之間。Olson 和 DeFrain（2006）指出，家人之間良好的溝通與互動，有助於在家庭凝聚力和家庭彈性上，獲得良好的平衡關係，而使家庭系統健全的運作。高淑清（2002）也指出，家庭溝通的三要素為：知覺、期待與要求，良好的親子溝通需建立在親子間不斷地學習、適應與改變。同時，溝通也是親密人際關係的核心所在，更是建立彼此相互關係的重要基礎。

為什麼良好的人際關係對個人的身心健康有如此正面的幫助呢？綜合相關研究得知其機轉，在於良好的人際關係可提供下列六方面的社會支持網絡（social support net）功能，來協助個人因應來自社會與家庭的巨大壓力：

- 親密依附：透過良好的人際關係可提供一種沒有條件的依附安全感，其中自然也包含著深度關懷和信任感在內。
- 知心朋友：知心朋友之間可以相互接納及傾吐心事，這能發揮類似心理治療的過程與效果，藉此協助個人紓解生活壓力，亦可增進對自我的了解與接納。

- 自信與自尊：來自別人的肯定能強化個人對自己的信心，他人的關懷與友誼也會讓個人認為自己是值得愛的人，而對自己更有信心及相信自己的能力，也能有較高的自尊。
- 實質上的幫助：良好的人際關係網絡能提供個人實質上的協助，以因應生活上瑣事所造成的困擾，讓個人不致因一連串的小困擾而形成大壓力，這是最直接的支持體系。
- 資訊上的幫助：廣泛而良好的人際關係能提供個人較多資訊上的協助，以便能快速而有效的解決問題。例如：職業婦女如有良好的人際關係網絡，在解決托兒問題時就比沒有人際網絡者有較佳的效率。
- 社會整合：當個人能受到眾多朋友的接納，或是能夠參與一些團體活動，會讓其感到在整體社會關係中，能得到他人的接受與肯定，並可提高個人的價值感。

第二節　兩人之間的溝通與互動

一、溝通的基本模式

人與人之間雙向溝通的基本要件，不外乎是「聽」與「說」兩方面。在彼此溝通的基本模式之中，包括以下六項元素（洪英正、錢玉芬編譯，2003；曾端真、曾玲珉譯，1996；McShane & Von Glinow, 2005; Price, 1998），分別簡要說明如後：

- 傳訊者：是指在溝通過程中，傳遞訊息的表達者，是屬於開口說話的一方，也就是所謂的發言者。
- 收訊者：係指在溝通過程中，接收訊息的一方，是屬於張耳聽話的一方，亦即所謂的傾聽者。

- 編碼訊息：傳訊者將其想要傳遞的意念與情感轉換為符號（語言或非語言均可），並把這些組成訊息來表達。
- 訊息解碼：收訊者從傳訊者處所接收到的訊息，將其轉變成自己的想法和情感，則稱為訊息解碼。
- 回饋編碼：當收訊者接收了傳訊者的訊息後，可將其了解到的想法和情感回應給對方，也可視為是這位收訊者的編碼訊息的反應表達過程。當然此時他已轉變成傳訊者，而原來的傳訊者則變為收訊者。
- 干擾：對溝通中傳訊者或收訊者的內在刺激（如：激動情緒、飢餓），或外在刺激（如：環境中的噪音、聲光誘惑），致使訊息傳遞與接收的有效性降低。

由以上的描述可以得知，兩人之間的溝通在角色上可分為：說話表達的「傳訊者」，以及接收聽話的「收訊者」，當然這兩個角色也可以依其實際需要而隨時加以更換。

通常，傳訊者會把個人要表達的訊息意思，先做編碼工作，而後再向收訊者傳遞過去；當收訊者接收到傳訊者所發出的編碼訊息，要立刻加以進行解碼工作，接著就能夠完全得知傳訊者的訊息意思。隨後，兩人角色互換，「收訊者」要設法回饋給「傳訊者」，他此時也就搖身一變成為「傳訊者」，並做回饋編碼後將之發送出去，而由對方來接收及解碼。整個過程如圖 7-1 所示（王以仁，2007）。

同時，在此兩人整個的溝通過程中，除了彼此間的訊息傳送與互動外，還有個人內在生理、心理方面的刺激與環境外在社會、物理方面的刺激所形成的種種「干擾」，這些也會深深地影響到他們之間溝通的成效。

二、兩人間溝通常用的方式

透過不同的表達及互動形式，兩人之間可以有許多的溝通方式（管道）。尤其是 E 化之後，人與人間的溝通變化更是極為快速而多樣。以下列出現代人常用的五種溝通方式（王以仁，2007；洪英正、錢玉芬編譯，

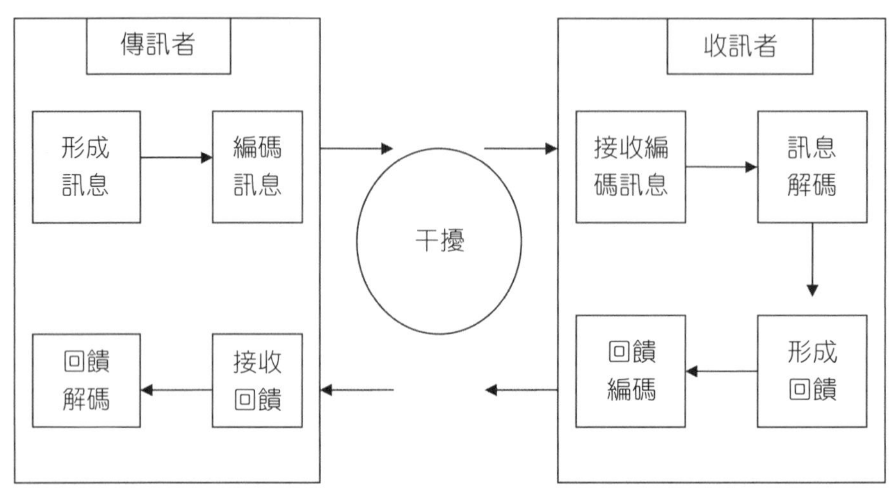

圖 7-1　溝通的基本模式

資料來源：王以仁（2007：43）。

2003；McShane & Von Glinow, 2005），並分別加以探討之：

- 面談：這是指兩人面對面的溝通方式，其中收訊者可以同時接收到對方的語言與非語言兩種訊息；而同時傳訊者在整個過程中，也可以藉由語言與非語言等方面的訊息來表達。
- 電話：可以說是透過話筒進行的一種雙向溝通，彼此能直接收到對方的語言訊息，以及屬於語氣、語調與聲音大小的非語言訊息；但是無法得知對方的面部表情與肢體動作等方面之訊息。
- 信函、傳真：這是指利用書信、便條、卡片等書寫的方式，來表達其個人的意思與情感，因受限於無法即時加以傳遞，故只能算是一種持續性的單向溝通，必須等待日後對方有了回應，才能做進一步的後續溝通。信件若想更快速或即時地傳達，也可運用傳真或是以下介紹的電子郵件、網路溝通等方式來進行。
- 電子郵件：英文稱之為email，這是由於近十年來E化發展之下的新產物，係透過網路來傳遞訊息。傳訊者只要有網路連線設備，同時又知道收訊者的個人網址（email address），就可以隨時收發電子郵

件；既不需要信封、信紙，也不必貼郵票和投郵。

- 網路對話：這是透過網路上的聊天室，或是其他的快速即時網路對話機制（如：BBS、MSN等），可透過網路進行立即的線上溝通，且除了兩人互動之外，還可以有多人同時加入互動溝通與討論的功能，就像視訊會議即為最先進之代表。

由前述介紹的各項溝通方式（管道），可以很明顯地看出在這方面隨著科技的進步，已開發國家的人們完全進入到E化的溝通世界。傳統上我們稱呼不識字者為「文盲」，但如今還將那些完全不懂得運用電腦及網路者，另外區分出來而稱之為所謂的「現代文盲」。

通常，以面談、打電話、寫信或傳真等較傳統的方式，來進行彼此間的相互溝通過程中，很容易知道對方的真實身分，也較容易保有兩人之間的隱私。但如今透過網路和網站的互動過程中，往往對方會隱密其真實的個人資料，同時也不易見到對方的本尊，在此情況下的真誠性及安全性，都難免令人產生某些疑慮！

尤有甚者，透過網路防火牆的入侵、間諜木馬程式的安裝、網路一夜情的氾濫等，都會造成現代社會人們在溝通上產生許多的質變和量變！而這些也都會直接或間接地改變我們日常的生活，並影響到人們在工作及人際關係等方面的互動模式。

第三節　語言的溝通及表達技巧

人們經常藉著語言的表達，企圖來完成溝通的目標。然而，語言陳述的內容，除了口語內涵、語氣及語調之外，還需要考慮到當時的相關背景脈絡；否則，稍有不慎就會應驗了俗話所言「病從口入，禍從口出」的災難。人際溝通不僅要能透過口語來說明，亦可藉著面部表情或肢體語言，來做更多非口語的訊息表達（非口語表達的訊息在下一節介紹）。在本節中僅將針對口語表達溝通的方式，語言表達溝通的障礙，以及有效的口語溝通技巧等方面分別加以探討。

一、口語表達溝通的方式

語言溝通方式，可分為以下五點對應的類型來加以說明（王淑俐，2000；曾端真、曾玲珉譯，1996）。

- 口頭與文字的溝通：語言本來就包含有口頭說話與文字表達兩部分，所以在此可分為以講話方式進行訊息表達的「口頭溝通」，或是用文字書寫方式進行訊息表達的「文字溝通」。
- 正式與非正式語言的溝通：在人際溝通的場合中，往往會因時間、地點或對象的不同，而會採用不同語言的溝通方式。通常，在公開會議或面對長官時，都會被要求使用「正式語言」；而在私下交談或是與家人好友聊天時，則可運用「非正式語言」來溝通。
- 直接與間接的溝通：在語言溝通中，若需要清楚而明確的表達時，就得打開天窗說亮話，採用「直接溝通」的方式；若是不便明講而想從側面來打探對方的意思時，則可考慮使用旁敲側擊或託人帶口信等「間接溝通」的方式。
- 當面與非當面的溝通：傳統上國人都相信所謂的「見面三分情」，當有重大事件要商議或有求於他人協助幫忙時，都會親自去拜訪對方而做「當面的溝通」；倘若溝通雙方有些心結或是為了避免見面時的尷尬，也可採用打電話或書信等「非當面的溝通」。
- 公開與私底下的溝通：俗話說「揚善於公堂，規過於私室」。當要稱讚或感謝對方時，宜使用「公開的溝通」；若是有所指責或涉及個人較隱私的部分時，就適合採用「私底下的溝通」。

二、語言溝通的障礙

在語言溝通的過程中，人們經常會在有意或無意之間，使用一些不良

的表達語詞或方式，因而破壞和污染了彼此間溝通與互動之積極成效。這些障礙在此經整理，大致可歸納為以下八項（張雪梅主編，1993；陳皎眉，2004；Gordon, 1970）：

- 貼上標籤（labeling）：在溝通中刻意賦予對方某些固定的名稱，而造成他的不悅或影響我們對真相的了解。這類表達溝通時的例子不勝枚舉，例如：「懶豬」、「米蟲」、「天兵」、「菜鳥」、「怪胎」等。
- 隨意批評（criticizing）：對於他人的言談舉止或行為表現，給予負面的評價。例如：「你的字寫得歪七扭八，有夠難看」、「不要經常換工作，要知道滾石是不易生苔的」、「我看你整天遊手好閒，前途必定黯淡無光」。
- 進行診斷（diagnosing）：與他人溝通過程中未仔細聆聽對方談話內容，而忙於藉由揣測或分析去找出問題癥結與原因。例如：「妳因為太過於敏感，才會覺得同事對妳不友善」、「像你這樣經常摸魚打混，難怪老闆不喜歡你」、「妳別痴人說夢，比起別人的條件，妳差得多啦」。
- 下達命令（ordering）：一味地要求他人接受自己的命令，但經常會讓對方感到厭惡而反抗。例如：「你在本週末以前，一定要把那個企畫案完工搞定才成」、「董事長下禮拜三要到我們這裡來視察業務，我要求你在他來的前兩天就將簡報資料整理妥當」。
- 加以威脅（threating）：藉由警告他人來達到控制對方的目的。例如：「你下次段考達不到全班前十名，我就不讓你看每晚八點的連續劇」、「只要再蹺課一次而不事前請假，你就得面臨期末被扣考的命運」。
- 直接說教（moralizing）：通常會以良心或道德標準，來指示對方應該如何去做。例如：「我是三朝元老，凡事跟我學著點，保證你萬無一失」、「報紙與電視新聞不是經常提到吃檳榔可能會導致口腔癌，你再不戒掉這個惡習就真會沒命的哦」。

- 轉向逃避（diverting）：藉著談論其他的話題來適時轉移對方的注意力，但有時也會讓人覺得你不重視其感受。例如：「不要再管他們的八卦批評，聽說你下半年要調到東京的海外據點去當主管啦」、「孩子在青春期總是比較叛逆，過於擔心也無濟於事，不如來欣賞一些我最近所蒐集的漂亮寶石」。
- 逕行保證（reassuring）：試圖運用一些正面的說法來安撫正在經歷某些負向情緒的人。例如：「所謂否極泰來，我想去年一連串的厄運已經過去了，新的一年你必定能事事如意」、「加油！再加把勁去準備，我相信你下次必定能通過升等考試的」。

三、同理心的運用

在人與人之間溝通與互動過程中，同理心的運用和發揮是十分重要的。同理心可說是一種認知、態度，也是一種技巧，藉由此而能進入對方的世界去了解他，並向其表明這份了解。要表現同理必得先傾聽，同時要站在對方的立場來體會及思考，而後還要能夠做適時、適切的反應與表達；如此在人際間的溝通上，才可收到正面的效益。溝通專家們都認為同理心是人與人相處之間，最基礎而重要的行為之一。以下將針對同理的反應、初層次同理心及高層次同理心來加以探究。

當我們在溝通的情境中，傾聽完了之後通常會做某些適當的反應。而在做反應時，個人會從收訊者的角色，轉換成為傳訊者的角色；而此時最適宜的就是做同理的反應（empathic response）。然在同理的反應時，有兩點得特別加以把握者：其一，要能站在對方的立場，去完全體會其情緒與感覺；其二，要能以這種體認作為基礎，以便作出合宜而適當的反應來回應對方。

例如：當父母藉由傾聽技巧，抓住和明瞭孩子的感受與使其耿耿於懷的事情後，給予孩子適當的同理回應，使他覺得被接納、被了解；亦有如呈現一面鏡子，讓對方藉此能更清楚地看見自己。

所以，同理的反應常常是簡述語意及情緒反映同時都具備。一位高明的溝通者有時也會因反應不當而產生問題，但其往往在說錯話的時候，就能很快的察覺而加以修正，也會在未來的溝通中儘量避免再犯相同的錯誤。凡是會導致人們強烈排斥或自尊受傷，以及無法有效達成溝通目標之反應，都屬於不適當的反應，這些在溝通過程中宜避免此類反應的發生。

我們通常會因為擔心暴露個人的缺點，而不願意表現出很關心別人。其實，每個人都有自己的情緒，不論是否顯現於外，與人分享情緒都不是丟臉的事。當你能同理他人的喜悅或痛苦且願意表明出來，這對彼此雙方都有好處。因此，若能多學習與運用下列三種方式，將可有效增進個人同理的能力（王以仁，2007）：

- 學習站在對方立場來設想：同理心基本的精神就是要能做到「感同身受」，亦即要學習完全站在對方的立場來看；在雙方的互動溝通中，經常能提醒自己易地而處，嘗試以對方的角度與想法去感覺與思考。當然，在溝通中也可多去掌握自己曾經有過的類似經驗，將更能深刻體會對方此時的感受。
- 多練習與使用初層次同理心的標準句型：如前面所介紹的初層次同理心，有其常用之標準句型，平日要能多多加以練習；包括在互動和溝通過程中，能抓到對方說出一段話時的主要感覺或情緒，並找出引發此一情緒的事實原因，再將此二者各以簡明扼要的字眼加以串連起來做反應。
- 快聽慢說且認真地去思考：個人在做同理的反應之前，必須先完整地聽完對方所要表達的內容，切不可中途隨意打斷其發言而搶著回話；同時，也得好好地用心去思考才能找出真相。

四、口語溝通的技巧

在口語溝通的過程中，除了要多以同理心方式來與對方交談，懂得採用行為語言的配合，並且能多加鼓勵與讚美對方之外，在此提出以下五項

口語溝通的技巧來加以說明（王以仁，1990；陳皎眉，2004；曾端真、曾玲珉譯，1996）：

- 清楚而具體的自我表達：在以口語發言時，要隨時都能做到具體而明確的表達；絕不可想到什麼就說什麼，也不該天馬行空式的隨性而談。在口語溝通時，一定要能聚焦且得朝向既定的目標來表述。
- 言詞精簡且條理清晰：口語溝通的互動過程中，最怕碰到話匣子一開就講個不停，且喋喋不休、沒完沒了的人。所以在以口頭表達意見時，應盡可能的「言簡意賅」，思路要清晰而合乎邏輯，把握一段話一個重點，並注意其自我表達前後一致的連貫性。
- 真誠理性的表達並要棄絕謊言：「真誠」是在口語溝通中，能夠立於不敗之地的堅固基礎。真心而誠意的表達風度，是很容易獲得對方的好感；反之，再能口若懸河、舌燦蓮花的不實表達，其美麗的謊言一旦被戳穿時，就再也不會有人去相信他。
- 經常發揮適度的創造力與幽默感：幽默感是人際溝通中最佳的「潤滑劑」，可以調和口語溝通時的摩擦與不快。同時，倘能懂得運用個人的語言創造力，在意見差異的折衝間能創出新的點子或名詞，則可收到「化干戈為玉帛」的大功效。其實，要真想適時適度掌握幽默感與充分發揮創意，則確實得要有長時間的磨練才行。
- 要有勇氣去找機會多多發言：很少有人天生就能侃侃而談，絕大多數的名嘴，都是經由不停的練習才能自求進步。因此，要想能展現出優異的口語表達功力，就得有勇氣隨時去尋找和把握任何可以發言的機會，如此必能在口語表達方面，不斷的自我提升。

其實以筆者來說，除了教學以外經常有機會在外演講。每年演講所獲得的經費，往往佔了個人年收入的兩成以上。莫非我天生就是伶牙俐齒、開口即能滔滔不絕嗎？正好相反，上小學之後我較內向害羞，很怕老師問我問題，更恐懼於當眾發言。甚至在國小六年級惡補階段，不幸得了「口吃」的毛病，成為我個人青春期成長發育階段心中最大的痛苦。前後經歷了六、七年的長期抗戰，採取不斷練習和運用上述五項口語表達技巧，才

能得以自我治癒此一「口吃」的人際表達與溝通重症。

第四節　非語言訊息的使用

非語言（nonverbal）訊息主要係指沒有語言的溝通內容，這其中包括：面部表情、肢體訊息、超語言與沉默及空間距離等部分，一一加以說明如下。

一、面部表情

在人際互動的溝通中，面部表情扮演著十分吃重的角色，尤其是眼睛更是反應出所謂的「靈魂之窗」。其中，單是靠臉部的表情就可至少傳遞十種情緒訊息，例如：喜悅、驚訝、恐懼、憤怒、悲傷、嫌惡、輕蔑、興趣、困惑與堅決等（洪英正、錢玉芬編譯，2003）。我們若是常在鏡子前面多觀察自己的面部表情，並能比較照片中他人的面部表情變化，當可獲得這方面不少的學習和體認。

當然，面部表情的真正含意也會隨著種族文化背景脈絡之不同，而產生某種程度差異的結果；例如，面對年輕異性對其外貌的讚美言詞，西方女子通常會很有自信而喜悅的說一聲「謝謝」，而東方女性卻往往會以稍帶害羞的表情來否認自己的美貌（雖然她的內心也很高興）。

眼神所傳遞的訊息，可以其注視的方向、持續時間長短等而有所區分；當然這些表現方式在不同的文化中，也有其個別差異。在英國進行一項研究發現，個人平均凝視一眼的時間將近三秒鐘，而互相對看平均約一秒（Argyle, 1988）。倘若眼神接觸時間超出此一標準，則會讓人認為係特別有興趣或是帶有敵意；反之，若眼神接觸時間不及此一標準，則會讓對方認為是不感興趣、心不在焉或是害羞等情況。

眼睛方向的不同也會透露某些的訊息。通常，若是三人以上的團體互動過程中，會以交替注視其他人的面孔而非固定在某人臉上較為恰當。同時，對一個演講者而言，在演說過程中其視線需要涵蓋全體的聽眾，也就是要同時注意到全場的每一個人，其眼神得要由前到後、由左到右的掃過眾人，絕不可將目光停留在某一區或某一人身上過久，更不可舉頭望著天花板或是凝視遠方而顯出忽視聽眾的舉動。

二、肢體訊息

肢體動作所表示的方式與範圍相當廣，舉凡四肢訊息、體態姿勢等皆可含括在內。通常，豎起了大拇指表示「很棒、做得好」，同一隻手的拇指與食指圈起來表示「OK、沒問題」，這些手勢也有約定成俗的性質，除了部分共通性質者外，還需有因地制宜之考量。

在體態姿勢方面，通常兩腿交疊、兩手交叉置於胸前或是身體稍向後仰等，都表示出與對方保持距離，甚至是採取某種程度的自我防衛；反之，坐著時兩腿微微張開、兩手臂自然分開置於身側或是身體稍向前傾等，都表示出想與對方接近，甚至對其頗具善意而感興趣。

三、超語言與沉默

超語言所重視的是事情如何被說出來，而非所說的內容為何，在這當中特別注重聲音的特色及口語的干擾二部分。通常，聲音有四項特色（曾端真、曾玲珉譯，1996），分別是：音量（聲音的大小）、音調（聲音的高低）、音質（聲音的品質）、頻率（聲音的速度）。這些特色單獨或共同交互作用，能支持或補充語言所傳達的意思；例如，放大音量以便在喧嘩場合或遠處的人可以聽到，但另有些人卻在憤怒時大聲說話；在充滿愛意的談情說愛場合，極度地輕聲細語；在興奮或緊張時，說的話要比平常要快些。

口語的干擾是指介入或中斷流暢談話中的語音。有些干擾會造成人的

分心，有時還會使溝通因此中斷。而過度的口語干擾是一種不良的說話習慣，係經過長時期所養成。常見之口語的干擾，就如我們在談話中常用的「這個、那個」、「也就是說」、「不過」、「嗯」、「唉」等。這種情形往往都是「積習難改」，非常不容易加以根除，但卻可以藉著不斷的提醒和練習來設法減少。

另外，沉默（silence）則是指不說話的情形，又可以分為一直的沉默與突然的沉默兩種。前者，可能是沉默者個人的特質，因其一向都不善於言詞而寡言；或是因為初次見面有些尷尬、有不該出現的第三者在場等狀況，而使得對方不願開口說話，這時就必須採取一些「解凍」的技術來因應，例如：率先發言或自我開放，先聊些輕鬆的話題等。而突然的沉默，則往往係因為一下子突然感覺個人受到威脅而無安全感，或是難以做抉擇而暫時中斷溝通停下來思考判斷。由此可知，在溝通中出現沉默情形也不全是負向的，但要仔細斟酌沉默背後真正的意思，以免產生了誤判情形，影響到溝通的成效。

四、空間距離

空間距離是針對人與人相處時，彼此相隔遠近所產生影響之探討，亦有人稱之為「空間關係」（proximity）。Hall（1966）曾定義四種人與人之間關係的空間距離，分別扼要介紹如後：

- 親密距離（intimate distance）：其範圍係指從彼此實際接觸到相距1.5 英尺之內，既使有其他人在其四周也不會搞錯，一眼就可看出兩人的親密距離。一般在戀愛、保護或安慰時都會採取這種空間距離。
- 個人距離（personal distance）：這屬於個人距離的保護層，彼此距離約在 1.5 至 4 英尺之間。這樣的距離可保護你不會受到他人的碰觸，但仍可伸出去與人相互握手。
- 社會距離（social distance）：其範圍介於 4 至 12 英尺之間，一些非個人的互動或是社會群體的互動，通常都在這樣的距離下進行，而社會人士相互之間也會遵守這個約定。

- 公共距離（public distance）：此一範圍介於 12 至 25 英尺之間，這樣的距離可以保護你在公共場合自身的安全。例如：在演講會場時，演講者的講台離最近第一排的聽眾至少有如此之距離。

固然透過以上介紹的面部表情、肢體訊息、超語言與沉默、空間距離等方式，都可達到某種程度的表達及溝通效果；然而，當某一個人在同一時間所表達的這些內容相互矛盾，或是其非語言訊息和語言訊息彼此衝突時，到底哪一個才是最真實的呢？這就可以參考古人所教導的，判斷一個人必須要能「聽其所言、觀其所行、察其所安」！其實，只要能仔細聽他說話的內容，同時看看其行為語言之意向為何，更要審斷其整個人是否自然、真誠而安穩；若非如此，就得整體重新加以評估。一般而論，非語言的肢體訊息往往要比語言訊息來得更真實一些！要知道，個人真正的情緒及態度，很難完全地加以隱藏，尤其是眼神中總會反應出個人內心的秘密。

本章摘要

「人際關係」是指人與人間互相交往而彼此影響的一種狀態，亦是一種社會影響之歷程。有意義的人際關係奠定在情感的交流，願意分享彼此的想法、秘密，有坦承、開放的心和親密感。也可將「人際關係」歸納為：人與人間相互往來而彼此影響的一種互動過程，屬於會變化的動態狀況，包括親子關係、手足關係、夫妻關係、師生關係、同儕關係與兩性關係等。

「溝通」是指兩人或兩人以上，透過語言和非語言的互動，共同分享意義的過程。統整相關的說法可知，所謂「溝通」主要是經由兩人或兩人以上，運用口語表達和非口語的行動，讓彼此有所互動且將想要傳達的想法、理念和情感做一番交流，而產生訊息傳遞的過程。將「人際關係」與「溝通」兩者加以互相結合，可視為係因人與人的接觸而形成了人際關係，一旦有了人際的互動，就會需要相互之間的

溝通。

在人際溝通過程中，最基本的形式就是「兩人間的雙向互動溝通往來」，他們因著互動過程與功能的不同，分別扮演著「傳訊者」與「收訊者」的角色。當然，角色因著需要及功能的改變，也會隨之互換及變更，這是極其自然和常有的事。在兩人溝通的過程中，傳訊者腦海中有他希望與別人分享的感覺或想法，這些都會受到傳訊者的身體特質、心理狀態、社會經驗、知識與技能所影響。要把意思轉變成可溝通的訊息，傳訊者必先予以編碼，再藉由相關管道傳遞出去，而這些管道通常是指聲音（語言）和光（非語言行為）。

訊息是由語言及非語言行為所組成，收訊者經由譯碼的過程而了解其意義。譯碼的經過會受到收訊者的整體經驗影響，同樣對傳訊者也有其特有因素，在影響傳遞的訊息結構。在譯碼與解碼時，收訊者把傳訊者的訊息轉成自己的語言及非語言訊息，並經由所選擇的回饋管道將其反應遞回給傳訊者；傳訊者再將收到的回饋解碼，以便解釋從收訊者取得的反應。

人際互動與溝通分成六個階段：(1)接觸；(2)投入；(3)親密；(4)衰退；(5)修復；(6)解散分離。也就是說，人際關係與互動剛開始接觸時，會受到彼此的第一印象與個人相關條件的影響，其後將視雙方投入的程度來決定兩者之間的關係能否臻於親密狀態，然而在人際溝通與互動過程中，有時亦免不了發生一些誤會而使彼此關係衰退，倘若有可能澄清誤解則雙方關係則得以修復。

良好的人際關係與溝通對個人的身心健康有正面的幫助，其原因在於可提供六方面的社會支持網絡功能，來協助個人因應社會與家庭的巨大壓力，分別為：(1)親密依附；(2)知心朋友；(3)自信與自尊；(4)實質上的幫助；(5)資訊上的幫助；(6)社會整合。

人與人之間雙向溝通的基本要件，不外乎是「聽」與「說」二方面。在彼此溝通的基本模式之中，包括六項元素分別是：(1)傳訊者；(2)收訊者；(3)編碼訊息；(4)訊息解碼；(5)回饋編碼；(6)干擾。也可得知，兩人之間的溝通在角色上可分為：說話表達的「傳訊者」，以及接收聽話的「收訊者」，當然這兩個角色也可以依其實際需要而隨時加以更換。

通常，傳訊者會把個人要表達的訊息意思，先做編碼的工作，而後再向收訊者傳遞過去；當收訊者接收到傳訊者所發出的編碼訊息，要立刻加以進行解碼工作，接著就能夠完全得知傳訊者的訊息意思。隨後，兩人角色互換，「收訊者」要設法回饋給「傳訊者」，他此時也就得搖身一變而成為「傳訊者」，並做回饋編碼後將之發送出去，而由對方來接收及解碼。

在此二人整個的溝通過程中，除了彼此間的訊息傳送與互動外，還有個人內在生理、心理方面的刺激與環境外在社會、物理方面的刺激所形成的種種「干擾」，這些也會深深地影響到他們之間溝通的成效。人與人間的溝通常用的五種方式為：(1)面談；(2)電話；(3)信函、傳真；(4)電子郵件；(5)網路對話。

可以很明顯地看出在這方面隨著科技的進步，已開發國家的人們完全進入到E化的溝通世界。傳統上我們稱呼不識字者為「文盲」，但如今還將那些完全不懂得運用電腦及網路者，另外區分出來而稱為「現代文盲」。

如今透過網路和網站的互動過程中，往往對方會隱密其真實個人資料，同時也不易見到對方的本尊，在此情況下的真誠性及安全性，都難免令人產生某些疑慮！而透過網路防火牆的入侵、間諜木馬程式的安裝、網路一夜情的氾濫等，都會造成現代社會人們在溝通上，產生許多的質變和量變！

人際溝通不僅要能透過口語來說明，亦可藉著面部表情或肢體語言，來做更多非口語的訊息表達。語言溝通方式，可分為五點對應的類型：(1)口頭與文字的溝通；(2)正式與非正式語言的溝通；(3)直接與間接的溝通；(4)當面與非當面的溝通；(5)公開與私底下的溝通。

在語言溝通的過程中，人們經常會在有意或無意之間，使用一些

不良的表達語詞或方式，因而破壞和污染了彼此間溝通與互動之積極成效；這些障礙經整理後，可歸納為八項：(1)貼上標籤；(2)隨意批評；(3)進行診斷；(4)下達命令；(5)加以威脅；(6)直接說教；(7)轉向逃避；(8)逕行保證。

在口語溝通的過程中，除了要多以同理心方式來與對方交談，懂得採用行為語言的配合，且能多加鼓勵與讚美對方之外，亦提出五項口語溝通的技巧：(1)清楚而具體的自我表達；(2)言詞精簡且條理清晰；(3)真誠理性的表達並要棄絕謊言；(4)經常發揮適度的創造力與幽默感；(5)要有勇氣去找機會多多發言。

非語言訊息主要係指沒有語言的溝通內容，這其中包括：(1)面部表情；(2)肢體訊息；(3)超語言與沉默；(4)空間領域等部分。當某一個人在同一時間所表達的這些內容相互矛盾，或是其非語言訊息和語言訊息彼此衝突時，就可參考古人所教導的「聽其所言、觀其所行、察其所安」！

研討問題

一、人際溝通所具有的功能有哪些？請自我評估在這些功能項目中，哪一項是你最擅長發揮的，並請具體敘明之。

二、針對人際溝通歷程的六項基本原則，列出你認為最重要的三項，並且進一步說明其理由為何？

三、在溝通的基本模式中，包括有哪六項元素？除分別扼要加以說明外，並請舉一個你家中溝通的實例來整體討論之。

四、人與人間可以採用的溝通方式（管道）為何？你個人常用的溝通方式（管道）有哪些？並請進一步分別說明會在什麼情境下運用。

五、在口語表達溝通方式的五點相對應類型中，你個人在家中最常使用與最不常使用的類型為何？試分別加以分析探究之。

六、試就非語言訊息中的面部表情、肢體訊息、超語言與沉默等部分，來進行一項自我分析，提出你自己在這些當中最擅長與缺乏的各為何？並請分別舉例來論述之。

夫妻間的良好溝通與相處

本章學習目標

- 自我坦露如何影響婚姻滿意度？
- 婚姻的穩定性與滿意度之間有何關聯？
- 穩定婚姻有哪五種類型？
- 婚姻伴侶能採取哪些方式溝通，來減少彼此的心理距離？
- 婚姻滿意度與其性關係的滿意之間有何關聯？
- 夫妻雙方在性方面溝通上，有哪四項常見的障礙？
- 夫妻間溝通的黃金原則為何？
- 何謂夫妻溝通衝突中的「末世四騎士模式」行為？
- 何謂婚姻的「溝通隱私管理理論」？
- 工作之個人意義與社會功能為何？
- 休閒的意義、分類與功能各為何？
- 如何維持工作、休閒及家庭間之平衡？

訊息彙整

良好溝通在夫妻之間十分的重要

晚晴協會曾就其 2000 年服務個案作一分析，其中婚姻諮商 1,735 人次，法律諮詢 1,528 人次，而求助者的學歷明顯在增高。以婚姻諮商來說，因夫妻溝通不良及個性不合造成適應困難的約佔 27%，因外遇求助者佔 15%，顯示因夫妻溝通不佳、個性不合導致無法共同生活的比率，已遠遠超過外遇介入，也就是沒有第三者介入的婚姻問題已超過外遇因素。

過去，女性面對與丈夫個性歧異、溝通不良等問題，只能力求忍耐，除非是對方有外遇求去，否則絕不輕言離婚；但如今情況已有不同，當女性具有獨立經濟能力且自我意識抬頭，對於婚姻品質的要求也隨之提高。

全台南市約有 2,320 個東南亞籍配偶家庭，台南市家庭教育中心曾於2006 年針對四百名東南亞籍配偶，實施生活適應調查，回收三百五十七份有效問卷。資料分析顯示，有一成的外籍配偶後悔嫁到台灣來，更有三成以上因想念家人，心情不好，害怕又孤單。

調查同時發現，有八成以上填答的東南亞籍配偶表示生活適應能力不錯，在家庭生活方面得到家人的支持與協助，在學習語言部分也都能符合所需，只是個人情緒調適稍差，而與先生或公婆溝通上也仍待加強。

（本文係本書作者根據近年來相關調查報導整理之內容）

由上述文章中，可以明顯得知現代夫妻在相處上，外在干擾因素產生的影響力已經逐漸降低，而配偶間的有效溝通及互動，才是幸福婚姻生活的關鍵因素。在本章中將分別針對夫妻之間親密互動與溝通，親密伴侶溝通的黃金原則與保密，工作、休閒與家庭關懷等部分一一加以說明如後。

第一節　夫妻之間親密互動與溝通

在婚姻關係的歷程中，來自不同家庭的兩個人共同經營生活，需要面對許多的生活、生計、家人關係、人際關係、經濟規劃、職業發展、生育與養育等問題，夫妻雙方要調適、學習、改變、協調、溝通，以便使婚姻生活能更和諧與幸福。

夫妻之間有責任為另一半的需要來負責，反過來也希望配偶能積極回應自己的需要。然而，抱怨溝通是夫妻間最常見的問題類型，但是雙方此種互動方式，卻往往未能見到問題之全貌。

西方心理學家非常強調婚姻關係的穩定與否，深知此會深深地影響下一代在人格上的發展與成長，並強調親密關係的經營遠比擁有一個安定的婚姻更為重要。因此，親密關係就變成婚姻的一個必要條件。現代的新人類愈來愈重視婚姻中親密關係的品質，願意與人經營一份真誠的關係，並和自己也有真實的接觸。

一、婚姻關係歷程中溝通的重要性

目前因為社會價值更開放而多元，婚姻對人們來說也變得更為開放與自由，再加上工作競爭壓力大，必須投入較多時間去工作，因而在婚姻生活中的人，更有學習良好溝通技巧的必要，以便增加婚姻的穩定性與滿意度。

系統理論（system theory）是近來探討婚姻與家庭主題時，最常使用的一個理論模式。系統理論特別重視夫妻或家庭（一個系統）內，每一組織成員彼此間的共存、互動溝通與相互回饋；家是一個整體系統，家人間彼此互動產生的影響頗大，而夫妻互動又是其中之核心（Goldenberg & Goldenberg, 2004）。

如同社會化對親密關係的影響一般，由於兩性在社會化過程中接收到不同的性別角色期待，因而兩性在溝通方式上也會有所不同，也因為雙方溝通不同調的緣故，極易引發二人間的爭執與衝突。大體上，男性在與人對談中較易使用競爭方式，這是為了在互動關係中建立起個人的支配地位；而女性則較以親和的方式進行，欲藉此在互動關係中來建立友誼。所以女性的傾聽行為（如：專注、眼神凝視、詢問相關問題等）較男性為多，而男性習慣將較多的注意力放在自己的身上（陳皎眉、江漢聲、陳惠馨，1996）。

婚姻關係中的夫妻二人既是愛侶、合夥人也是室友，有時卻因為過於專注在個人自己的目標，而沒時間兩人單獨相處以便溝通彼此想法，此類「沒時間溝通」卻是幸福婚姻中的最大殺手。

俗話說：「婚姻是需要經營的。」亦即在婚姻關係中，若要幸福美滿，乃是需要雙方共同努力的。但要如何才能達此目標呢？就得夫妻二人不斷地經由溝通來一起成長！然而兩性間對溝通的認知為何？如何才能促使夫

妻間有積極正向的溝通模式，確實值得吾人進一步深入探究。

二、良好的溝通可增進婚姻關係的親密感

婚姻是由一對彼此頗有差異的男女組合而成，其婚後生活也將是一段極漫長的調適過程。婚前人們總希望將自己最好的一面呈現在心上人眼前，在這種戀人們有如隔著一層薄紗看對方的情形下，怎麼看都是愈看愈美麗、愈看愈瀟灑。因而在愛情的國度裡，往往為了表達自己對愛人的愛意，什麼都可以忍耐或視若無睹，因此一再忽略掉彼此在某些方面的差異；然而當兩人願共譜戀曲，走向地毯的另一端時，許多戀愛期中看不清楚的對方缺點，這時很可能會在婚後爭執或衝突中逐漸擴大。

這種婚前婚後不同調的情形，很容易導致對當初懷抱美好婚姻憧憬的破碎；但只要有心願意留在婚姻關係中的夫妻，就會試著從這樣被搗碎的夢幻婚姻中，學習去加強彼此的互動及溝通，期能重新打造一個符合現實生活的婚姻藍圖，以便繼續努力去完成未來美好的願景。

俗語說：「十年修得同船渡、百年修得共枕眠。」因此，要修得夫妻緣、夫妻情並非是一件容易的事；中國人俗稱妻子為「牽手」，此意味著夫妻關係是需要兩人手牽手，且共同努力去經營的，如此才能攜手走一生。因此結婚的歷程是一不斷學習的過程，乃藉由雙方的殷勤灌溉、相互的理解和有效溝通，方能建立一個美滿幸福的婚姻。

在婚姻穩定與滿意的相關研究中發現，夫妻之間的親密感十分重要；而有將近半數的女性表示，其婚姻的親密感和滿意度是建立在夫妻間是否能有良好的溝通行為上（Richmond, McCroskey, & Roach, 1997）。在家庭系統思維的內涵中，凝聚力、調適力是決定婚姻品質與家庭功能的兩個重要向度（Olson, Russell, & Sprenkle, 1989）。

三、維持婚姻關係中的親密溝通

婚姻中夫妻的相處與互動，必然會有其環境和身體上許多的親密接觸。想想看兩人生活在同一個屋簷下，又朝夕生活在一起且是同床共枕，再加上彼此做愛時肉體的歡愉，應該可以算是親密伴侶了。然而，這些外在與肉體條件的接近，並非能藉此絕對保有彼此間親密之互動，更重要的影響因素就是得要有親密的溝通才行。

在此，針對影響夫妻間親密溝通的重要性、影響因素及其相關做法，分別加以探討如後。

(一) 要懂得自我坦露的情感表達

要想發展與維持親密的夫妻互動，就會需要一定程度的自我坦露（self-disclosure）。簡單的說，自我坦露就是把自己本身隱密的資料、個人意見與感覺都說出來告訴對方的過程。當由此表達出愈屬於個人隱私的訊息，則其自我坦露的程度就愈深。

自我坦露是社交穿透理論的根源。此一理論首先由 Altman 和 Dolman 於 1973 年所提出，認為在人際關係中自我坦露是從一方移至另一方，由淺而深、資訊愈來愈隱私；據他們的研究顯示：自我坦露的層級是循環式的，關係中的伴侶來回於更多的自我坦露、更親密的關係與坦露及更疏遠的關係之間。這種循環讓雙方能夠處理自我隱私和保護的需要，與開放和聯繫的需要間之對立關係；所以在彼此互動關係中，人們不停地在增加自我坦露層級或是維護我個人的隱私之間做選擇（Altman, 1993）。

自我坦露如何影響婚姻滿意度，這必須視配偶雙方對另一半的感覺如何？假如配偶一方對另一方的感覺是正面的（如：關懷、尊敬、同理心及珍惜），那麼自我坦露會增進婚姻的滿意度，愈是開放的表達出正面的感覺，婚姻愈是快樂。反之，對配偶沒有正面的感覺時，自我坦露就不易促進快樂的婚姻。事實上，當配偶對彼此只有負面的感覺而被鼓勵要做深層

自我坦露時，反而會對婚姻狀況沒有任何的幫助。除非個人願意談論自己的事情，否則人們通常無法了解他真正的想法為何。當然，在自我坦露時坦露的深淺、內容、時機及方式等也會是非常重要的考慮因素。

其實，人為了自我保護及防衛，自然會竭盡所能地去維護個人的隱私；但在面對愛侶時，因想與對方更加親密就得開始自我坦露，而將一些屬於個人隱密的資訊，甚至是自己的秘密一一告知對方。如此一來兩人之間的秘密減少而認識會更深，同時因對方知道愈多有關自己的資訊，他就愈有潛力來傷害我們，故也會因此有一些不安全感，甚至想要與對方疏遠，這也就是會造成循環式的自我坦露之原因。

(二) 有較多親密溝通的婚姻其滿意度會較高

雖然大多數的夫妻是在具有親密關係下而結婚，但難以完全證明夫妻結婚是為了親密關係或因為親密關係而使他們停留在婚姻中。有些夫妻選擇結婚是因為他們已經建立了親密關係且為了獲取結婚可能的優勢；有些人是在婚姻的過程中才陸續發展出親密關係；也有許多夫妻在結婚初期就喪失了親密，但仍然繼續維持婚姻的形式；另有些人即使已結婚或仍停留在婚姻關係中，卻從來沒有發展過親密關係。例如：有些妻子在婚姻關係中與其分享最內心深處秘密的人，並不是她自己的先生，而是她的同性朋友（Thompson & Walker, 1989），因此並不是所有的婚姻都會感受到親密關係。

前面提及自我坦露的重要性，而溝通正可以用來檢視彼此之間是否能夠做到自我坦露，因此自我坦露與婚姻滿意度之間成正比（Hendrick, Hendrick, & Adler, 1988）。同時也有研究發現，夫妻之間的親密需求程度相當者，其婚姻較為幸福（Sanderson & Cantor, 2001）；而彼此親密程度需求不同時，需求較高的一方常在親密關係中會有挫折感（Miller & Read, 1991）。

(三) 婚姻的穩定性不等於婚姻滿意度

有不少的婚姻看來都十分穩定，但其中能感到滿意的比例卻不高。穩定婚姻有以下五種類型：

- 熱情活力型（vital marriages）：這一類型的夫妻，彼此享有真誠的親密，並能獲得內心最大的滿足。
- 幸福圓滿型（total marriages）：這一類型的夫妻，彼此能參與對方的社交活動。
- 慣於衝突型（conflict habituated marriages）：這種夫妻關係緊張、想法不一致，經常抱怨爭吵、諷刺傲慢，甚至會有潛在肢體暴力傾向。
- 耗竭消極型（devitalized marriage）：這類型夫妻僅是維持婚姻形式的存在，卻不顧浪漫與愛意的逐漸消逝。
- 現實意圖型（passive congenial marriages）：這類型夫妻並不期待愛，只是利用婚姻來提升工作和擴展對外關係。

以上五類穩定婚姻之中，僅有第一、二類型（熱情活力型、幸福圓滿型）能維持較高親密度，其餘三種類型（慣於衝突型、耗竭消極型、現實意圖型）的夫妻則無法達到；可見婚姻中的穩定、滿意與親密、適應之間都是非直線（linear relationship）的關係（Olsen & Tiesel, 1991）。

(四) 提升婚姻中支持與互動性的溝通

在家庭生命週期發展中，不免都會遭遇一些生活壓力及危機，此時配偶的陪伴及支持，對克服這些相關的難題都顯得十分重要。配偶的支持不但在創傷環境中，提供了身心兩方面的照顧，也會影響到個人的婚姻滿意度；尤其是在換腎病人與其配偶的相關研究中，更明顯地呈現出此一關係（Frazier, Tix, & Barnett, 2003）。

在婚姻關係的親密溝通過程運作上，婚姻的伴侶能透過多種方式溝通，來減少彼此的心理距離，例如：Sanderson 和 Cantor（2001）提出三項方式：(1)一起從事更多的活動；(2)給彼此更多的社會支持；(3)對彼此的想

法、價值觀、未來的目標有更多的討論。

四、婚姻關係中夫妻的性親密與調適

如何維繫夫妻間的親密關係永遠是一個熱門話題，因為有些人在婚姻關係中，雖身歷其境卻手足無措而茫然無所從，尤其是在「性的需求與滿足」方面，國人對此一事大都是難以啟齒的，但這卻是影響夫妻關係是否良好的重要因素。若你願意認真看待自己的婚姻，務必誠心的反問自己，在婚姻關係中你做了什麼？你讓目前的婚姻成為什麼樣子？是否符合你當初所預期的目標？

在婚姻關係中性是不可忽略的一環，婚姻生活與性生活兩者之間息息相關，性在婚姻中扮演著十分吃重的角色。針對此一重要課題，論述於後。

(一) 性生活的重要性

Goodman 提及（引自陽琪、陽琬譯，1995）：「性在大多數有承諾的羅曼蒂克關係中是一項很重要的事件。」對許多人而言，性活動不僅可帶來感官上的愉悅，更可促進彼此的溝通與親密感。在性的肉體層面，如碰觸、愛撫、親吻、做愛等，大多是非語言溝通形式，而對於能產生深度愉悅感的性，則有賴於雙方的親密程度，這種親密更能促進伴隨著性行為而來的微妙溝通。

夫妻間的肌膚之親，是夫妻生活中最親密也是最隱私的一部分，所以夫妻間性關係的協調確實非常重要。依據蔡文輝（1998）提及，一個有高度自尊的人比較容易在性關係上得到滿足，因為自尊使個人能夠接受伴侶所付出的快樂，也能把自己的快樂分享給對方。其次是想達到性關係滿足的個人，不應該太受到傳統兩性角色的束縛。例如：傳統男性角色要男人表現出剛毅而不輕易流露出情感，但這與享受性樂趣有所違背；而女性傳統上在性方面往往被要求要處於被動角色，因此夫妻雙方的性關係自然會大打折扣。

(二) 婚姻關係與性生活之交互作用

有不少證據可以說明，婚姻的滿意情形與其性關係的滿意度之間有頗高的相關（王以仁主編，2001）。通常，有良好的性關係亦傾向於會有良好的婚姻關係。當然在此很難去解釋或判斷何者為因？何者為果？但很可能是因為婚姻關係中的親密而導致性關係的滿意，而對性的滿意又增加了婚姻滿意度。

Trussell 和 Westoff 於 1980 年研究指出，夫妻間的性行為平均每週二至三次，同時發現結婚的夫妻在性行為次數統計結果上，有傾向於逐年下降之趨勢。然而據 Greenblat 於 1983 年提出下降的原因是由於工作上的疲勞、養育小孩辛苦等，使得夫妻間性行為變成一種例行公事（引自王以仁主編，2001）。

(三) 婚姻中的性溝通

夫妻雙方在婚姻當中，都帶著不同之動機、腳本、個人特質及態度展現於性生活方面，所以當性關係出現衝突或不協調時不必感到太驚訝。然而，許多配偶都發現很難和其另一半談論房事，以下針對性方面溝通上常見的四項障礙（王以仁主編，2001）：

- 不敢表現出無知的樣子：根據 1990 年 Reinisch 的調查資料顯示，大部分的美國人對性的無知感到很苦惱；因為不論是表現出對性很了解或不了解時，通常都會令人感到很羞愧，一旦在夫妻關係中個人愈隱藏對性的無知，則也就愈不敢去談論性。
- 擔心配偶的反應不佳：當我們誠實地表現出對性的注重，可能會擔心配偶不重視或不再愛我們了，所以常保留這個想法而未與配偶溝通，很不幸的是這樣更會讓配偶感到不滿意或挫敗。
- 在性方面的衝突態度：大多數的女人在成長過程中，都對性帶著負面的訊息或衝突信念，這是從小學習而來的。例如：性是美好的及性是骯髒的，此種態度導致心理衝突，而對性感到不舒服，因而也

很難去談論與性有關的問題。

- 早期負面的性經驗：這方面會造成個人精神上的創傷，例如：被強姦或近親亂倫等事件，會導致個人對性的偏差或不考慮配偶的感受，要解決這類的問題可能需要很長一段時間的專業諮商與治療。

近年來在探討性關係方面有較大的進展，在此也提出六項建議（王以仁主編，2001），對於夫妻雙方在性關係滿意度提升上，有其相當之成效：

- 強化適當的性教育：不可思議的是大多數人，對於性的真正功能都是一知半解的，所以有關於性的課程會有助於人們對性正確的認知，在今天已經有愈來愈多這類課程之開設。
- 檢視自己對性的價值觀：有關性方面的許多問題，是源自於個人對性具有負面的看法，例如罪惡感會影響對性的感受，因此專家們常鼓勵成人去檢視自己對性的看法。
- 多做有關於性方面的溝通：良好的溝通對性關係是非常重要的，學習對配偶分享你在這方面的想法及感覺，會有助於促進婚姻的滿意度，提出問題討論或學習給予回饋都是不錯的方法。
- 避免設定目標：性事並不是一種考試、測驗或競賽，性關係通常是使人們放鬆心情的一種享受，因此不要刻意去設定目標，而為這樣的美好關係製造緊張氣氛。
- 享受對性的想像：對性的幻想是非常正常的，夫妻雙方若有對性的幻想亦會增加彼此的興奮，不用害怕去使用對性的想像，這樣會增強彼此對性的喚起。
- 有關性的選擇：夫妻雙方應該採取開放性的溝通，去深入而詳細地討論關於「做愛」的時間、地點與次數等問題。

綜合上述對於婚姻生活中性關係的種種討論，可以明確知悉婚姻親密關係與彼此的性關係滿意度之間，有著密不可分的高度正相關。再加上即使親密如夫妻者，要共同討論性事時仍不免難於啟齒。針對這方面問題，夫妻要能坦承的自我開放與學習，更要多多去接納、尊重與同理對方；若其中尚有負面的性經驗、性冷感等嚴重問題，則需要夫妻同心去接受專業的配偶治療（couple therapy），如此才是較正確而積極的做法。

 第二節　親密伴侶溝通的黃金原則與保密

目前台灣的離婚率偏高，婚姻外遇的狀況也是層出不窮，甚至有人在高喊「一夫一妻婚姻制度」已經過時，不再適合現代人的需要，然而相愛的情侶步入結婚禮堂之路者仍不絕於途！其實，婚姻之道如人飲水冷暖自知，在愛情神話與婚姻的幻覺下，各人其在內心深處自有一幅幸福婚姻的藍圖，然而在實際夫妻日常生活相處中，是否能認真地扮演屬於自己應有的角色？俗語說：「婚姻非同兒戲！」有些人形容結婚情形就有如圍牆一樣，在牆外的人極欲進入裡面一探究竟，而身處圍牆內的人卻想翻出牆去呼吸不一樣的空氣。

一、現今夫妻之間的溝通

國外學者就婚姻當中夫妻的溝通模式進行分析研究，有如下發現（Thompson & Walker, 1989）：

- 妻子較能清楚的傳達訊息，且對丈夫所傳達的訊息較為敏感與有反應。
- 丈夫較易傳達中性訊息，例如：這事與我無關，但妻子易傳達正面或負面的訊息，然而丈夫的中性訊息不易被妻子所解讀與了解。
- 在爭執的情況下，女性較易採用情緒上的懇求或威脅來達到目的，男性則是以說理方式，企圖中止或延緩衝突。

要了解社會化的過程，模塑了男性要有男子氣概，而女性則強調要多有溫柔的一面，這也影響了夫妻之間的溝通方式。因此，有學者建議夫妻雙方都應該互相學習溝通之道，例如：女性應學習溝通中的衝突或差異，並不一定會威脅到親密關係；而男性也應該學習女性多做情感表達，同時

了解雙方的相互依賴，並不會損及個人的獨立與自由。

溝通的影響力對婚姻成功與否居於關鍵的地位。有一個研究結果指出87% 的夫妻會說他們在溝通上感到很困難，所以缺乏溝通的確會產生一些問題讓夫妻感到苦惱（周麗端等人，1999；葉肅科，2000）。

另有一個研究指出，不快樂夫妻具有下列特色（Noller & Fitzrick, 1990）：

- 夫妻很難去傳遞正面的訊息。
- 常常是不了解彼此的。
- 較少去確認對方的訊息，而不懂對方在想些什麼。
- 常使用負面且強烈的訊息。
- 喜歡在其關係互動中，經常性的意見相左。

陳皎眉、江漢聲、陳惠馨（1996）對於夫妻間的溝通，提出六點建議，包括：積極傾聽、儘量使用「我訊息」的陳述、儘量採用建設性的請求、當伴侶達成你的要求時不要吝於給予讚美、提供正向持續性的回饋、重述聽到的訊息並加以確認是否有誤等。

其實溝通是可以經由許多不同的方式來增進的，例如：避免採用防禦的方式，有心去創造良好的溝通氣氛，且在解決衝突時發展出建設性的分析方式等。

二、增進夫妻間的溝通技巧

溝通是指人們互相接收訊息的過程，在溝通時除了透露事件本身的內容讓對方知道外，藉此也傳達了個人的感覺、態度及信念。溝通的能力並非是與生俱來的，它是一門人人都必學的精緻藝術。以下是一些婚姻中增進夫妻溝通技巧的介紹與說明（Rice, 1993）。

(一) 先要有良好的動機與關懷

當一對夫妻願意關心彼此，以及有意願了解對方，這時的溝通會是最有效的。溝通不僅在於語言部分，而訊息背後的情意、配偶對彼此的感覺、溝通時的聲調、所使用的文字及同理心的運用等，都是影響夫妻溝通的重要因素。一對經常給對方積極正面評論的配偶，和一對只給予對方負面批評的配偶相比，前者必然會有較高的婚姻滿意度。此外，支持性的溝通也會刺激彼此相互的回饋，增進婚姻總體效能的程度。

(二) 學習隨時多多加以澄清

每個人能正確傳遞訊息的能力都不同，有些人的口才較差，在溝通時可使用較多的非口語技巧。以下是溝通時如何達到真正澄清目的的一些指引：

- 避免「雙重訊息」，不可說一回事而做又是另一回事，或影射其他的人事。
- 切中問題核心，明確說出自己真正想法，避免以模糊、曖昧言語來溝通。
- 避免誇大對方所提出來的議題，或僅是輕描淡寫的帶過。
- 避免以尖酸刻薄或開玩笑的口氣，掩飾自己真正的情感。
- 如果有任何的質疑，可以請對方再重述一遍。
- 把焦點放在重要事情上，並避免外在事物的干擾，以免轉移問題的焦點。

(三) 學會當配偶的好聽眾

良好的溝通是指以開放的傾聽來接收訊息，亦即專心傾聽對方的談話。找一個安靜不受干擾的地方，面對面坐下來談話會有助於彼此的溝通。有的人只顧著講而不傾聽，他們只關心自己要講些什麼，卻沒有真正聽到對方所說的內容。溝通應該是一種「發送」與「接收」的雙向互動過程，當配偶急於表達自己的觀點時，常會忽略去聽對方的意見與想法，致使夫妻之間的衝突與爭執就無可避免地發生了。親密關係的建立在於了解對方內心想法，而傾聽的技巧將有助於真實的去關心到對方不同的觀點。

(四) 相互回饋與彼此互惠

回饋包括對他人所講的話給予回應，並表達自己的感覺與意見。溝通包括發送訊息者、接收訊息者及訊息本身。訊息的傳遞不僅由其內容及語氣來表達，同時也透過面部表情、手勢等身體語言。由於僅靠表面言語來判定訊息真實的意義，其會錯意的機率仍很大；欲避免這種錯誤，可用自己的語句來重複對方所說過的話，經由一再核對（check out）的過程，去了解對方真實的感受，並達到澄清問題的目的。

當個人急於表達自己的觀點時，經常容易忘記聽聽對方的說法與想法，而往往只會固執己見，因而夫妻之間的衝突與爭執就無可避免的發生了。在傾聽的同時，別忘了表露愛、關懷與尊重來讓對方知道，同時避免打斷或批評對方的談話，這樣才能有效的傳達出正面的訊息。親密關係之建立在於了解對方內心的想法，而傾聽的技巧必定有助於真實地關心到對方。理論上來說，夫妻原本應該經由溝通，分享彼此的意見、想法及對未來之規劃；而事實上卻因為在婚前交往過程中，能夠仔細地傾聽對方的觀點與種種不同意見，但在婚後的生活中卻往往失去了耐心，而無法繼續去學習扮演成為另一半的好聽眾！

三、夫妻間溝通的黃金原則與末世四騎士模式

深入了解溝通行為的狀態，可有效地預測婚姻之穩定性和滿意度（Le Poire, 2006）。而 Gottman 和 Levenson（1992）提出夫妻間「溝通的黃金原則」（golden rule of communication），他們特別強調成功的婚姻在夫妻溝通表現上正向與負向溝通行為的比率是 5：1。

這就表示夫妻相互溝通中正向反應該遠遠地多於負向反應，如此則對婚姻較為滿意，而很少提及分居或離婚的議題。進一步研究發現，負向溝通較正向溝通更能精準地預測婚姻滿意度；不過夫妻間愈是負向溝通，其婚姻滿意度則會愈低（Huston & Vangelisti, 1991）。也有研究發現，愉快的

配偶相較於不愉快的配偶之間，會表現出較多的正向溝通行為（Cutrona, 1996）。

Gottman（1994）花了很長時間，研究已婚夫婦並解釋婚姻衝突的毀滅模式，試圖確定溝通行為可以有效地預測離婚；且持續發現許多痛苦夫妻，均會表現出更多以下四種稱為「末世四騎士模式」（four horsemen of the apocalypse model）的行為：

- 批評（criticism）：包括負向評價和對配偶行為及個性的攻擊、高度指責、抱怨式的清算，以及背叛或不可信賴等的譴責。
- 蔑視（contempt）：對配偶極大負面影響的表達，包括心理虐待和故意侮辱，在婚姻關係的衝突裡，故意侮辱配偶可能會產生大傷害。
- 防衛（defensiveness）：採取自我辯解以企圖維持個人的自我良好感覺（通常表現在面對批評或攻擊時）。防禦包括推卸責任、找藉口、憤怒的發牢騷及抱怨。
- 漠視（stonewalling）：是運用在撤退時的一個機制，常拒絕聽見或不在乎配偶的想法。Gottman 注意到男人更喜歡以漠視來回應。

四、婚姻中的溝通隱私管理理論

夫妻在生活當中，不免仍會採取部分婚姻中的自我防衛行為。也被稱為婚姻的「溝通隱私管理理論」（Communication Privacy Management Theory, CPM）。此一理論強調透過以下三方面的調節，來適當地管理婚姻中的個人隱私部分（Caughlin & Petronio, 2004）：

- 界域的滲透程度（boundary permeability）：界域的相關概念，在本書第二章一、二節曾有詳細探討。其滲透程度即表示對他人開放、信任他人，並保持某種程度的自我坦露與彈性，婚姻中對配偶也考慮此一部分。
- 連結性的強度（linkages）：這指的是允許他人進入自我隱私領域的連結程度，在婚姻中准許配偶進入個人私領域的情形。

- 心靈所有權的維護（ownership）：此為對他人了解個人的隱私途徑，做適當之管控，也就是予以加密處理。夫妻之間可以彼此保有某些部分的秘密，而不讓配偶知道。

從上述論及管理個人的隱私，可能會增加夫妻間的親密，但亦可能削弱夫妻相互的坦誠溝通。最重要的觀念在於婚姻是成長的機會，是兩個人一起的成長，也是不斷的學習和改變之機會。

第三節　工作、休閒與家庭關懷

人在生活中總是脫離不了工作與休息的循環狀態，幾乎天天都要在忙碌中度過。有人是為工作而努力，另有人則忙於家務的料理；更有些所謂的職業婦女，既要工作還得分心來照顧家庭。工作對人而言十分重要，除了賺錢維生的經濟作用外，同時也有促進社會整體發展與肯定個人自我價值的心理功能；但人也不能像機器一般，一天二十四小時不停的運轉；人工作了一段時間之後，則需要放下手邊工作進行休閒活動，以獲得充分休息，隨後才能走更長遠的路！同時，不論是工作或休閒都會與家庭和家人發生某種程度的交互影響，甚至有家族企業、家庭工廠，或是全家休閒旅遊等，更有著密不可分的關係。

一、工作的意義

有人認為工作只不過是一種賺錢糊口的工具，以此來維持個人及家庭生活之所需。但對另一些人而言，工作就絕非僅是為了金錢的獲得；工作同時也主宰了其個人平日的思想，以及每天生活之重心。每個人對工作的觀念與態度均不相同，相對的亦會造成工作的結果是帶給人喜悅與聲望，或是疲憊和挫折。工作所獲薪資的多少，也會直接影響到生活的許多層面，例如：居住的房屋與社區、孩子能進哪類型的學校就讀、休假時到哪兒渡假，以及個人在社區及鄰居間所獲得的尊重等方面。有工作且能認真工作，是個人心理健康的重要指標之一；事實上工作往往是個人生活的重心，及其自我實現的必經過程。相關研究顯示，對專業受雇人員而言，年齡愈大對於其工作滿意度也愈高（謝金青，1992；Robbins, 2001）。而Brief、Butcher 和 Roberson（1995）研究指出，工作滿足與正向情緒成正相關，並和負向情緒成負相關。

工作對人生的確有極深遠的影響，根據相關調查分析：平均來說每個人一生中有三分之一的時間（大約八萬個小時）在工作（Kaplan & Stein, 1984）。同時，工作不但關係到個人的經濟收入，更會影響一個人的自我概念（self-concept）、自我認同（self-identity）及人際關係。所以，工作不但對個人有重大之意義，同時也具有相當的社會功能，在此分別說明如下。

(一) 工作之個人意義

Neff（1968）針對工作意義之相關研究發現，工作本身至少可以對個人有以下六方面需求的滿足：

- 親和的需求：在工作中能結交好朋友。
- 自尊的需求：感到自我成熟且有價值。
- 創造的需求：產生一些不錯的新點子。
- 獨立生存的需求：賺錢且有安全感。
- 活動的需求：工作時可以免於無聊。
- 被他人尊重的需求：個人在工作中能獲得平等的對待。

不是每一項工作或每一個工作者，都能同時從工作中獲得以上幾方面需求的滿足。因為有些人辛苦工作只是為了掙錢養家，或是餬一口飯吃罷了！所以，個人在其工作環境中若沒有較佳的安排與調適，工作也就有可能會成為個人生活中挫折的一項主要來源。

(二) 工作的社會功能

如上面所討論的，藉由工作個人可以獲得物質方面之享受與心理需求的滿足。此外，若是每個人都能各盡心力在其工作中，就能夠發揮服務社會、國家，甚至全人類的廣大功能。先總統蔣公曾經說過：「生活的目的在增進人類全體的生活，生命的意義在創造宇宙繼起的生命。」我們的國父也曾大力提倡「服務的人生觀」，這些都可說是個人於其工作中發揮了最大社會功能的表現（王以仁、林淑玲、駱芳美，2006）。

在整體工作環境中，強調分工與合作確有其必要性。在人類面對二十一世紀之工作發展時，有人特別提倡合作（collaboration）生產工作方式之重要性（Marshall, 1995）。在合作的工作過程中，相關人員共同計畫、執行、評估與做決策，結合每個人的工作能力及付出，創造了整體組織的生產和利益，同時可由每位成員來共同分享此一豐碩之成果。

二、工作的態度

依據個人對所從事工作賦予意義與評價之不同，而產生不同的工作態度（work attitudes）。一般研究是按照與個人工作相關之期待、價值和需要，將工作態度加以區分成為：滿足（satisfaction）及承諾（commitment）兩大類（Kalleberg & Berg, 1987）。

工作滿足又可分為內在滿足與外在滿足兩種。其中，由工作本身產生的滿足感稱為內在滿足，如工作本身富於變化或刺激，頗能滿足其個人內在刺激尋求的動機。而外在滿足僅與工作的報酬有關，如金錢、名望、權力或安全有保障等。一般而言，對工作的內外在條件都滿足的人，能有最好的適應，其次是對工作產生內在滿足的人，再其次為外在滿足的人；如果內外都不滿足，工作對個人而言，便成為一種負擔與折磨了（吳武典、洪有義，1987）。

工作滿足主要在描述工作者的個人感覺，較傾向於情感導向（affective

orientation），其中最常被探討的就屬於工作上的滿足（job satisfaction），這是指個人對其目前工作角色是否滿意的綜合評價；而承諾則係指一個人對其工作實際所投入的程度。因此，在工作態度是否滿意的評估中，不需具備任何行動的產生；而在工作承諾中則必須同時具備態度與行為兩個部分，也就是說在工作承諾之中亦包含了對工作組織的忠誠度（loyalty）。

一個工作態度滿意而良好的個人及組織環境，必然是生氣蓬勃且充滿著信心和希望；反之，置身於一個工作意願低落且士氣消沉的環境中，自然會覺得工作如同背負重擔，不但使人難以承擔更令人急於去設法逃避工作。因此，個人工作態度的積極與否，不但會影響到整體的工作士氣和效率，同時對於個人日常心理健康的維護，同樣會有極重大之影響。

三、今日女性的工作與家庭

近半世紀以來，全球在兩性方面的議題產生了革命性的改變，也就是多數女性走出廚房而投入工作的職場中，連帶著亦會衝擊到原有的家庭制度、家人關係及家庭的功能。在此，可分為以下三大主題，來分別探究之。

(一) 1960 年代以後女性的改變

女性走出廚房而投入職場過程的大變動，其發生的主因與隨後產生的變化，可扼要分為以下六項來說明（Gelles, 1995）：

- 女性自覺與兩性平權：在 1960 年時女性口服避孕藥正式在美國上市，但因缺乏相關規定條例，所以女性的權力僅流於文字形式，致使當時無法掌握自己生育權的女性往往喪失許多權力和機會。然而貝蒂於 1963 年出版了《女性奧秘》一書，試圖喚起女性的自覺，並在時勢推波之下，女性解放運動在全美國蔚為風潮。而 1963 年國會亦明文規定男女要同工同酬，並頒訂 Civil Rights Act，禁止資方使用性別歧視的徵才文宣，同時也禁止對女性在信用方面的歧視，於是已婚女性也能辦理信用卡及恢復原來姓氏，另外也可以向銀行申

辦抵押或借貸。

- 出生率的下降：從 1957 至 1973 年間，孩子的平均數從 3.8 人降到 1.8 人，這是因為沉重的育兒開銷，加上女性外出工作的豐富收入，以及延後生育年齡等因素造成的。直到 1989 年出生率微幅上揚 0.1% 至 1.9%，學者認為這是因為一些延遲生孕的女性決定在生理狀態尚允許前，趕快生孩子所造成的；然而下降的出生率並非意味小家庭在美國是普遍的。例如：在 1989 年，有 18% 西裔美人家庭、15% 黑人家庭，以及 9% 的白人家庭都還擁有三個以上的小孩。
- 結婚率的下降：女性延後結婚的情形在 1960 年代有了戲劇性的增加，例如二十至二十四歲的女性在 1965 年時只有三分之一尚未結婚，到了 1989 年時這個年齡的女性卻多達三分之二未結婚。
- 離婚率的上揚：離婚率從 1965 至 1975 年間成倍數的成長，在 1979 年達到空前的高峰後，開始趨於緩慢的增加，其中以年輕配偶的離婚較常見，而學者在 1987 年時估計約有 62% 的初婚者會以分居或離婚收場，此外再婚者的離婚率也會顯著地高於初婚者。
- 單身女性的增加：由於離婚率的增加以及結婚率的減少情況下，促使單身女性人數的激增，這其中包括未婚、離婚及寡居的女性。
- 職場女性比例的增加：從 1960 至 1990 年，女性在職場的比例分別是 38%、50% 至 68%。此外工作的女性不再以貧困人家為主，相反地接受高等教育的妻子比其他婦女更多外出工作。1990 年代女性就業的情況達到頂峰，並引起了一些學者建議要提高婦女就業門檻，這意味著社會仍多少期望女性將撫育孩子視為第一要務。

(二) 今日女性的工作困境

雖然多數女性投入工作職場，然在今日的整體大環境下，仍易發生以下六項女性工作的困境與難題（王以仁、林淑玲、駱芳美，2006）：

- 男女在薪水上的差異：雖然女性漸漸跨入工作領域中，但是過長的工作時數卻剝奪了她們照顧小孩及休閒的時間。此外從 1820 年開始

一直到近代，男女一直處在同工不同酬（男多於女）的情況，雖然這樣的差距逐漸在縮小中，但無可避免的還是存在於今日社會。

- 對於女性的守舊觀念：即便是在二十一世紀初的現代，一般人對於職業女性仍存有些許的偏見。例如：認為女性沒有男性聰明、理性、有邏輯，所以早期限制女性不得參與投票選舉，認定女性無法理解這些公共議題，並對女性教師制訂出一些不合理的規範。雖然這些偏見與歧視在今日社會並不會那麼明顯，但實際上仍是存在的，就連一些學術機構也無可避免，就像性別歧視在醫學院中尤其明顯，女學生常被迫居於劣勢的地位。如果這種情形不能獲得改善，就根本無法奢求兩性真正的平等。
- 對體格與強壯身軀的迷思：在職業領域中，女性常會因體格與力氣上的先天不足，而在職場中吃悶虧。然而，如果體格與力氣真是財富的來源，那是否所有的猛男都應是才大權重者呢？今日某些專門職業的成員，例如：足球隊仍由男性擔綱，但某一些粗重工作對某些女性而言是可以勝任的。可是在文化模式的迷失下，女性仍無法與男性在工作上平起平坐。
- 單親家庭中的女性：近十年來，單親家庭的型態日益增多，這些家庭多半來自弱勢族群，因而有超過半數的單親母親處於貧窮狀態（75% 黑人；46% 西裔美人；43% 白人），即使這些母親兼兩份工作，仍無法滿足基本的生活所需，這種單親母親身兼多職的情況，在 1970 至 1989 年間成長至五倍。
- 單親的未婚母親：從 1988 年開始非婚生子女的數量明顯增多，這些來自弱勢團體的母親，往往因為懷孕而輟學，所以較低的學歷背景常使她們無法獲得較好的工作待遇。此外這些母親的孩子也常常重蹈她們的覆轍。
- 單親的離婚母親：和未婚母親一樣，離婚的女性在經濟上也陷入困窘的處境中，因為近半數的男性在離婚後不再負擔原來家庭的生活開銷，這也是為什麼多數的女性（73%）離婚後生活水準下降，而

離婚男性相對提高的原因。

(三) 現代職業婦女與家庭之調適

近來婦女就業人口比例快速成長，其主要原因是女性的教育水準不斷地提高與其自我的覺醒，紛紛走出廚房投入生產行列；其次是一般家庭如果只靠丈夫一份薪水的收入，實在難以維持現代生活高水平之需求。雙生涯家庭（dual-earner family）就是指這類夫妻二人都同時外出上班的家庭。

根據研究在 1970 年代以後，不論是美國或台灣的劇烈社會變遷中，婦女地位的改變是其中最重要的特色之一，尤其是在婦女就業狀況這方面；根據最近調查發現（Apter, 1993）：美國整體工作勞動力（workforce），將近有半數是女性在從事工作。相較於二十世紀初期女性成年人口中，就業者僅僅不到 20%，1977 年增加到 32%，1988 年則為 52%，而至 1993 年幾乎到達 60%。而台灣婦女就業人口百分比的成長，也與美國的情形大致類似。雙生涯家庭要想同時兼顧到家庭與工作，且想要在此兩方面維持某一程度的均衡，確實不是一件容易的事。根據相關研究指出：職業婦女往往抱怨她們實在沒有足夠的時間與心力，同時去充分完成工作與家庭兩方面的職責（Apter, 1993; Kaplan & Stein, 1984）。

四、休閒的意義、分類與功能

在過去傳統農業社會中，不論中外均將「休閒」視為有錢有閒貴族階級的專利品；一般老百姓整年都在忙碌之中，根本談不上什麼休閒活動。而在中國人的古老觀念裡，總是認為「業精於勤，荒於嬉」、「少小不努力，老大徒傷悲」。這些教導代代相傳，使得中國人成為世界上少見的勤勞工作者，但也因此而成為最不懂得休閒情趣的民族。

(一) 休閒的意涵

簡單而言，休閒（leisure）可以定義成在沒有工作的情形下，所從事讓個人想要去做且感覺愉快的活動。休閒時間（leisure time）則是個人在沒有固定義務和責任下，而可進行自由活動的時段。在牛津字典中提到：休閒是在工作之餘，個體有機會自由做一些事情；亦即在餘暇時間中，個人能純粹為自己做計畫、安排的情形。

在國外，美國人對於工作與遊戲優先順序的排列正在轉變之中，根據意見調查結果發現（Yankelovich, 1978）：五分之四的美國人從休閒活動中獲得的滿足，超過從工作中獲得的滿足。另外，Gray（1973）也從以下三種不同的角度來定義休閒：

- 哲學的觀點：視休閒為思考活動的時間。在古希臘哲學時即將休閒看做個人學習與內省的時間，含有追求自我了解的意味。
- 自由裁斷時間的觀點：將休閒視為當工作與生存的基本需求滿足之後，剩下來可隨己意自由支配的時間，在此時段內個人可隨心所欲地度過。
- 自我實現的觀點：把休閒當作享受遊戲與娛樂活動的時間，否認每種活動都需擁有經濟價值的看法，並將休閒活動本身即視為一種目的。

綜合上述休閒的意義，吾人可以得知休閒活動是人類日常生活中，運用閒暇時段所進行的活動，這些活動可使我們輕鬆、愉快而滿足，並可調和個人情感、豐富生活經驗、促進身心健康。因此，休閒是人生的潤滑劑，足以滋潤生活、平衡身心、充實知能並進而創造新的契機。

(二) 休閒的分類

根據休閒活動目的來區分，有以下四類（劉焜輝，1982）：

- 逃避性的活動：為了逃避日常工作而從事的休閒活動。例如：閱讀課外書籍、看電影電視、運動、打牌等。

- 一般教養及鑑賞性的活動：並非想逃避工作，而是可以充實人生的活動。例如：觀賞戲劇演唱、參觀美展、學習技能等。
- 創造性的活動：是指個人自己去創造及生產的活動。例如：作曲、著作、陶藝、雕刻、縫紉等。
- 服務性的活動：是以服務為目的之休閒活動。例如：義務性質的義警義消、社區服務等。

根據休閒活動性質來分，有以下六方面（吳武典、洪有義，1987）：

- 娛樂性活動。例如：看電影電視、看球賽、聽音樂會、彈琴、下棋、打牌等。
- 益智性活動。例如：閱讀書報雜誌、採集生物標本、蒐集郵票、古蹟探訪等。
- 健身性活動。例如：打球、游泳、郊遊、爬山、露營、釣魚、溜冰、滑雪等。
- 創造性活動。例如：寫作、繪畫、編曲、攝影、雕塑、插花、養殖、種植等。
- 社團性活動。例如：扶輪社、青商會、獅子會、同濟會、同鄉會、同學會、教會、廟會、學會或其他學生社團等。
- 服務性活動。例如：義務勞動、慰問孤殘、擔任「張老師」或「生命線」義工、義警等。

根據休閒時間的長短來分，有下列四種（姚榮齡，1986）：

- 片刻休閒：指家居或工作處所短暫的休閒，以零碎時間的運用為主。例如：伸伸懶腰、韻律操、散步等。
- 日常休閒：在生活圈內的遊憩，所用時間約半日到一日。例如：公園烤肉、看電影等活動。
- 週末休閒：指遠離生活圈的遊憩，必須在週末假日方可實施。例如：旅遊國家公園、名勝古蹟等。
- 長假休閒：可在國外及不同的地點長期休閒，只有連續假期或寒暑假方可為之。例如：出國觀光、渡長假等。

根據過去調查研究發現，英、美兩國人民於週末或夜晚自由活動的閒暇時間（free time），大約有七、八成以上的人，都是待在家中與家人一起共同度過，而在家中的主要休閒活動則為看電視（watching television）；而近來的相關研究發現：99% 的美國家庭擁有電視，每天平均看電視的時間為六小時，同時電視對個人行為發展影響甚鉅（Liebert, Sprafkin, & Davidson, 1988）。

在台灣的個人休閒活動調查統計中，看電視也同樣佔了極高的百分比，且其對未成年孩子的影響頗為深遠。同時，休閒活動亦是一個社會文化的表現（leisure as expressive of culture），以此可直接反應出社會大眾的涵養。國人在其大部分的休閒時間係從事藝文活動還是去花天酒地、打麻將、觀看暴力色情錄影帶，這的確是值得吾人加以深思的問題！

(三) 休閒的功能

傳統社會對休閒的看法，常侷限在暫停工作全心休息來恢復體能的消極觀點，而較少涉及休閒活動之積極層面。其實，休閒活動的主要功能，不但有助於個人現在的生活，對其一生的發展也有決定性的影響。也就是說，休閒不只是消極地逃到一個沒壓力的地方，還要更主動去追求積極正面的經驗，使我們能快速恢復活力，對生活更具挑戰力及存有希望。

黃堅厚（1985）曾將休閒活動的功能，歸整為以下四項：

- 休閒活動可以幫助我們鬆弛身心。
- 休閒活動可以使我們在工作以外獲得滿足。
- 休閒活動可以擴展我們的生活經驗。
- 休閒活動可以增進個人身心的健康發展。

劉焜輝（1985）指出休閒活動具有下列三點特性，足以促進個人心理健康之發展：

- 挑戰性：休閒活動如打球、下棋、登山、露營等，對個人來說都極富挑戰；人們可從這類活動中發掘自己的才能，並由其中得到成功的滿足感。

- 刺激性：休閒活動的完成可帶來許多快樂，諸如：藝術、舞蹈、音樂都可帶來直接來自感官刺激的愉快。
- 變化性：休閒活動可使生活富有變化，也使人接觸到新的環境和觀念，這些經驗對於日後的工作可能很有幫助。

參考王以仁、陳芳玲、林本喬（2005）綜合許多學者專家的意見，將休閒活動之功能歸納為以下諸端：

- 休閒活動可鬆弛個人緊張的情緒，增進其身心健全之發展。
- 休閒活動可使我們在工作以外滿足個人成就，並肯定其價值。
- 休閒活動可以使人滿足親和需求，增進家人及人際間非正式的溝通。
- 休閒活動可以擴展我們的社會經驗，促進個人的社會化。
- 休閒活動可以增加消費量和生產力。
- 休閒活動可以培養獨處能力，激發個人的創造力。
- 休閒活動可逃離現實壓力、調節生活步調，並使人親近大自然。
- 休閒活動可以使個人獲得新知能，並開發其次專長。
- 休閒活動可以使人享受視覺、聽覺、味覺、觸覺等感官之美。
- 休閒活動可使我們更多認識本土及其他的文化。

五、生涯發展規劃的考量

隨著社會不斷的進步，生產機械化、管理自動化，每個人需要工作的時間日趨減少；相對之下，個人的休閒時間亦隨之增加。因此，如何安排休閒時段進行有意義的休閒活動，以及如何維持生涯與工作、工作與休閒、休閒與事業、事業與家庭間之平衡，就成為現今社會中，極為重要的一些課題。

生涯（career）是指在個人工作生命中，一系列的職業與位置，且其整體發展將指引個人產生正面而往上的變遷；但是職業則是以賺取薪資為其主要目標的一份工作。由此可知，生涯與職業二者所從事的雖然均為工作，但生涯當中的不同工作能彼此前後連貫且息息相關；而職業僅僅是指為了單一的賺錢目的而去工作，同時亦無向上發展之系列取向。再者，生涯本身相當強調其發展性，生涯發展包含了個人一生之過程，其中自我、家庭、職業及工作環境、社會政治和經濟條件等，均會影響生涯發展的整體過程。因此，一個成年人的生涯發展和生活，可說是將其身體發展、家人關係、人際關係與其所從事的工作和休閒活動等加以整體組合的呈現。

在此參考 1995 年全美國最暢銷的一本書《新出路——好好規劃你的人生》（*New passages: Mapping your life across time*）（Sheehy, 1995），將人生從成年到老年做了以下的時間分段與發展重點歸整，分別臚列說明於後。

(一) 臨時的成年期（provisional adulthood）：十八至三十歲

此一時期可稱為「嘗試的二十」（tryout twenties）。個人會在交友、感情、婚姻、學業與工作等方面，進行一連串的嘗試。亦可視為一個人青春期的延伸。

(二) 成年前期（first adulthood）：三十到四十五歲

此一時期包含：擾攘不定的三十（turbulent thirties），以及前段部分繁盛的四十（flourishing forties）。三十人生正值壯年時期，忙於生養子女、照顧家庭、投入工作及購屋置產等方面。四十出頭雖屬個人精通練達之年（the age of mastery），但也開始面臨「早期中年危機」（early midlife crisis）。

(三) 成年後期（second adulthood）：四十五歲以後

此一時期包含：後段部分繁盛的四十（flourishing forties）、炙熱的五十（flaming fifties）、平靜的六十（serene sixties）、賢能的七十（sagesev-enties）、不受限的八十（uninhibited eighties）、莊嚴的九十（nobility of the nineties），以及最終能夠進入人生最值得慶賀的百歲（celebratory centenarians）。

年過四十五歲的女性在生理上，開始進入「更年期」（menopause）。

絢爛的五十歲開始，屬於成年後期的全然誕生（birth of second adulthood），在此踏入一個全新領域（new territory），個人成為自己新一段人生的拓荒者（pioneers）。但在此也同時會遭遇到死亡危機（mortality crisis），以及存在意義危機（meaning crisis）；而男性亦會面臨所謂的「男人更年期」（male menopause）。

六十歲之後進入人生的完全之年（the age of integrity）。雖會面臨工作上的退休關卡，但此時卻能擁有更多的自由閒暇時間，積極計畫新的生活方式、休閒活動及四處旅遊，且可享受含飴弄孫與夫妻間鶼鰈情深的成熟之愛（mature love），滿足無憾地逐步走完人生。

六、如何維持工作、休閒及家庭間之平衡

工作、家庭與休閒之間有其密不可分的關係。工作類型的不同，往往會直接影響到個人家居生活型態休閒時間之運用。例如：一個在擔任一天三班制輪班工作者，就無法每天回家用晚餐，或是參加每週固定在某一晚上舉辦的社區活動。同時，工作內容與性質的不同，亦會影響個人下班後所從事的休閒活動。一個勞力工作者，下工後往往只想坐下來看電視、聽音樂或睡大覺；但一位坐辦公桌的工作者，下班後可能選擇某些舒展筋骨的體能活動。

在每個人的生涯發展中，要想同時兼顧工作與休閒、事業與家庭，且在這些方面均能維持某一程度之平衡，就如「魚與熊掌」不可兼得之「雙趨衝突」一般的不容易。因此，在人生或每一天生活中可運用的有限時間上，如何做有效地時間分配，並分別排定其優先順序都是值得慎重考慮和學習的。

另外，曾有人以打棒球的概念，來說明在個人生活中家庭、事業（工作）與休閒間的關係，條列如下（Conrad, 1990）：

- 家庭是人們生活的根基，當個人能照顧好自己的家時，就如同打擊者站上了一壘板。

- 當個人能有效地經營、發展其事業或工作時，就如同打擊者已站上了二壘板。
- 若能充分地享受個人的休閒時間並使其重新得力時，就如同打擊者站上了三壘板。
- 當個人能同時兼顧到家庭、事業與休閒三方面，且能達成他們之間的平衡時，就如同打擊者奔回了本壘板而得分啦！

因此，個人必須懂得依據他所處的環境，針對其工作、家庭與休閒活動做一適當之調配，以促使其個人身心健康與整體家庭生活能更加滿意，並達到自我最佳的發展。在設法達到工作和休閒間能彼此平衡的過程中，應同時考慮以下六方面（王以仁、林淑玲、駱芳美，2006；Cherrington, 1980）。

(一) 身體的活動

人們需要藉由某些身體活動，來維持個體的健康。醫生們建議每個人一週至少要有三次三十分鐘以上的運動時間，以增進心跳與呼吸之心肺功能。因現代人從事坐辦公桌工作的人數激增，休閒活動則宜以身體運動配合之。

(二) 社會的互動

就個人而言，建立朋友間相互往來的人際網絡相當重要，以藉此提供真誠的友誼與社會支持之所需。工作環境中，可擁有一些工作夥伴，同時經由此一歷練增進社交能力，懂得如何較自然地面對陌生人。然而，工作之中所花費的時間與固定的活動場所，也必然會限制了人際關係的發展。因而要多多利用工作以外的時間，藉由休閒活動之過程，結交其他新朋友來擴大其人際圈子。

(三) 情緒的穩定

社會規範（social norms）常會限制個人不得在大庭廣眾之下任意地表達出自己的情緒，如此對情緒的抑制，在人群中自有其正面功效（如：任何人不能因生氣就隨意打人）；但過度地壓抑個人的情緒，對於其心理健康必會產生負面影響。有些工作環境中，可有較多自我調整和緩衝情緒的時間（如：藝術家、教師等）；但另外一些工作者，在工作或執勤時就根本無暇顧及情緒問題（如：空軍飛行員、機場塔台導航員等）。因此，要能隨時懂得利用閒暇機會做些釣魚、爬山及海邊散步等休閒活動，來紓解與平衡個人波動的情緒。

(四) 家人關係的親密

無論個人在學業或工作上如何的衝突與受挫，家庭一直是個最佳的避風港，但其前提是必須先能經營一個溫馨的家庭與和諧的家人關係。所以，個人不能把全部的精力都只放在成就動機的追逐上，要常常停下腳步去關心周圍的家人；若能利用週末假日全家一同出外運動、露營、旅遊，不但達到了休閒功效，同時也凝聚了全家的向心力。

(五) 智力的發展

人生可說是一連串學習和成長的過程。在工作或休閒活動中，常常會遭遇各種挑戰，必須動動頭腦才得以解決。就如平日生活上所碰到者：如何申報所得稅、外出旅遊、購買房屋、投資置產及修理家中的東西等，都是對個人智力的一種挑戰。在學習和解決問題之初，往往會遭遇一些挫折而感到不舒服，但當有成果時則會帶來莫大的鼓勵。在工作環境中常有機會接受智力挑戰者，在休閒時就可避免做太花腦筋的活動；而對於工作環境中缺乏智力挑戰者，則應多做些有助於智能發展的休閒活動。

(六) 文化的優雅

不論是欣賞戲劇、舞蹈、音樂、繪畫與雕刻等藝術活動，都可以豐富一個人生活的品質。但要懂得如何欣賞這些藝術活動，就需要多多接觸和不斷地加以培養。然而絕大多數的工作場合，都無法提供優良的文化環境；人們必須懂得多多利用休閒時間，進行各項藝術欣賞活動，以提升其生活中之文化氣息。

「忙，人自取；閒，天定許。」人的生活貴乎自己的安排，工作與休閒互相影響、互領生趣、互造生機，若能調和得當，多彩多姿的人生會在我們面前綿延展開，自信自得而又充實圓滿（金樹人，1986）。個人每天生活中都可能會面對事業、工作、休閒與家庭等問題，如何能同時兼顧其發展呢？各位不妨採取中國儒家不偏不倚的「中庸之道」，並根據自己各方面主、客觀之相關環境來加以因應和安排，切忌「過之與不及」，如此必能達到「雖不中，亦不遠矣」之整體平衡生活（王以仁、林淑玲、駱芳美，2006）。

現今社會價值更開放而多元，婚姻對人們來說也變得更為自由，再加上工作競爭壓力大，必須投入較多時間去工作，因而在婚姻生活中的人，更有學習良好溝通技巧的必要，以便增加婚姻的穩定性與滿意度。

婚姻關係中的夫妻二人既是愛侶、合夥人也是室友，有時卻因為過於專注在個人自己的目標，而沒時間兩人單獨相處以便溝通彼此想法，此類「沒時間溝通」卻是幸福婚姻中的最大殺手。

婚前婚後不同調的情形，很容易導致對當初懷抱美好婚姻憧憬的破碎；但只要有心願意留在婚姻關係中的夫妻，就會試著從這樣被搗碎的夢幻婚姻中，學習去加強彼此的互動及溝通，期能重新打造一個

符合現實生活的婚姻藍圖，以便繼續努力去完成未來美好的願景。

在婚姻穩定與滿意的相關研究中發現，夫妻之間的親密感十分重要；而有將近半數的女性表示，其婚姻的親密感和滿意度是建立在夫妻間是否能有良好的溝通行為上。在家庭系統思維的內涵中，凝聚力、調適力是決定婚姻品質與家庭功能的兩個重要向度。

婚姻中夫妻的相處與互動，必然會有其環境和身體上許多的親密接觸。然而，這些外在與肉體條件的接近，並非能藉此絕對保有彼此間親密之互動，更重要的影響因素就是得要有親密的溝通才行。

自我坦露如何影響婚姻滿意度，這必須視配偶雙方對另一半的感覺如何？假如配偶一方對另一方的感覺是正面的，那麼自我坦露會增進婚姻的滿意度，愈是開放的表達出正面的感覺，婚姻會愈是快樂。反之，對配偶沒有正面的感覺時，自我坦露就不易促進快樂的婚姻。

有不少的婚姻看來都十分穩定，但其中能感到滿意的比例卻不高。穩定婚姻有五種類型：(1)熱情活力型；(2)幸福圓滿型；(3)慣於衝突型；(4)耗竭消極型；(5)現實意圖型；其中僅有第(1)(2)類型能維持較高親密度。

在婚姻關係的親密溝通過程運作上，婚姻的伴侶能透過多種方式溝通，來減少彼此的心理距離，如(1)一起從事更多的活動；(2)給彼此更多的社會支持；(3)對彼此的想法、價值觀、未來的目標有更多的討論。

如何維繫夫妻間的親密關係永遠是一個熱門話題，因為有些人在婚姻關係中，雖身歷其境卻手足無措而茫然無所從，尤其是在「性的需求與滿足」方面，國人對此一事大都是難以啟齒的，但這卻是影響夫妻關係是否良好的重要因素。

夫妻間的肌膚之親，是夫妻生活中最親密也是最隱私的一部分，所以夫妻間性關係的協調確實非常重要。一個有高度自尊的人比較容意在性關係上得到滿足，因為自尊使個人能接受伴侶所付出的快樂，也能把自己的快樂分享給對方。想要達到性關係滿足的個人，不應該太受到傳統兩性角色的束縛。夫妻雙方在婚姻中針對性方面溝通上，有四項常見的障礙：(1)不敢表現出無知的樣子；(2)擔心配偶的反應不佳；(3)在性方面的衝突態度；(4)早期負面的性經驗。

學者就婚姻當中夫妻的溝通模式進行分析研究，有如下發現：(1)妻子較能清楚的傳達訊息，且對丈夫所傳達的訊息較為敏感與有反應；(2)丈夫較易傳達中性訊息，然而丈夫的中性訊息不易被妻子所解讀與了解；(3)在爭執的情況下，女性較易採用情緒上的懇求或威脅來達到目的，男性則是以說理方式，企圖中止或延緩衝突。

不快樂夫妻具有五項特色：(1)夫妻很難去傳遞正面的訊息；(2)常常是不了解彼此的；(3)較少去確認對方的訊息，而不懂對方在想些什麼；(4)常使用負面且強烈的訊息；(5)喜歡在其關係互動中，經常性的意見相左。

深入了解溝通行為狀態，可有效地預測婚姻之穩定性和滿意度。Gottman 和 Levenson 提出夫妻間「溝通的黃金原則」，特別強調成功的婚姻在夫妻溝通表現上正向與負向溝通行為的比率是 5：1。這就表示夫妻相互溝通中正向反應該遠遠地多於負向反應，如此則對婚姻較為滿意，而很少提及分居或離婚的議題。

Gottman 花了很長時間，研究已婚夫婦並解釋婚姻衝突的毀滅模式，持續發現許多痛苦夫妻，均會表現出更多四種稱為「末世四騎士模式」的行為，包括：批評、蔑視、防衛與漠視。

夫妻在生活當中，不免仍會採取部分婚姻中的自我防衛行為。也被稱為婚姻的「溝通隱私管理理論」。此一理論強調透過三方面的調節，來適當地管理婚姻中的個人隱私部分：(1)界域的滲透程度；(2)連結性的強度；(3)心靈所有權的維護。

人在生活中總是脫離不了工作與休息的循環狀態，幾乎天天都要在忙碌中度過。有人是為工作而努力，另有人則忙於家務的料理；更有些所謂的職業婦女，既要工作還得分心來照顧家庭。同時，不論是工作或休閒都會與家庭和家人發生某種程度的交互影響，甚至有家族

企業、家庭工廠，或是全家休閒旅遊等，更有著密不可分的關係。

有人認為工作只不過是一種賺錢糊口的工具，以此來維持個人及家庭生活之所需。但對另一些人而言，工作就絕非僅是為了金錢的獲得；工作同時也主宰了其個人平日的思想，以及每天生活之重心。針對工作意義之相關研究發現，工作本身至少可以滿足個人親和、自尊、創造、獨立生存、活動、被他人尊重等六方面需求。

工作滿足又可分為內在滿足與外在滿足兩種。其中，由工作本身產生的滿足感稱為內在滿足，如工作本身富於變化或刺激，頗能滿足其個人內在刺激尋求的動機。而外在滿足僅與工作的報酬有關，如金錢、名望、權力或安全有保障等。

近半世紀以來，女性走出廚房而投入職場發生了大變動。雖然多數女性投入工作職場，然在今日的整體大環境下，仍易發生六項女性工作的困境：(1)男女在薪水上的差異；(2)對於女性的守舊觀念；(3)對體格與強壯身軀的迷思；(4)單親家庭中的女性；(5)單親的未婚母親；(6)單親的離婚母親。

近來婦女就業人口比例快速成長，其主要原因是女性的教育水準不斷地提高與其自我的覺醒，紛紛走出廚房投入生產行列；其次是一般家庭如果只靠丈夫一份薪水的收入，實在難以維持現代生活高水平之需求。雙生涯家庭就是指這類夫妻二人都同時外出上班的家庭。

簡單而言，休閒可以定義成在沒有工作的情形下，所從事讓個人想要去做且感覺愉快的活動。休閒時間則是個人在沒有固定義務和責任下，而可進行自由活動的時段。根據休閒活動目的來區分，有以下四類：(1)逃避性的活動；(2)一般教養及鑑賞性的活動；(3)創造性的活動；(4)服務性的活動。而根據休閒時間的長短來分，則可分為：(1)片刻休閒；(2)日常休閒；(3)週末休閒；(4)長假休閒。

休閒活動的功能，可歸整為：(1)可以幫助我們鬆弛身心；(2)可以使我們在工作以外獲得滿足；(3)可以擴展我們的生活經驗；(4)可以增進個人身心的健康發展。同時，休閒活動具有挑戰、刺激、變化等三點特性，足以促進個人心理健康之發展。

隨著社會不斷的進步，生產機械化、管理自動化，每個人需要工作的時間日趨減少；相對之下，個人的休閒時間亦隨之增加。因此，如何安排休閒時段進行有意義的休閒活動，以及如何維持生涯與工作、工作與休閒、休閒與事業、事業與家庭間之平衡，就成為現今社會中，極為重要的一些課題。

1995 年全美國最暢銷的一本書《新出路——好好規劃你的人生》，將人生從成年到老年分為三大時期，並做了發展重點的詳細歸整；特別強調在六十歲之後進入人生的完全之年，雖會面臨工作上的退休關卡，但此時卻能擁有更多的自由閒暇時間，積極計畫新的生活方式、休閒活動及四處旅遊，且可享受含飴弄孫與夫妻間鶼鰈情深的成熟之愛，滿足無憾地走完人生。

工作、家庭與休閒之間有其密不可分的關係。工作類型的不同，往往會直接影響到個人家居生活型態休閒時間之運用。在每個人的生涯發展中，要想同時兼顧工作與休閒、事業與家庭，且在這些方面均能維持某一程度之平衡，就如「魚與熊掌」不可兼得之「雙趨衝突」一般的不容易。因此，在人生或每一天生活中可運用的有限時間上，如何做有效地時間分配，並分別排定其優先順序都是值得慎重考慮和學習的。

研討問題

一、試就良好的溝通與婚姻之穩定性及滿意度間的關係，做一綜合性的整理，並據此提出幸福婚姻的相關條件。並請分別予以探究之。

二、試說明夫妻間「溝通的黃金原則」，與夫妻溝通衝突中的「末世四騎士模式」行為，兩者之間有何關聯？試深入地加以分析。

三、根據婚姻的「溝通隱私管理理論」，你認為在婚姻中有哪些部分，

是應該加以保密的？請暢述己見。

四、假設你是現代雙生涯家庭中的一員（丈夫或妻子），請提出你個人認為自己和配偶，應該分別對家庭所付出的責任與貢獻有哪些？請分別來說明。

五、在忙碌的工商社會之下，在工作、家庭與休閒之間應如何來做有效而平衡之規劃？試暢述己見，並以你自己的家庭為例來說明之。

親子關係及家人間彼此的溝通

本章學習目標

- 親子關係的意義為何？其又有哪些重要性？
- 親子互動中如何發揮適度創造力與幽默感？
- 何謂「家庭氣氛」？其具體的內容為何？
- 有哪三種因素會影響「家庭氣氛」？
- 何謂「家庭氣氛圓型模式」？
- Olson 十六種家庭型態可進一步分為哪三種家庭類型？
- 親子間的傾聽與反應技術各為何？
- 在家中如何能扮演成一個良好的「傾聽者」？
- 在溝通中最常見的不適當反應有哪四種？
- 何謂「比馬龍效應」？
- 家庭會議的召開，有哪七點的指導原則？

報紙投書

失業回家，幸福的意外

失業率再創新高，許多應屆畢業生因找不到工作，仍靠父母供養，而成為典型的「寄居蟹族」。國內經濟長期不景氣，失業率節節上升，的確是政府相關部門應慎重檢討與改進者。但對於一大群應屆畢業生，因找不到工作而經濟拮据，以致回家靠父母或其他家人供養，個人覺得應該以正面態度重新看待「家庭」意義與功能。

過去傳統的大家庭，原本就具有家中成員相互關照的功能，舉凡在經濟合作、情緒支持、身心保護與兒童教養等方面，都能因共同生活而相互依存！美國在 1985 年約有超過 30% 的成年孩子（十八至二十九歲間），返家與父母同住；主要原因有二：一是因失業或離婚而返家生活以尋求支

持，另一種是為了照顧年老的雙親。

台灣因經濟與就業等困難，使得許多應屆畢業生回家靠父母等家人供養以維生，若能以正面積極態度接納與鼓勵他們，在家鄉找兼差工作來服務鄉梓且賺點零用錢，並藉此自修充電及享受家庭之和樂，或可因而收到意想不到之幸福！千萬別再對他們冠以「寄居蟹族」這等不雅之稱呼！

（本文係本書作者在2002年9月26日，發表於聯合報第15版「民意論壇」）

由上述文章中，可以看出不論孩子年齡多大，與父母及家庭的關係仍然十分密切。因國內經濟不景氣失業率上升，有不少大學應屆畢業生，找不到工作而回家靠父母或其他家人供養，若僅是短暫休息和充電，也是極其自然且令人欣慰的事。在本章中將分別針對建立良好的親子關係，親子及家人間的溝通技巧，以及召開民主式的家庭會議等部分，加以說明如後。

第一節　建立良好的親子關係

個體性格的成熟與否，大半來自早年孩童時期人際互動情境的塑造，且其深遠影響將持續一生之久。許多心理學家亦強調早期親子關係的重要性，因那是個人最早接觸到的人際關係，其適應的良好與否，不僅影響其往後的人格發展，且關係著日後更廣泛的人際溝通與適應。由此可知，在個體成長的過程中，父母的角色與影響，確實是無可取代的！

父母與孩子之間原本就擁有遺傳與血緣上的深厚關係，在一般正常的狀況下少有父母不愛其子女，或是孩子厭惡父母的情事。尤其是針對幼兒或成長中的孩童，父母原本應該是他們最親密的家人，以及最具安全感的依靠。然而隨著時代社會的變遷，家庭結構與倫理觀念也有著大幅度地改變，傳統的家庭教育功能也日趨式微；因著現實環境的壓力，或個人問題處理的不當，在在都會造成家庭悲劇的產生。然而，若是個體能擁有一個溫馨的家庭，親子間亦有良好的溝通管道，或許這個世界將更形美好，不幸事件的發生率也會相對地降低。

一、親子關係的意義及其重要性

所謂的親子關係，即家庭中父母與子女互動所構成的人際關係，此互動關係包含情感、權威性及結構性，具有愛—憎、拒絕—接納、支配—自主、約束—縱容等向度（馬傳鎮，1982；黃春枝，1980）。此外，林妙娟（1989）則認為親子關係是指親子之關愛、情感、溝通三個向度的程度。而和諧的親子關係有賴於：父母對子女有適切的教養、親子間有充分的情愛交流、親子間有良好的溝通（吳佳玲，1995）。

親子關係除包含許多向度之外，更包含了親子之間相互影響的結果。高明珠（1998）研究認為，父母與子女間的親子關係是彼此心理交互反應的相互影響結果，而非單只是父母態度對孩子具影響力，子女行為也將會左右父母對其之管教方式及態度；所以親子關係是雙向的互動，必須從兩方立場去看待。

劉焜輝（1986）即指出親子關係的態度特性可分為以下兩種。

(一) 父母對子女的態度

係指接納性的程度，意指父母是否能傾聽子女的意見，承認子女的行為，能否關懷子女，且能鼓勵子女並表示親密的態度；另外則是理解性的程度，意指父母是否對子女冷淡、不予理睬，及是否經常下命令、嘮叨、謾罵、權威、專制、獨斷。

(二) 子女對父母的態度

係指獨立性的程度，意指子女是否事事依賴父母或者具有自主性、獨立性及自主判斷的態度；另外則是信賴性的程度，意指子女是否對父母具有信賴、誠實的態度。

而綜觀許多研究皆發現，親子關係對個人的自我概念、各種行為表現、生活適應及友伴關係都有顯著的影響（李月櫻，1994；賴嘉凰，1999），因此親子關係適應良好與否將深刻影響個人及家庭。所謂的親子關係適應良好，是指親子間能夠相互信任、情感交流與友誼性交往；反之，若親子關係適應不良，親子衝突則多（黃春枝，1986）。以此推論，親子溝通引起之親子衝突恐將影響親子關係之和諧。

二、建立良好的親子關係

良好親子關係的建立，有賴於平日家庭生活中，父母如何把握機會去積極培養。以下將由三個不同角度切入，來分別針對如何建立良好的親子關係，做深入探討。

(一)把握親子間生理、心理與社會的密切關係

中國人談到親子、手足之間親密關係時，常會提及：「血濃於水。」這個觀念點出了親子關係間的主要特性——父母的遺傳。因此，親子之間在相貌、身材、智力、性向、體能及罹患疾病等方面，在在都可以顯示出他們之間生理上的親密關係。

親子間生理方面的血緣關係是永遠無法脫離與改變的，由此種關係也替親子間的相處紮下深厚的親密基礎。然而，從今日各種媒體的報導中，常見許多令人觸目心驚的亂倫情事，例如：棄養孩子、虐待幼童、父子互毆、兒女對年老父母施暴等現象。遇到此種情況時，往往讓人很難想像在有生理遺傳關係貼近的親子互動之間，似乎還抵不上動物世界的「虎毒不食子」及「烏鴉反哺」。

可見親子之間美好關係的維繫，不能僅是仰賴彼此間先天的血緣遺傳，還需要加上後天親子互動產生之心理與社會關係。親子間良好的心理關係，包括：相互喜悅、信任、接納、談心與共同分享等。此類正向親密關係的建立，主要是建立在父母能多與孩子接觸、關心他、尊重他，並能懂得如

何去做好有效的親子溝通，以及採用民主式的管教方式等。Olson和DeFrain（2006）指出，親子與家人間良好的溝通有助於家庭凝聚力和家庭彈性上獲得良好的平衡關係，使家庭系統健全的運作。

隨著社會結構的劇烈轉變，親子之間的關係也跟著產生變化。在過去農業社會，親子關係可以傳統社會規範來加以約束，強調道德、孝順、服從、謙虛等特質；而現今的工商資訊社會，重視個人才幹、獨特創意、自我實現、自我推銷等。如此一來，親子關係勢必產生相當的衝擊而危機四伏，做父母的必須作出相當程度地調整、學習與付出，才能設法維持親子間能有美好的相互關係。

人類是很明顯的社會群居動物，在個人發展中亦包含著社會學習在內。一個孩子在他自幼開始學習成長的過程之中，藉由與父母（或監護人）的接觸與相處，展開了其一生中「人我社會關係」的學習，當然也是其中最重要的一部分學習。

(二)珍惜與善用親子間相處的時機

現代父母對孩子而言，扮演了許多複雜的角色與關係。就如相關的報導指出（Gestwicki, 1992），父母扮演了子女的教育者、養育者、社會成員、獨立的個體等多重角色；父母對於孩子的愛並非全然出自於本能，然而當其表現不符合自我期許或社會期待時，又會帶來許多的衝突與罪惡感。由此可見，親子間的良好相處及彼此互動，確實需要花費心思來好好經營。

我們常說友誼、感情與深厚的關係，都需要花相當的時間來加以培養。親子之間要想擁有良好的關係，也同樣需要在平日家居生活中，有充分而愉悅的相處時機。事實上，現代人在生活中都相當的忙碌，一家人雖住在同一個屋簷下，但稍有疏忽沒注意就會造成親子間的嚴重「代溝」。

尤其在孩子年幼時，就應把握最佳的「第一時間」，培養親子間愉悅親密的關係，並隨著孩子年齡增長，不斷加強親子相處時「質」（內涵）的提升，如此則能達到親子之間在生理、心理與社會關係等方面，均能臻於理想而美好的境地。

在此提出五項在日常生活中，頗容易發揮與掌握親子相處時機的方式，一一陳述如下（王以仁主編，2001）：

- 多與孩子談天說笑。當孩子有故事要說或有問題要問時，父母應該認真傾聽與耐心接受；有機會更應主動找機會跟孩子談天說地。
- 陪同孩子一起進行休閒活動。例如：一同看電視節目、玩電視遊樂器（電腦遊戲）、下棋、一塊兒去釣魚或踏青。
- 全家一同去旅遊。現代人很流行也很需要去旅行，國內、國外均可；小孩到了五歲可自行吃飯、走路，就可以帶他一起出國旅遊。
- 陪同孩子一起做運動。例如：打球、游泳或登山等，也許一開始孩童不熟悉，表現反應均不佳，但假以時日必見改善。
- 外出辦事、訪友亦可攜子同行。孩子小的時候很喜歡跟在大人後面，若無趕時間或場合不宜等問題，應儘量讓孩子跟著前去，也可藉此增加彼此接觸與互動之機會。

做父母的千萬不要為了怕麻煩，而忽略或放棄這些可以跟孩子相處的自然時機；否則孩子進入青春期之後，親子之間極容易產生嚴重磨擦，甚至彼此不說話而形同陌路。

(三) 親子間互動應多發揮適度創造力與幽默感

家人間的相處難免會有一些爭執或不愉快，偏偏又不容易躲得開；這時就需要以適度的創造力及幽默感來加以調和。幽默是人際間最好的一種潤滑劑，在親子互動與相處時也亟需創造力與幽默感的發揮。

事實上，幽默的表達並無一定的類型或公式，最主要的關鍵在於要有開闊的胸襟、彈性的態度與相當的創造力。父母在家中常表現得很幽默，往往孩子在此環境下耳濡目染，自然也有相當的學習與回應。

若是親子間偶爾有了較大的衝突，做父母的應學習快速地冷靜下來，並尋求打破僵局的各種方法。其中，藉著適時適度的幽默，也可創造出大不相同的有利局面來。

第二節　親子及家人間的溝通技巧

有鑑於社會中青少年問題往往是「種因於家庭、顯現於學校、惡化於社會」，可見家庭對個人之影響是既早且深；因而如何能建立一個溫馨、和諧且民主的家庭氣氛與關係，使父母與孩子能共同生活和成長，實為當前親職教育必須正視的主要課題。多少為人父母者忽視家庭對孩童深遠的教育功能，經常為了追求更豐富的物質生活而奔波忙碌，卻把教育子女的責任完全地推給了學校。雖然依據目前的社會分工，教育已然是一項專業，而學校亦成為孩童學習的主要場所，但家庭仍是孩子身心最佳的避風港；父母的影響與親子的溝通及互動關係，仍會隨時進入孩童毫無設防的心靈中發揮作用。

溝通在父母與孩子互動之間的重要性，是眾人皆知道的常識。Olson與DeFrain（2006）指出，溝通的困難常是家庭成員彼此抱持著不同的溝通方式，所以親子溝通不應只著重在父母或子女單方面，應以親子互動的觀點，著重相互性的對應與回饋。但要如何達到彼此間良好的溝通，就需要學習溝通技巧，以及如何建立家中溫暖正向的家庭氣氛，分別說明如下。

一、家庭氣氛的意義

家庭氣氛（family atmosphere）就是家人相處的情形，包括了親子關係與父母教養方式（鍾思嘉，1986）。另者，陳佳琪（2001）則認為家庭氣氛係指每個家庭受外在與家庭成員本身之間的互動，而發展成每個家庭獨特之關係與價值。許維素（1992）亦指出，家庭氣氛即家庭透過父母管教態度及家庭成員之間彼此互動，無形之中所形成的一種氣氛。由此可知，家庭氣氛是透過家庭成員的互動所產生的，而家庭中的每個成員乃依其個人的感受來知覺家庭氣氛。

另外，吳武典、林繼盛（1985）對家庭氣氛有更具體詳盡的描述，其認為家庭氣氛可分為五個部分：

- 父母期望水準：包括父母親對子女未來的學歷、事業成就的積極期待及平時對子女課業的重視、成績的要求、學習的支持。
- 父母教育態度：包括父母對子女教育之重視、督促、興趣、支持、鼓勵、關心、訓練、保護、尊重等。
- 家庭學習環境：包括讀書場所、文化設施、外界干擾與電視時間的控制、自修時間、課業指導、學習氣氛、學習合作等。
- 家庭語言互動：包括兒童與父母及其他家人交談機會的多寡、家人對語言重視的程度、父母對語言互動的增強及談話的內容。
- 家庭人際關係：包括家庭的歸屬感、父母的感情、子女間的感情及家人之間相處的情形。

再則，吳就君等人（1987）以Lewis於 1976 年對個人原生家庭氣氛的五個分析向度中後兩項，即自主性與家庭情感作為家庭氣氛的操作概念。

(一) 自主性

- 自我概念的溝通：家庭鼓勵感情、思想清楚的溝通程度。
- 責任感：家庭體系反應成員對自己情感、思想、行動負責的程度。
- 攻擊性（invasiveness）：家庭體系容忍或鼓勵成員為他人講話的程度。
- 滲透性（permeability）：家庭體系鼓勵成員表白感情、思想行為的程度。

(二) 家庭情感

- 表達性：情感開放溝通在家庭體系內被鼓勵或限制的程度。
- 心情與聲調：家庭體系的心情從溫暖、熱情到憎恨無助的排列等級。
- 衝突：家庭衝突及其影響家庭功能的程度。
- 同理心：家庭體系鼓勵成員對彼此感情敏感及溝通某種知覺的程度。

在國外學者的部分，Dewey（1991）認為，家庭氣氛讓家庭可以是競爭亦或合作、一致性亦或創造性、開放亦或欺瞞，家庭氣氛包含父母彼此之間的互動、孩子如何覺察、詮釋此模糊的氣氛，及此氣氛對每個孩子所起的作用，總加這些因素，正是孩子因生存而需適應的家庭氣氛。另外，Moos和Moos（1986）所提出的家庭氣氛的定義最有系統，其以三大向度、十個指標來測量家庭氣氛。

(一) 關係向度

- 凝聚力：家人相互支持、協助、認可的程度。
- 表達性：家人相互鼓勵，公開表達的程度。
- 衝突性：家人間直接表達怒意、攻擊和衝突的程度。

(二) 個人成長向度

- 獨立性：家人能自我肯定、自給自足、自行決策的的程度。
- 成就取向：家庭重視成就或競爭的程度。
- 智能文化取向：家庭對政治、社會、文化智能活動的注意程度。
- 主動休閒導向：家庭參與社交性及娛樂性活動的程度。
- 倫理宗教強調性：家庭重視倫理道德及宗教議題與價值的程度。

(三) 系統維護向度

- 組織性：重視家庭活動及責任的組織與結構程度。
- 控制性：設定與執行家居生活規則的程度。

以上乃整理歸納中外學者對家庭氣氛之定義，其中Moos和Moos的定義清楚又有系統，涵蓋家庭氣氛的各層面。

二、影響家庭氣氛的因素

Denton 和 Kampfe（1994）認為，家庭氣氛（family atmosphere）包含家庭組合（family composition）、家庭互動（family interaction）及家庭成員間知覺的差異（discrepancies in family perceptions）三種因素，此三種因素都在在影響了家庭氣氛的變化。

(一) 家庭組合

此因素主要是指單親與雙親家庭的差異，而形成單親家庭的因素中，例如：父母分居、離婚或死亡也使同是單親家庭的家庭氣氛截然不同。通常在單親家庭中的兒童都需要其與單親父母相處適應問題的幫助。

(二) 家庭互動

家庭互動則包含家庭參與、溝通和紀律。家庭參與最顯明的例子即是家庭決策，家人是否都有機會提供意見、參與決策，將會影響成員對家庭的滿意度，對家庭感到不滿的孩子會表現出敵意、逃避了解、缺乏愛、缺乏凝聚力及欠缺合作性的特質，且覺得父母對其不支持。溝通則會影響孩子是否願意真實表達其想法與感受，很多父母表示其在溝通技巧上相當不成熟，以致無法表達出其信任、接納與了解。而在紀律部分則是說明父母教養方式對親子互動的影響，在放任、控制或民主三種管教方式下的親子關係就有其差異。

(三) 家庭知覺的差異

家庭中的誤解和敵意來自於不適當的處理家庭成員的觀念差異，父母多希望孩子能成為「乖小孩」（the idle child），即能夠順從父母意見的小孩。不同的聲音往往被壓抑下來，因此孩子認為父母親不值得信任及不夠了解他們。

綜合上述，由於家庭組合的不同，單親家庭與雙親家庭所營造出來的家庭氣氛有很大的不同，家庭互動不良、觀念上的差異，許多爭議可能因此而起，嚴重影響到家庭氣氛。

Sandy、Fran、Roy和Greg（1999）等人則認為，影響家庭氣氛的有兩個變項，即家庭的凝聚力（cohesion）和順應力（adaptability），在凝聚力適當與順應力佳的家庭下，家庭氣氛具有正向之家庭功能；而此所指的家庭凝聚力與順應力的觀點來自於 Olson 等人（Olson & DeFrain, 2000; Olson, Russell, & Sprenkle, 1983; Olson, Sprenkle, & Russell, 1979）基於家庭功能所發展出的圓型模式（circumplex modle）。此家庭氣氛圓型模式由三個向度所組成，即家庭凝聚力、家庭順應力及家庭溝通（如圖 9-1 所示）。

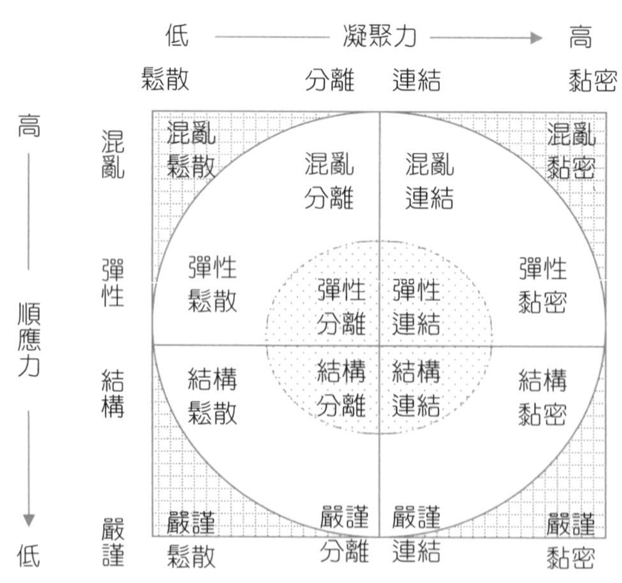

圖 9-1　家庭氣氛圓型模式

資料來源：Olson 和 Barnes（1985：440）。

家庭凝聚力的定義為家庭成員間情感的結合（Olson & Barnes,1985），是一連續性的分布，範圍從鬆散（disengaged）——家庭成員之間是疏離的、微弱的情感結合，至黏密（enmeshed）——家庭成員彼此之間過度牽繫。而家庭順應性則是指家庭順應環境的變化及其成長需要，而對家庭角色、規則和權力結構做彈性改變的能力（Olson et al., 1983）；其範圍從嚴謹（rigid）、結構（structured）、彈性（flexible）至混亂（chaotic），中間部分是最具家庭功能的。家庭溝通指家庭成員間相互分享喜好、情感與需求的情形，分為開放式溝通與問題式溝通。

Olson 以凝聚力與順應性兩個向度，各分為四個層級，形成了十六種家庭型態（如圖 9-1 所列），而此十六種家庭型態又可進一步分為以下三種家庭類型：

- 平衡型家庭（balanced families）：此類型的家庭凝聚力、順應力能彈性變化以因應環境的壓力，為功能良好的家庭結構。
- 中間型家庭（mid-range families）：指其中一個向度為中度層次，而另一個向度為極端層次（太高或太低），家庭功能次於平衡型家庭。
- 極端型家庭（extreme families）：指家庭凝聚力與順應力的運作均處於極端的層次。

綜上所述，發現研究者對家庭氣氛是採整體性的觀點，認為影響家庭氣氛的因素涵蓋於家庭各層面的功能運作，以家庭功能為出發點來檢視家庭氣氛的良窳，因而家庭氣氛的和諧與否也將可檢視家庭功能是否健全。

家庭氣氛不和諧容易使孩子逃避家庭、產生不良特質及產生偏差行為，親子關係因此受影響。鍾思嘉（1986）認為如果家庭氣氛是溫暖且融洽的，青少年則多數是願意待在家中與家人共同生活，而不致流連在外甚至捲入幫派；反之，家庭若是常處於爭執不休的情緒中，或者父母對孩子持以漠視態度，則使青少年極欲逃避家庭尋求同儕的認同與支持。廖榮利（1980）也認為，家中的敵對與紛爭都是促使子女犯罪的溫床。因為孩子在家找不著溫暖與寧靜，因而寧願在外遊蕩，以逃避的方式去面對自己無力改變的家庭環境氣氛，所以因家庭氣氛不佳易使孩子產生偏差行為。

父母婚姻關係是影響親子關係的重要因素之一，而父母離異或感情不睦都會影響家庭氣氛，使得子女行為發展上易出現狀況（蔡曉慧，1992）。黃煌鏞（1988）也認為，父母親是家庭組成的兩大主軸，若兩者關係不和諧，家庭必會充滿緊張與壓力的氣氛，在此家庭氣氛成長下的兒童，內心易有焦慮不安的情緒，而在行為上表現攻擊、退縮……等的不良行為。因此從以上研究的相關性，可以發現夫妻關係所造成的家庭氣氛會影響兒童之行為表現，以此推論則可能影響到親子之間的關係。

有研究認為家庭氣氛和父母管教態度亦有其相關性。而父母教養方式是指父母在教養子女過程中，所持有的態度與信念，以及所表現出來的對待子女方式（任以容，2003）；但陳姿廷（2003）則進一步提出父母教養方式，是父母透過直接（如：酬賞、懲罰等）或間接（如：溝通、行為指正等）的多樣態度與實際行為，藉以與子女達成互動溝通的歷程。在張麗梅（1983）所做的研究「家庭氣氛、父母管教態度與兒童偏差行為關係之研究」中，其研究結果顯示：家庭氣氛融洽時，父母管教態度必定是合理的；父母管教態度民主時，則必能營造出良好的家庭氣氛。因此要營造良好的家庭氣氛，則父母的管教態度是一影響因素。進一步分析父母的管教，又包含了行為、情感及認知等多種成分所構成的複雜向度（Coleman & Karraker, 2000）。

以上的研究可知，父母親二人婚姻關係和諧與否、父母管教態度及親子之間的互動等因素都會影響家庭的氣氛，家庭氣氛不良對孩子的影響至深且鉅，使孩子的情緒、性格及行為皆有負面之表現，而孩子也易有反社會行為出現，以此表示其對家庭的不滿與抗議，且孩子的偏差行為又可能成為親子關係中的衝突議題。

另外，Deway 於 1971 年整理歸納了十三種對兒童人格產生負面影響的負向家庭氣氛（引自許維素，1992）：

- 拒絕型（rejective）的家庭氣氛：兒童在此家庭氣氛中會感到不被接受。沒有被愛及接納經驗的孩子，通常也無法去愛別人、接納別人、信任別人，甚至信任自己。

- 權威型（authoritarian）家庭氣氛：此種家庭多要求孩子無條件服從。孩子可能在表面上表現良好，但內心卻焦慮不安、無法自我決定、外控且依賴他人，長大後較易變得反抗及反社會行為。
- 受難者式的（martyrdom）家庭氣氛：所謂的「受難者」是一個低自尊、無助、無勇氣、輕視別人、自認要為低下者犧牲之人。在此家庭成長的孩子，會有生命是不公平的、別人應該要對他更好的想法。
- 不一致（inconsistent）的家庭氣氛：由於父母親管教態度不一致與家規經常變動，孩子不知道別人對他的期待為何，對別人又有何期待，而處於混淆的情境。因此其特質為缺乏自我控制、動機低落、自我中心、人際關係不佳等。
- 抑制型（suppressive）家庭氣氛：此種家庭禁止孩子有坦承表達思想與感受的自由。在此環境長大的孩子較無自信，很難與他人建立親密的關係。
- 無望型（hopeless）家庭氣氛：即充滿悲觀、無希望的家庭氣氛，通常由悲觀父母傳遞無望的訊息給子女。通常未受過鼓舞的孩子，易變得無幽默感、無自發性及不友善，甚至成為另一個悲觀主義者。
- 過度保護型（overprotective）家庭氣氛：此種家庭阻礙孩子學習面對困難的情境，使孩子無法發展勇氣與自信；所以孩子不是形成過度依賴的獲取者，就是無助的小寶貝。
- 憐憫型（pitying）家庭氣氛：此種父母對孩子的態度使得孩子不懂得自救、自我負責、自重，甚至期待別人的支持以強化自己的不幸。
- 高標準型（high standard）家庭氣氛：緊張、有壓力是此種家庭的孩子常有的特徵，達不到標準時容易自卑，完美主義者及控制者是可能發展的人格型態。
- 物質型（material）家庭氣氛：此種家庭非常重視金錢及其他物質的擁有與獲得，一個人所擁有的與可以控制的才是安全感的來源。在此家庭長大的孩子易以自己的財富作為自我價值的唯一指標，有的孩子則變成不顧現實的反物質主義者，其反對的程度與父母重視的程度等同。

- 競爭型（competitive）家庭氣氛：即重視成功以至於家人互相較量的家庭，競爭本無好壞，但過度強調會使孩子有高度焦慮，且有「勝者為王，敗者為寇」的想法。無希望感、自我要求甚高是這些孩子的特徵。
- 非難型（disparaging）家庭氣氛：即常有批評的家庭。在此家庭長大的孩子，常會過度提高別人的價值而自貶自己，自卑、易氣餒、不能信任自己、無良好人際關係是其特徵，有時他們也會成為「反家庭者」。
- 不和諧的（inharmonious）家庭氣氛：在此家庭中爭吵是常有的事，父母常以孩子為滿足自己需求的工具，父母的管教態度不定，家中無一定秩序可言。來自此家庭的孩子，會認為權力才是一切，因此以控制別人為目標，當其權威受到挑戰時，他會企圖報復，破壞規矩、搗亂等，都是其可能發展的行為型態。

綜觀國內外相關研究，發現許多研究皆明顯表示家庭氣氛對兒童人格發展的影響，而此人格特質將反應在個人行為、態度及與人的互動關係上，負面的家庭氣氛環境使孩子發展為一個對人不信任、有敵意的個體，甚至對別人要求甚多且不滿，在家庭關係中首當其衝當然是與父母或手足之間的關係，如果其將此些特質反應在親子互動關係上，可能將影響親子關係。

三、溝通的基本觀點與原則

如本書第七章人際的溝通與互動所述，在人際溝通過程中，最基本的形式就是「兩人間的雙向溝通」，他們因著互動過程與功能的不同，分別扮演著「訊息傳送者」與「訊息接受者」的角色。當然，角色因著需要及功能的改變，也會隨之互換及變更，也是極其自然和常有的事。

在兩人溝通的過程中，傳送者腦海中有他希望與別人分享的感覺或想法，這些都會受到訊息傳送者的身體特質、心理狀態、社會經驗、知識與

技能所影響。要把意思轉變成可溝通的訊息，表達者必先予以編碼，再藉由相關管道傳遞出來，而這些管道通常是指聲音（語言）和光（非語言行為）。

如上所述，訊息是由語言及非語言行為所組成者，訊息接受者經由譯碼的過程而了解其意義。譯碼的經過會受到訊息接受者的整體經驗影響，同樣對訊息傳送者也有其特有因素在影響傳遞的訊息結構。在譯碼與解碼時，接收者把傳送者的訊息轉成自己的語言及非語言訊息，並經由所選擇的回饋管道將其反應遞回傳送者；訊息傳送者再將收到的回饋解碼，以便解釋從接受者取得的反應。在整個雙向互動溝通之中，此一過程將不斷重複。

在一般人際溝通的歷程中，可以找出四項人際溝通的原則（曾端真、曾玲泯譯，1996）；並以此延伸到親子間的溝通與互動，今分別加以說明如下。

(一) 人際溝通具有目的性

人與人之間的談話溝通必有其目的，不論其目的是否能被溝通的雙方所充分意識到。兩人之間藉由語言的互動，且不斷地持續進行下去，這其中一定包括有個人意識或潛意識方面的預期；即使是閒聊式的溝通，彼此談談打發時間或藉此增加互動，也可說是達到其目的了。在家人之間的溝通過程中，孩子經由發問來試探父母的心意與標準；同時父母也會藉由聊天閒談，不經意地表達出對孩子的期望及引導。

(二) 人際溝通具有長期的持續性

因為人際間的溝通可以是語言和非語言性的，在與他人的接觸往來中，我們時時傳遞出別人可以做推論或下定義的行為訊息。人際的互動與溝通行為，並非僅僅只是某個單一事件，而與其過去的觀點、交往經驗、所處環境等因素，均有密切的相關。在家庭中某些成員間的關係緊張或經常爭吵（如：某些家庭父子之間相應不理，母女之間經常大聲爭執），也都可以看出他們之間的人際溝通具有長期地持續性。

(三) 人際溝通具有關係性

在任何溝通中，人們不只是分享內容意義，也藉此顯示彼此的關係。在互動行為過程中將涉及人際關係的情感與誰是主控者兩層面，其中關係的控制層面又可分為互補的或對稱的兩種情形。在兩人的互補關係中，其中一人讓另一人來決定誰的權力較大，因而後者的溝通訊息可能是支配性的，而前者的訊息則是在接受這個支配。而對稱關係中，人們不同意有誰居於控制的地位；當其中一人表示要控制時，另一人將挑戰他的控制權以確保自己的權力。

在家庭關係中的控制權問題也不是經由一次交談就達成協議，而是經過長時間的溝通、澄清來達成；在家中互補關係比對稱關係較少發生公然衝突，但是在對稱關係中彼此的權力較可能均等。

(四) 人際關係與溝通是經由學習而得

人際關係與溝通看來好像都是挺自然的，有如與生俱來的能力，也未察覺自己的溝通行為有所偏差。事實上，由於我們個人的背景因素，都會擁有一些用來和別人有效相處的溝通技巧；但仍然缺乏一些必須具備的其他溝通技巧，還需要由不斷的學習和練習中去獲得。在與家人相處溝通的互動過程中，要抱持著我不完美而需不斷學習的積極心態，這樣才能改善並提升彼此的溝通層次與實際效果。

四、親子間的傾聽與反應技術

兩人之間溝通的基本要件，不外乎是「聽」與「說」兩方面。以下將針對「傾聽」和「反應」的技術，分別加以探討如下。

(一) 傾聽的技術

傾聽（listening）係仔細聆聽別人對你所說的話，以了解其話中的含意，並能體會出他說話當時的心情。也可說是在溝通過程中，自己專心仔細的聆聽對方的語意、語調，且觀察接收他的行為語言。

在家人之間相互溝通時，往往因彼此過於熟識而忽略了「傾聽」的技巧。當其他家庭成員在講話時，不要隨意地插嘴；無緣無故打斷他人的說話，將會引起對方的反感，甚至造成對方拒絕與你談話。

傾聽不只是閉嘴聆聽而已，同時還要讓對方知道你在認真專心地聽他說話，這其中代表了你對他的接納、尊重與關懷。所以，在傾聽別人說話時，還應加上點頭、微笑、輕拍他的肩膀、以關懷的眼神凝視對方等行為語言，以便讓對方知道我確實了解他表達的意思。

進一步地可將「傾聽」界定為：以一種專注的態度來接收對方所發出的所有訊息，其中包含了語文與非語文的訊息。而語文訊息的獲得，在於聆聽對方口語表達的用字、詞句、語氣和聲調；而非語文訊息則藉由注意其面部表情、神態、手勢及身體動作等方面來加以了解。有效的傾聽包括：眼神的接觸及一些表明你正專心在聆聽的姿勢。

父母藉由傾聽技巧，表達出對孩子的關切；父母或許不完全同意孩子的想法、態度或行為，然而若能透過有效傾聽的態度，則可充分表達出對孩子的接納與尊重。

在溝通的過程中，如何能扮演成一個良好的「傾聽者」，可參酌以下的七項要點來進行（Shalaway, 1989）：

- 經常維持與對方眼睛的接觸。
- 面對訊息傳送者，並將自己的身體微微地傾向對方。
- 以點頭或其他不會打斷其說話的方式，讓對方知道自己完全了解。
- 忽略周圍任何會使你分心的事物或刺激，專一於對方的談話。
- 必須等到對方的表達告一段落後，才提出自己的回應觀點。
- 當有必要時，可要求對方進一步說明與澄清。

• 針對訊息傳送者所表達的言語訊息及情緒等是否接收無誤，可以摘述（summarizing）的回應方式來加以檢核。

國內為人父母者，經常只會不停的教導、批評與責怪孩子，而不准孩子有相反意見的表達，同時也往往忽略了自己應有「傾聽」的技術。閩南語中有一句話，最能貼切地表達這種情形——「小娃仔，只有耳朵可聽而沒有嘴巴來說」。事實上，在良性的親子溝通中，雙方應同時擁有表達說話與積極傾聽（active listening）的權利與義務才是。

(二) 反應的技術

當我們在傾聽完了之後，通常會做適當的反應（response）。而在做反應時，我們會從接收訊息者轉換成發送訊息者。在此將介紹同理的反應（empathic response），並討論有效的溝通者所應避免的不適當反應。

在同理的反應中，有兩項要點必須加以把握。其一，要能站在對方的立場，去完全體會他的情緒與感覺；其二，要能以這種體認為基礎，以便作出合宜的反應。

筆者猶記得二十年前，我的兒子上小學一年級在聖誕節前夕，第一次送他任天堂電視遊樂器作為當年的耶誕禮物，並與他做了一項約定：平日放學回家後必須先做完家庭作業，而後才能玩一小時的任天堂電視遊樂器（簡稱為「打電動」）；兒子相當乖巧，一直都能按此約定進行。某一天，兒子放學後很快地將功課做完、洗完了澡，正準備開始打電動時，因朋友家中有事需要我們過去幫忙，因此帶兒子出去一直到晚上九點半鐘才回到家；因時間已晚，孩子的媽催促他立刻上床去睡覺，並對兒子質疑今天還沒打電動的問題一律予以拒絕，兒子心中感到十分委屈哭著來找我，問明原由後我做了一個「同理的反應」——允許他玩一刻鐘的「打電動」，並說明因時間已晚，不足的四十五分鐘明天再補回。

高明的溝通者有時也會因反應不當而產生問題，但他們在說錯話的時候能很快的察覺而加以修正，也會在未來的溝通中避免再犯相同的錯誤。會導致人們強烈防衛或自尊受傷，以及不能有效達成溝通目標的反應，都

是不適當的反應（problem responses）；在溝通中最常見的不適當反應有以下四種（曾端真、曾玲珉譯，1996），分別說明如後：

- 不切題的反應（irrelevant responses）：這是指和談論的內容無關的反應，完全忽視了說話者所傳送的訊息。因為當人們說的話被忽略時，不只懷疑對方是否有在聽他們說，而且也懷疑他們說的話或其想法是否被重視。例如：當父母沒有專注於孩子的發問或表達時，就會有某些不切題的反應發生。
- 轉移話題的反應（tangential responses）：這種反應本質上亦是一種不切題的反應，卻是用比較圓滑的方式說出來，但仍然會使對方感覺自己所說的，並沒有獲得應有的重視。在家庭中，當父母不想回答或討論孩子所提出的問題時，也經常會用轉移話題的方式來對孩子做反應。
- 不一致的反應（incongruous responses）：這是指反應者非語言行為和其語言訊息之間，有相當不一致的落差。口中所說的反應，與其表情或態度不一致，甚至完全相反。例如：做父母的一再對孩子保證不再追究、不會生氣，但他們的態度與表情卻正好相反。
- 打斷式的反應（interrupting responses）：這種情形是指在別人還沒有把話講完之前，便做插話反應。當你打斷別人的話，對方可能以為你瞧不起他，因而引起別人的防衛；打斷別人的次數愈多，其傷害性則愈大。在某些家庭中，當大人不想聽孩子說太多話時，往往就直接會有打斷式的反應出現。

五、父母不要吝於給孩子讚美與鼓勵

家是孩童們情感的發源地，父母則是建立其自尊心和自信心不可或缺的重要一環。孩子將來成功與否，父母是有絕對的影響力。多數的父母都希望孩子能成龍成鳳，但很少顧慮到孩子的能力和興趣，只要其成績不理想或事情稍不順意，就會用些刻薄、無情的負面言詞來批評或數落他。

其實，孩子們是最需要父母用愛心與體諒之情來教養他們。大人給的讚美愈多，其未來成功的可能性也愈大；尤其是曾經遭受過挫折和失敗的孩子，更迫切需要安慰、鼓勵與讚美。可是，有些父母認為孩子學好、做好，完全都是應該的，沒什麼值得稱讚與鼓勵。如此這般吝於讚賞的結果，容易讓孩童誤認為父母不關心他而自暴自棄。

這就有如教育心理學中所提出的「比馬龍效應」（Pygmalion effect），指出教師的期望透過師生間的交互作用而產生影響。其產生自我應驗預言（self-fulfilling prophecy）作用的途徑，係透過期望影響教師行為，進而影響學生的自我觀念，再影響到學生的成就動機。最早從事教師期望的研究中（Rosenthal & Jacobson, 1968），係以不實的資料告訴教師，某些學生具有較高的學習潛力，使其形成特別的期望，則期末測量時果然發現這些學生的智商成長較其他學生來得快些。

同樣的，父母也應把握適當時機發揮正面的「比馬龍效應」於家庭中。只要能在平日生活中多注意孩子的活動與努力，在符合其個人興趣與性向的學習中，當其稍有成就或優異表現時，就即時予以稱讚、鼓勵和肯定，將可引導孩童朝此正向途徑努力以赴，不但充滿自信而且動機強烈；假以時日必定會有相當傲人的自我成就與自我實現。在臨床諮商輔導案例中，有許多原本智商高且能力強的孩子，到後來的發展未有較大成就的原因，大都是由於長期未能得到父母師長適當的讚美和鼓勵。

不必過於擔心孩子將來的發展與變化，只要父母能給予孩子足夠的信賴、讚美與正向期待，即使是一位失敗者也會因此受感動，而再接再厲的努力邁向成功；反面觀之，若為人父母者不能給自己孩子適當的鼓勵與讚美，不就等於表示對他的失望與嫌棄，在此情況下還能期望他作出什麼正面的成就呢！

第三節　召開民主式的家庭會議

家庭會議（family meeting）是一種全家人定期舉行的聚會，其目的在於討論家中全體成員大家的想法、願望、委屈、疑問及建議等，並可同時計畫全家的消遣娛樂活動，以及分享彼此愉快的經驗及相互之間正向的感受。另外，透過家庭會議可讓全家人彼此有機會聽到其他成員對於家裡發生之各種爭論及問題的意見。

當然，定期家庭會議的聚集，也提供了時機來建立全家一起遵守的規則，達成重要的共同決策。藉此亦可表揚家裡的好人好事，指出個別成員的優點，進而增加家庭的和諧度。同時，應把握定期舉行家庭會議的原則，促使全家每一成員對此均有明確的承諾，願意共同分享或分擔家裡的相關事宜。而家庭會議的時間也應對每一位成員都是方便的，如果有任何成員決定不參加家庭會議，其必須接受缺席帶來的合理行為後果。

召開家庭會議是阿德勒學派針對教育父母的主要貢獻之一，透過此一方式可增進親子之間彼此的了解與接納，並改善親子間的關係（李茂興譯，1996）。同時，家庭中若能實施家庭會議，不但可以增進親子之間的溝通，並由其中學會相互尊重其他家庭成員，且增進溝通、協調能力及對自己行為負責的機會，強化個體適應社會生活及符應人際社會關係之要求。

一、家庭會議召開的原則

針對家庭會議的召開，歸納出以下七點的指導原則（王以仁、陳芳玲、林本喬，2005；陳淑惠、王慧姚編譯，1987）：

(一) 定期舉行會議、把握時效

何時或是間隔多久召開一次家庭會議，應該有一個共同的約定，以便每位成員都能事先預做安排，並且可以預期什麼時候會討論到他認為相當重要的問題。當然，每次家庭會議所需的時間，應維持在一小時以內為原則，但對年幼的孩童則不宜超過三十分鐘。

(二) 家庭會議的內容要有變化

開會最忌諱流於表面形式，每次家庭會議要能儘量把握重點；依實際需要分別可以鼓勵表揚、家規訂定或修正、計畫全家旅遊或休閒活動，作為不同家庭會議的進行重點，才不會使家中成員對家庭會議產生冷感。

(三) 全家輪流當主席共同負責

一般而言，父母可以先當主席以示範會議的正規程序，而後再與孩子們一起計畫全家如何輪流當主席。當主席者必須依照事先約定的時間開始和結束會議，且使所有的相關意見都有機會表達出來；只要已入學的孩童，在成人的指導之下足以勝任家庭會議的主席角色。

(四) 共同訂定並遵守議事規則

任何的會議都需有其議事規則，包括：發言時間長短的規定，不同的看法時如何折衷或表決，針對拒絕出席家庭會議或無故遲到的成員如何處置等方面。通常家庭會議的議事規則可比照一般性會議的規定，特別的議事規則可由與會的全體成員共同訂定，同時在家庭會議中要能遵守相關之議事規則。

(五) 尊重每位成員的自我表達

在家庭會議中每位家人在能遵守議事規則的前提下，均能充分享有自我表達的權利；對於正在討論的問題，每個成員都有機會提出個人的意見。尤其當孩子發言時，父母應予以尊重不宜再加上自己的說明或修改。特別是在早期開始實施家庭會議中，父母應讓孩子有機會完整地表示意見而不被打斷，這是很重要的基本原則。一旦民主的氣氛建立起來後，彼此才能

更活潑有生氣地在家庭會議中產生良性的互動。

(六) 家庭會議的決議應大家遵守

家庭會議所決定的任何協議或決議，到下一次召開家庭會議以前都是有效的。當孩子們不遵守協議時，父母可以運用自然合理的行為後果等方式來加以處理。當然，父母同時也應以身作則，確實遵守對家庭會議所作的決議與任何相關之承諾。

(七) 家庭會議應有完整的紀錄

如此可使家庭會議中的討論重點、計畫與決議留下一份紀錄，且每次公布上次的會議紀錄，有助於提醒家庭成員已經達成的協議及承諾。記錄的角色如同主席一樣，可由家人輪流擔任（年齡太小而無法記錄的幼兒可免）。

二、家庭會議召開的注意要點、功能及步驟

針對家庭會議召開之注意要點、發揮的功能，及主要內容與步驟等方面，在此亦作一扼要的介紹如後（王以仁等人，1993）。

(一) 家庭會議召開之注意要點

- 計畫每次開會所需要的時間，按照事先約定來開會，並應留出時間來表揚家庭中發生的好事，予以彼此成員相互鼓勵。原則上每月固定召開一次會議。
- 家庭會議所有參加的成員一律平等，可輪流擔任會議主席及記錄；且人人均應遵守會議達成的協議。
- 家庭會議是一個解決問題的資源，應將重點放在全家可以做些什麼，而非要求某一成員應該做什麼；家庭會議的目標在於增進溝通與達成協議。

• 在家庭會議中父母應多利用溝通技巧中之反映傾聽及「我……」的語氣等技巧，使孩子能學習以更有效的方法與人溝通。

(二) 家庭會議發揮的功能

• 聽到家人彼此的意見。
• 公平分派該做的家事。
• 計畫全家的消遣娛樂。
• 彼此相互表達正向的感受與鼓勵。
• 表達個人的想法、願望、疑問和牢騷。
• 解決家人之間的衝突，處理家中一再發生的爭論與問題。

(三) 召開家庭會議的主要內容與步驟

• 宣讀前次的會議紀錄，回顧前次會議的討論主題及其決議（會議開始可先唱家歌）。
• 討論前次會議留下來尚未解決的問題，以及需要加以修改的決議。
• 表揚家庭中發生的好人好事。
• 討論新的主題與事務，並計畫全家的消遣娛樂或旅遊。
• 總結所討論的要點做成決議，並清楚地徵得全家人實際實行的承諾。

筆者在此提出個人多年來的相關經驗與看法，作為國人實施家庭會議的相關參考。家庭會議在我家至今已進行了八年之久，基本上成效十分良好，當然其中也曾中斷過一段時間；本人覺得最重要的是能有規律地按時召開家庭會議，且成員能共同一致投入會議之中，並能維持民主尊重的會議氣氛。

筆者家中最初的家庭會議是配合基督教家庭崇拜聚會共同進行，每個月原則上有兩次家庭崇拜聚會也就同時召開兩次家庭會議，通常利用週末或假日時間進行，由各次主席來做相關議程與內容安排，主席則由家中四位成員輪流擔任；十五年前兒子十一歲、女兒七歲，但當起家庭會議主席時依然有板有眼。整個的過程大約四十分鐘到一個小時，前半段是家庭聚

會（有唱詩、讀聖經、彼此分享與互相代禱），後半段則參考前述相關內容召開家庭會議。經過數年來的努力，配合著家庭崇拜聚會與家庭會議的共同舉行，在筆者家中確實發揮了某些功效；深切期盼能有更多的國內家庭，亦能嘗試召開民主式的家庭會議，將可更進一步地增進家中親子間良性的互動關係。

本章摘要

親子之間原本就擁有遺傳與血緣上的深厚關係，在一般正常的狀況下少有父母不愛其子女，或是孩子厭惡父母的情事。尤其是針對幼兒或成長中的孩童，父母原本應該是他們最親密的家人，以及最具安全感的依靠。然而隨著時代社會的變遷，家庭結構與倫理觀念也有著大幅度地改變，傳統的家庭教育功能也日趨式微；因著現實環境的壓力，或個人問題處理的不當，在在都會造成家庭悲劇的產生。

所謂的親子關係，即家庭中父母與子女互動所構成的人際關係，此互動關係包含情感、權威性及結構性。親子關係除包含許多向度之外，更包含了親子之間相互影響的結果。親子關係對個人的自我概念、各種行為表現、生活適應及友伴關係都有顯著的影響，因此親子關係適應良好與否將深刻影響個人及家庭。

良好親子關係的建立，有賴於平日家庭生活中，父母如何把握機會去積極培養。將可由三個不同的角度切入，包括：(1)把握親子間生理、心理與社會的密切關係；(2)珍惜與善用親子間相處的時機；(3)親子間互動應多發揮適度創造力與幽默感。

有鑑於社會中青少年問題往往是「種因於家庭、顯現於學校、惡化於社會」，可見家庭對個人之影響是既早且深；因而如何能建立一個溫馨、和諧且民主的家庭氣氛與關係，使父母與孩子能共同生活和成長，實為當前親職教育必須正視的主要課題。

家庭氣氛就是家人相處的情形，包括了親子關係與父母教養方式；

也有學者認為家庭氣氛是指父母與子女彼此間的互動關係，教養家庭中子女的一種人際關係模式，在家庭中每個孩子都以個人知覺而對家庭氣氛做反應，因此家庭氣氛乃因個人知覺差異而有所不同。家庭氣氛可分為五個部分，分別是：(1)父母期望水準；(2)父母教育態度；(3)家庭學習環境；(4)家庭語言互動；(5)家庭人際關係。

國外學者Dewey認為，家庭氣氛讓家庭可以是競爭亦或合作、一致性亦或創造性、開放亦或欺瞞，家庭氣氛包含父母彼此之間的互動、孩子如何覺察、詮釋此模糊的氣氛，及此氣氛對每個孩子所起的作用，總加這些因素，正是孩子因生存而需適應的家庭氣氛。而Moos和Moos提出的家庭氣氛的定義最有系統，其中以三大向度、十個指標來測量家庭氣氛：(1)關係向度：凝聚力，表達性，衝突性；(2)個人成長向度：獨立性，成就取向，智能文化取向，主動休閒導向，倫理宗教強調性；(3)系統維護向度：組織性，控制性。

Olson 以凝聚力與順應性兩個向度，各分為四個層級，形成了十六種家庭型態，而此十六種家庭型態又可進一步分為三種家庭類型：(1)平衡型家庭：此類型的家庭凝聚力、順應力能彈性變化以因應環境的壓力，為功能良好的家庭結構；(2)中間型家庭：指其中一個向度為中度層次，而另一個向度為極端層次（太高或太低），家庭功能次於平衡型家庭；(3)極端型家庭：指家庭凝聚力與順應力的運作均處於極端的層次。

家庭氣氛不和諧容易使孩子逃避家庭、產生不良特質及產生偏差行為，親子關係因此受影響。如果家庭氣氛是溫暖且融洽的，青少年則多數是願意待在家中與家人共同生活，而不致流連在外甚至捲入幫派；反之，家庭若是常處於爭執不休的情緒中，或者父母對孩子持以漠視態度，則使青少年極欲逃避家庭尋求同儕的認同與支持。

兩人之間溝通的基本要件，不外乎是「聽」與「說」兩方面。父母藉由傾聽技巧，表達出對孩子的關切；父母或許不完全同意孩子的想法、態度或行為，然而若能透過有效傾聽的態度，則可充分表達出

對孩子的接納與尊重。

當我們在傾聽完了之後，通常會做適當的反應。而在做反應時，我們會從接收訊息者轉換成發送訊息者。其中，同理的反應最為重要，有兩項要點必須加以把握。其一，要能站在對方的立場，去完全體會他的情緒與感覺；其二，要能以這種體認為基礎，以便作出合宜的反應。

家是孩童們情感的發源地，父母則是建立其自尊心和自信心不可或缺的重要一環。孩子將來成功與否，父母是有絕對的影響力。多數的父母都希望孩子能成龍成鳳，但很少顧慮到孩子的能力和興趣，只要其成績不理想或事情稍不順意，就會用些刻薄、無情的負面言詞來批評或數落他。

孩子們是最需要父母用愛心與體諒之情來教養他們。大人給的讚美愈多，其未來成功的可能性也愈大；尤其是曾經遭受過挫折和失敗的孩子，更迫切需要安慰、鼓勵與讚美。教育心理學中所提出的「比馬龍效應」，指出教師的期望透過師生間的交互作用而產生影響。其產生自我應驗預言作用的途徑，係透過期望影響教師行為，進而影響學生的自我觀念，再影響到學生的成就動機。同樣的，父母也應把握適當時機發揮正面的「比馬龍效應」於家庭中。

家庭會議是一種全家人定期舉行的聚會，其目的在於討論家中全體成員大家的想法、願望、委屈、疑問及建議等，並可同時計畫全家的消遣娛樂活動，以及分享彼此愉快的經驗及相互之間正向的感受。另外，透過家庭會議可讓全家人彼此有機會聽到其他成員對於家裡發生之各種爭論及問題的意見。定期家庭會議的聚集，也提供了時機來建立全家一起遵守的規則，達成重要的共同決策。藉此亦可表揚家裡的好人好事，指出個別成員的優點，進而增加家庭的和諧度。

召開家庭會議是阿德勒學派針對教育父母的主要貢獻之一，透過此一方式可增進親子之間彼此的了解與接納，並改善親子間的關係。同時，家庭中若能實施家庭會議，不但可以增進親子之間的溝通，並由其中學會相互尊重其他家庭成員，且增進溝通、協調能力及對自己行為負責的機會，強化個體適應社會生活及符應人際社會關係之要求。

針對家庭會議的召開，歸納出七點的指導原則：(1)定期舉行會議、把握時效；(2)家庭會議的內容要有變化；(3)全家輪流當主席共同負責；(4)共同訂定並遵守議事規則；(5)尊重每位成員的自我表達；(6)家庭會議的決議應大家遵守；(7)家庭會議應有完整的紀錄。

研討問題

一、在現今的社會大環境下，要如何建立良好的親子關係？試以你由本章所學，及個人的親身體驗，來提供具體的建議。

二、家庭氣氛的和諧與否，對於孩子之成長與發展方面，各有何影響？試暢述己見。

三、請根據親子間的傾聽與反應技術，請各實際列舉一項在家庭中可以用得到的行為表現。試分別予以說明之。

四、在親子的互動當中，如何多運用「比馬龍效應」來鼓勵孩子？並請舉兩項實際例子來說明之。

五、你認為在今天台灣社會多數的家庭中，要召開民主式的家庭會議，其中最大的障礙與難處是什麼？你個人對此有何改進之建議？請一併加以說明探究之。

伴侶與家族治療

本章學習目標

- 何以現代家族治療的主要目標都聚焦於改變整個家庭系統？
- Bowen 家庭系統理論中有哪八個相互連鎖的主要概念？
- 「世代圖」在家族治療中如何使用？
- 家庭結構治療學派有哪些重要概念？
- 何謂「家庭圖示」與「重新框視」？
- 米蘭家族治療晤談過程中分為哪五個階段？
- 就夫妻治療的介入層面而言有哪十項重點技巧？

報紙投書

孩子自殺，快伸出援手吧

日昨南部某國立大學三年級學生，因連續數天未到速食店打工，經聯絡其父親南下趕到租屋處，才發現兒子陳屍屋內。檢警勘驗且研判該生疑似因功課壓力大，擔憂被退學而燒炭自殺身亡。說實在的，國內近些年來自殺個案已不算什麼大新聞。雖然，自殺背後的原因各有不同，但當自殺率如此快速地攀高之際，政府與社會實在不宜再表現出一副漠不關心的態度！

我有機會在課堂上或演講中詢問聽講者，影響人生發展的三個「天」：先天、後天、老天，何者最具威力？答案幾乎都一致認為是「老天」！但在正式的學校教育或家庭教育中，可有人去教導孩子有關此一訊息的「生命教育」嗎？我們鄰近的日本為降低人民自殺率，去年曾編列數十億元預算來設法因應，豈不值得吾人加以借鏡。

通常，成績好不好是主觀所論定者，倘若大人們對孩子能不以分數論英雄，並按其程度訂要求標準，學習與成績將不再是生活挫敗與壓力的肇

因者。今日，面對自殺案件發生後，不應只有一些與身亡者有關的聳動生活事件報導，或是訪問幾位心理輔導專家或精神科醫生來提出忠告。政府相關單位，例如：衛生署、內政部與教育部等單位應該寬列預算來積極推動自殺防治與生命教育的相關工作，以有效降低居高不下的自殺率。

別以為孩子在過大壓力下產生憂鬱與自傷的不幸悲劇，絕不會發生在我家。當孩子已經努力學習卻達不到預期目標時，就不該加給他們更多的壓力，而應幫助孩子去接受自我，或尋找其他可行的替代方案才是！

（本文係本書作者在 2008 年 7 月 7 日，發表於中國時報第 15 版「時論廣場」）

由上述文章可以看出當家中任何一個成員有自傷的偏差觀念或行為時，對整個家庭的影響何其大。當家庭發生危機時，不但需要全體家人共同關心與相互支持外，有時亦需求助於家庭諮商或治療師之專業協助。因當代家族治療的重要理論頗多，然在本章中因受限於篇幅而只能針對 Bowen 系統治療取向、結構治療取向及米蘭系統治療取向等三大家族治療派別，分別在第二節中扼要地加以說明探討。同時，在本章第一節將先介紹家族治療的緣起與基本觀念，以作為步入第二節介紹三大派別探討的基礎，而第三節則是再進一步將家族治療如何落實於婚姻與家庭治療當中，予以說明。

第一節　家族治療的緣起與基本觀念

家族治療（family therapy）認為家庭是個體第一個接觸到的社會組織，對個體的思想、行為有著深遠的影響力。因此，欲了解個體的困擾，必不能忽視探究其家庭成員間的互動關係。這樣的觀點，在美國的社會引起很大的迴響。而近年來張老師文化事業股份有限公司出版的一本暢銷書——《熱鍋上的家庭》（李瑞玲譯，1991），其原文是由 Napier 和 Whitaker 於 1978 年出版，書名為：*The family crucible*。本書是在描寫一個瀕臨破碎的家，接受家庭治療的過程及其心路歷程。從這本書中可以使人深刻的體認到，家庭原本是個人最溫暖的避風港，然而一旦經營不善，也可能成為危害個體人格發展的最大殺手。

家族治療的理論及技術，是一個複雜而處於發展中的領域。美國的家庭治療一直到 1940 年代起才開始萌芽，1950 年代家族治療法初展頭角，但仍被視為演進中的治療取向。時至今日，家族治療各種治療取向紛紛崛起，這代表著一種療風的轉變。諮商與臨床心理治療由過去心理動力、行為學派、人本取向的三大勢力，轉進到現今的第四大勢力——家族系統治療（Goldenberg & Goldenberg, 2004）。在美國許多諮商與心理治療的專業人員，也逐漸採取此種理論取向，所佔比例由 1992 年的十分之一逐漸增加，當進入二十一世紀時，應可超過四分之一（Young, 1992）。

家族治療者視個人行為問題的出現，由過去個別化的直線因果觀點，進而強調了解行為的背景脈絡與彼此間交互作用之影響。同時，認為家庭是個體第一個接觸到的社會組織，對個體的思想、行為有著深遠之影響力。因此，欲深入了解個體的困擾，必不能忽視探究其家庭成員間的互動關係。這樣的觀點，在近半個世紀的美國社會引起了很大的迴響。

所有的家族治療法都同意的一項原理是，當事人與一個活生生的系統連結著，而這個系統某個部分發生改變時就會引起其他部分的回應。因此，治療者的方向除要處理「被指認」的當事人（identified patient, IP）之外，同時也應處理當事人的其他家族成員與範圍更大的背景因素。因為家族本身是一個互動的單元，所以會有其一組獨特的特質。未能了解家庭成員間的互動情形與範圍更大的背景因素，就不能正確的評鑑出個體內心的顧慮。因此，只研究個體的內心動力而未能充分考慮其人際動力，則有可能會產生不完整的描述。

家族系統觀點認為，透過評鑑一個人整個家族成員之間的相互關係，最能夠了解這個人。各種問題症狀常被視為家族內功能運作不良的一種表徵，並認為這種型態會代代相傳。這種革命性的看法認為，從當事人身上偵查到的問題，可能是家族如何運作的一種表徵，而不只是個體適應不良、

個人歷史，以及心理社會化發展過程所顯現的症候。此一看法根據的假設是，當事人的問題行為可能係源自家族的遺傳；代表家族無法順暢運作，特別是家庭處於轉形期；或象徵著代代相傳、運作不良的型態。所有的這些假設，都挑戰著傳統學術界對於人類問題及其形成在概念上所構築的架構（李茂興譯，1996）。

一般說來，家族治療的主要目標在於改變家庭整個系統（system），並認為這將進而使個體成員產生改變。家族治療旨在協助家庭成員改變功能不良的關係型態，以建立功能良好的互動方式。然而，家庭往往有維持靜態不變的傾向，甚而抗拒改變。故家族治療的過程中，家庭系統的改變歷程有時相當緩慢，需要耐心與詳細計畫的介入（intervention）措施。

關於家庭系統的觀點，在本書第一章導論的第一節中，就有相當詳盡的說明；其中針對家族治療十分重要的三項基本概念（Worden, 2003），分別是：(1)直線因果論對循環因果論；(2)靜態不變對動態改變；(3)內容對過程等，都必須先詳細地加以閱讀及了解。

因此，在家族治療的範疇內，強調家庭整個系統必定遠大於各個成員部分的累加總和，同時在其治療過程中亦較重視循環因果論與過程的形成原因，當然適時地動態改變對家族治療介入後功能的發揮，亦有其不可或缺的必要性。

第二節　家族治療的三大派別探討

在現今家族治療的重要理論，包含有心理動力治療取向等七大學派。在此因篇幅有限不能一一介紹，僅針對Bowen治療取向、家庭結構治療取向，及米蘭系統治療取向等三大家族治療派別，分別扼要探討如下；其中的大部分內容介紹，主要係參考Goldenberg和Goldenberg（2004）的論述。

一、Bowen 家族治療取向

Murray Bowen把家庭視為一個情感的單位，一個相互關聯密切的網狀組織，他認為在多世代或家族史的參考架構下分析家庭，將可獲得最佳且深入的了解，他被視為是家庭系統治療理論最先的原創者之一。

Bowen 認為個體情緒困擾，來自於他個人與他人關係的連結，他採用系統科學的構念與用語，以較寬廣的觀點看人類的功能，背離他個人所接受傳統精神醫學訓練的一貫立場——強調情緒困擾根源於個人的主張。他的理論係來自於視家庭如同一個自然系統的觀點，同時認為家庭治療是巨大人類行為理論的一個副產品，人類行為理論才是他真正要發展的任務。

Bowen 提出家族系統理論是一套自然系統理論，視每個家庭均為一個系統，這是自然界發展進化的結果，成員與家庭的相互關係也像自然系統一樣，被平衡生命的力量所控制，並依循一般的自然法則。為了與大家已熟悉的系統理論有所區隔，Bowen 特別把他的家庭系統理論更名為 Bowen Theory。有關 Bowen 的家族治療觀點及其相關技術，進一步分為以下五項來加以說明（李茂興譯，1996；翁樹澍、謝大維譯，1999；Goldenberg & Goldenberg, 2004）。

(一) Bowen 理論的發展與形成過程

Bowen於 1946 年起在梅寧格診所（Menninger Clinic），從事治療嚴重精神分裂症患者的工作。1951 年採用新研究方法，讓精神分裂患者與其母親一同住進療養院，以檢視兩者關係來探討母子間的共生情形（mother-child symbiosis）。Bowen 是精神科醫生，早年他對於「精神分裂症」很有興趣。他認為母子之間的「共生關係」，可能是造成精神分裂症發展的主因。

1954 年他將研究工作移往位於馬里蘭州的「全國心理健康中心」（National Institute of Mental Health, NIMH），並把家庭互動的觀念加入臨床實

務中，讓所有患者的家人一同住進研究病房，進一步觀察患者與家人間的互動情形。

1959 年 Bowen 在 NIMH 研究計畫結束後，移往喬治城大學從事較輕微病患治療工作；並繼續發展出一套可適用來處理發生在所有家庭（包括正常與功能失調家庭）問題的理論，亦即往後所稱的Bowen家族系統理論。

1975 年Bowen將其家庭系統概念擴大至整體社會網，把社會亦視為一個情感體系。Bowen 且於 1978 年出版《家族治療在臨床實務上的運用》（*Family therapy in clinical practice*）一書，詳載其理論的形成與提供相關治療技術。

(二) Bowen 理論中八個相互連鎖的主要概念

1. 自我分化

自我分化（differentiation of self）是 Bowen 理論中重要的基礎，這是指自我在感情與心智上適度地與整個家庭脫離及獨立（所謂有點兒黏又不太黏）。依家庭系統理論，要成為一個健全的人，需同時擁有對家庭的歸屬感及脫離家庭的自我個體。分化後的個體能選擇接受自己感覺的指揮，或自己想法的指揮。

未分化的個體自主性低，反應相當容易情緒化，對事情亦無自己清楚的立場。兩個分別未分化的個體往往會尋求與自己類同者結為夫妻，經由此種婚姻的方式，功能不良的家族動力將會代代沿襲相傳下去（Becvar & Becvar, 2003）。

2. 三角關係

Bowen 提到在親密二人關係中容易產生焦慮，且在有壓力的情境下，兩人也許會引進一個第三者來減低焦慮與增進其穩定性，此一現象稱之為三角化關係」（triangulation）。一般說來，分化程度愈低的人愈容易被扯入三角關係（triangles）中，或者說愈低分化的人愈能提高三角化關係的可能性；在依靠三角化關係解決問題時，也正協助某個成員維持其低分化的自我。

根據Bowen的看法，若是諮商員與家庭任一成員有情感的牽扯時，就會喪失其中性的立場，並成為三角關係中的一部分。Bowen 認為諮商員應有非常高的自我分化，才不至於不自覺的被個案家庭扯入三角關係的糾葛中。同時，諮商員應該具有相當的自覺能力（self-awareness），若仍有部分個人自己未解決的家庭問題，或是尚有情緒性反彈的話，則在家族治療過程中恐會產生某些偏差的反應。

3. 核心家庭的情緒系統

低自我分化的人婚後會產生一個相同特徵的家庭，這樣的核心家庭系統將會是不穩定，而企圖以各種方式減少緊張以維持穩定；包括愈喜歡以爭吵、分離，或過度關心孩子來解決夫妻間的衝突與問題。進一步而言，當配偶的功能失調時，在互補作用上可能出現過量或不足的現象。例如：一方負全責，而另一方則扮演無法負責的角色；此時，問題的重心會被單純歸咎到不足的一方，而忽視了夫妻彼此間互動關係的問題。

核心家庭的情緒系統（nuclear family emotional system）是一種多世代的概念，Bowen 相信個體會從原生家庭（original family）中，學習到諸如人我關係的型態、婚姻選擇的觀念等，再加以複製並把相似的類型傳給下一代。因此，Bowen 認為解決現有家庭問題最有效的方法，就是改變個體與原生家庭的關係與互動方式。

4. 家庭投射過程

家庭投射過程（family projection process）係指父母會將自己本身未分化的自我或婚姻關係，透過父、母、子女三角關係投射到子女身上。Bowen 相信自我分化低的父母本身不成熟，會從孩子當中選擇一個在心智或身體上最幼稚的子女，作為他們投射的目標。當孩子依附父母最深時，其自我分化程度最低，最難從家庭中分開。

依 Singleton（1982）的描述，孩子常會焦慮地回應母親的焦慮，當感到孩子有問題時，便驚慌失措而過度保護；母親將孩子幼稚化，使得孩子自身的功能減弱，一個惡性循環就此產生。家庭三角化的另一成員父親，因擔心妻子的焦慮而不敢干涉她，反而扮演出支持的角色；夫妻雙方合力

使孩子「有問題」，以穩固他們的婚姻關係，也使得家庭三角化更穩定而不變。

5. 情緒截斷

這是指個體脫離對家庭的依賴或控制，而開始尋求獨立。孩子會透過離開父母或停止與父母交談或切斷與家庭的接觸等方法，在情緒上完全的冷漠及隔離，或在外表上保持距離疏於來往，嘗試脫離家庭而獨立，以免彼此在情緒上糾葛不清。

Bowen 以為情緒截斷（emotional cutoff）只是假想的自由，而非真實切斷。情緒截斷發生在大部分有高焦慮或情緒依賴的家庭之中，家庭愈被期望有高的凝聚力，成員間衝突愈容易被偽裝與隱藏。Bowen 認為當情緒截斷存在於父母與其上一代父母之間時，則下一代的父母與孩子間情緒截斷的可能性也會提高。

6. 多世代傳遞過程

多世代傳遞過程（multigenerational transmission process）是 Bowen 理論中最吸引人的一個觀點。他認為一個嚴重失功能家庭，乃是家庭感情系統經過多世代操作的結果。其傳遞過程的關鍵在於個體選擇相同分化程度的人為其配偶，且家庭投射過程會造成比父母分化程度還要低的後代。

在此情況下，後代子女自我分化程度比父母還低，其選擇的配偶與自己有相同的低分化程度，這樣一代一代的傳下去，最後將會產生一個自我分化低到足以失去功能的個體（大約八到十代就會出現精神分裂個案）。

7. 手足地位

Bowen 認為婚姻中配偶愈接近童年時手足地位（sibling position）的複製，愈有機會獲得成功。例如：老大配老二，老么配產序較前一位者；他甚至指出如果配偶童年是與異性手足一同成長的，則其婚姻成功的機會較大。

同時他也體認到配偶的互動類型，可能與個體自身在其原生家庭的地位有關，依產序可以預測其個人在家庭感情系統中的角色與功能。例如：老大與老么結婚，老大可能被期望要承擔較多的責任；但此處的老大或老么是指個體在家庭系統的地位，而非真實的產序。

8. 社會退化

Bowen 把他的理論擴展到社會主張，社會如同家庭，也有維持集體性與傾向個別化的兩股力量。社會在長期壓力下，也會形成焦慮的社會氣氛，在此情形下社會可能形成保守而集體性的風潮，並腐蝕其個別化的力量。

Bowen 悲觀的認為分化的社會功能在過去幾十年來已明顯降低，但他期待社會在理性與情感之間有較好的分化，社會能做較理性的決策而非僅依情感行事，更非選擇短期或補救式的解決方案。

(三) Bowen 家庭系統理論的治療目標

Bowen理論在其治療實務方面，有以下兩項主要目標：(1)消除家庭個案的焦慮與減輕其症狀；(2)提高各個家庭成員之自我分化程度。

(四) 世代圖（genogram）的使用

Bowen 相信多世代的類型與功能，是影響核心家庭功能決定性的因素。因此，他發展出一種能跨越多個世代的家庭圖，其中記載了每個人的家庭背景資料，包括：姓名、年齡、排行關係、婚姻狀態、職業、社經背景等，先後至少三個世代的資料；可用來協助調查問題的起源，並進一步了解期間的情感涉入與演變，且以此作為一種工具，用來評鑑各個配偶融入擴大延伸家族（extended family）及彼此融入的程度。

(五) 總結分析

- Bowen的家族系統理論可視為傳統心理動力取向與嚴格系統觀點間的橋樑。
- Bowen的理論奠基於自我分化的概念，個體分化程度高者，能區分理性與感情功能，避免扯入受情緒支配的家庭感情過程中。
- 在家庭系統中承受壓力的二人，傾向於尋找第三人組成三角關係來減輕緊張而恢復平衡。

- 核心家庭感情系統經常由相類同自我分化程度的婚姻關係所建立，父母在原生家庭的手足地位，可明顯推出哪位子女將被扯入成三角關係化的對象。
- Bowen 用情緒截斷的概念來描述家庭成員，設法從融合中孤立出來；而愈來愈低的自我分化，尤其經多世代傳遞過程的結果，會導致嚴重失調現象。
- Bowen再把他的理論延伸到社會，認為長期外在的壓力將降低社會自我分化的功能水準，造成社會退化。
- 從Bowen的治療觀點，強調治療者要客觀中立，且以世代圖的方式至少提供三代以上的家庭關係。
- Bowen的家庭系統理論以小心而不捲入三角關係的方式，從事婚姻家庭治療；其目標是為了減少焦慮、解決症狀，最後擴及每個成員在核心家庭與原生家庭中適度地自我分化。

二、家庭結構治療取向

家庭結構治療取向是 Salvador Minuchin 於 1974 年發展出來，他認為家庭可算是一個社會單位，隨著不同的發展階段前進；同時每一發展階段都必須面對新的作業或挑戰，而促使每個階段家庭體系的重組與成員間彼此功能的改變。Rosenberg（1983）曾對家庭結構治療取向做以下的歸納：當家庭陷入麻煩的時候，人們可以假定它必然是在失功能的結構中運作。

一對夫妻結婚之後，在很多日常生活的細節上必須學習彼此適應，也藉此發展出一套互動的溝通型態；但有孩子出生後，這個家庭組織也會因而改變，且需分別扮演父母的角色與發揮其功能，使得夫妻間原有的溝通型態亦隨之改變。這也就是所謂的「重新建構」（restructuring），係指家庭組織體系每逢新階段的發展，都會帶動家庭成員間相互的調整與適應。Minuchin 相當重視個體所處的脈絡情境（context），以及個人與環境間的回饋過程。從家庭組織體系來看，特定型態的家庭組織與生理上較弱之小孩，彼此之間會發展和維持某類身心症狀，小孩身心症狀對於維持整個家庭平衡扮演極重要的角色，每個家庭成員的行為，同時會是家庭其他成員的因果行為（吳就君、鄭玉英，1987）。

有關家庭結構治療中的相關論點與技術，將進一步分為以下六項，分別加以說明（王以仁主編，2001；李茂興譯，1996；翁樹澍、謝大維譯，1999；劉瓊瑛譯，1999；Goldenberg & Goldenberg, 2004; Horne, 2000）。

(一) 家庭結構治療的發展與形成過程

- Minuchin於1960年代初期，在紐約市的一所學校（Wiltwyck School）處理一些貧窮家庭出來的犯罪青少年，並由此發展出一套較直接、具體而行動取向的家族治療干預過程。
- Minuchin 於 1970 年代與同事設立「費城兒童臨床輔導診所」（Philadelphia Child Guidance Clinic），後又擴展為賓州大學的兒童醫院；此一單位亦成為全美第一個以家庭治療作為主軸的診所醫院。
- 1974年Minuchin出版其大作《家庭與家族治療》（Family and Family Therapy），將其家庭結構治療理論與技術完整的呈現。

(二) 家庭結構治療的重要概念

1. 家庭結構

依據 Minuchin 觀點，「家庭結構」（family structure）是一組看不到功能要求或規定（demands or rules）藉此掌握著家庭成員們彼此間互動的形式。經由觀察家庭的活動或家庭成員在治療中互動的情形，尤其是在治療中重複出現的某些相同之家庭歷程，則可大致了解整個家庭之結構型態。

2. 家庭次系統

每個家庭都是由不同的次系統（subsystems）所組成，如：父母次系統（父親與母親）、配偶次系統（丈夫與妻子）、手足次系統（孩子們），以及其他延伸的次系統（祖父母次系統或其他親戚次系統）等。設法確保父母次系統能妥當地隔離兒女次系統，是家庭結構治療法的重心。每個家

庭成員在其所屬的不同次系統中，各有其應扮演的角色，而各個次系統亦有其各自的功能及任務；當某一個次系統的家庭成員，侵犯或佔據另一個他不屬於的次系統時，經常會因此造成頗大的問題發生。

3. 界域

所謂「界域」（boundary），指的是為保護家庭中的個體、次系統或全家之完整性的感情障礙（或區隔）。事實上，大自然中萬事萬物各有其「界域」，例如：河流與兩岸或大海與沙灘，均各有其界域而彼此間區隔地十分清楚。邊界在家庭中掌控著每個成員與其他家人之間的接觸量，這些人際間的邊界在概念上類似光譜的呈現，其中一端是傾向於「僵硬」（rigid）的邊界而會造成疏離的狀態（disengagement），另一端則是傾向「擴散」（diffuse）的邊界而造成黏在一塊兒的狀態（enmeshment）。而光譜的中央地帶，才是清楚而健康的邊界，融合了僵硬與擴散邊界的特點，一方面使個體在家中得到統合的隸屬感，另一方面亦滿足每個家庭成員各自成長的需求。

4. 聯盟與結盟

所謂「聯盟」（coalition）是指在家庭結構中，某種較長期聯合行事的情況；例如：母親與獨生的女兒聯合起來，處處與父親作對。而「結盟」（alignment）卻是指為因應某一問題而實際採取短期單一合作的行動，例如：父母合作共同反對小學六年級的兒子去參加畢業旅行。

(三) 家庭結構學派的治療目標

家庭結構治療法有兩個目標：(1)減少功能不良的症狀；(2)藉由調整家庭的互動規則及建立更適當的邊界來導引家庭結構之改變。透過使家庭成員從刻板的角色與功能解放出來，家庭這個系統會變得更能夠動員其資源，及提升應付壓力與衝突的能力。一般而言，此派對家庭的治療目標在於創造一個更有效的層級結構；然其治療者所採取的干預措施不以家庭為限，他們對於社區的影響力也很有興趣。因為更大的社會結構會影響到家庭的組織，所以社區對家庭的影響亦須加以考慮。

(四) 治療者的角色、功能與努力

本治療學派中的治療者應發揮三項功能：(1)以領導者的姿態，投入受輔導治療的家庭中促其改變；(2)詳細探討個案家庭的整體結構與互動型態；(3)採取適當的干預措施，以轉化其不良的家庭結構。本取向的治療者會積極的挑戰家庭中僵硬的互動型態，而這些互動型態往往是為應付各種家庭壓力情況而形成的。其治療上的努力包括：建立更適當的邊界、增進互動關係的彈性，以及修正功能不良的家庭結構。而治療者的工作則是融入受治療的家庭，阻擋僵硬刻板的互動型態，以及促成更富彈性的家庭互動關係。

(五) 家庭結構治療技術

家庭結構治療法不只是施用一套技術而已，還需理出一個脈絡來檢視家庭，以及清楚說明健康的家庭應如何運作。Minuchin 治療法是行動導向，而非洞察導向者。Minuchin 治療技術具有主動、指導，以及思慮周全等特性，他的典型風格是果斷與率直。有時為了改變不良的家庭結構，他會從頭即開始掌控直到完成改變為止。以下就其中兩項技術，分別扼要地介紹如下：

- 家庭圖示（family mapping）：這是 Minuchin 標示家庭結構所採用的方法。在畫出一張家庭地圖時，治療者會確認其邊界是屬於僵硬的、擴散的，或暢通的；並指出其家人互動型態是屬於疏離或緊黏狀態。有各種家庭地圖可顯示，家庭中互動關係的功能運作與性質，在治療過程中可以發揮很好的效果。
- 重新框視（reframing）：此為治療者針對家庭中的問題情況，提出較新且積極的詮釋。以此方式來探討現存問題，可使家庭成員從不同的角度去了解原先的情況。例如：一個拒絕上學的孩子，可解說成想留在家中陪伴母親。在此情況下，每一位家庭成員都不必為某項問題，承擔所有的責難與責備。

(六) 總結分析

- Minuchin強調整個家庭結構的重要性，若能適當地改變家庭結構與互動形式，則可有效去除家庭中困擾個案的明顯症狀。
- 保持家庭結構組織的彈性，使其能維持介於「穩定」與「變遷」之中，而做適當的調整。
- 妥當處理家庭成員間的「邊界」，使其不會過於僵硬、冷淡而漠不關心，也不至於過度緊黏不可分而失去自我分化的功能。
- 整個社會大組織的情形，將明顯地影響到家庭小組織成員間關係的發展。
- 有時家中個案的身心疾病症狀之改變，對家庭組織平衡的維持有相當重大的影響。
- 家庭結構治療理論之重點在於：減輕家庭個案之症狀，改變或重組家庭之結構，並發展出家中成員彼此之間較佳的界域。

三、米蘭系統治療取向

米蘭系統化的家族治療（Milan Systemic Family Therapy），亦被稱之為「米蘭模式」（Milan Model）。係一群家族治療師在義大利米蘭成立，由 Mara Selvini-Palazzoli 女士所領導。米蘭模式相當強調「循環理論」（circular epistemology），並以系統化的研究導向來探討家庭中的諸多差異（differences）與如何達成整體的平衡，例如：在其行為、關係及不同家庭成員對同一事件「知覺」上的差異等，亦即「系統化的家族治療」。

米蘭模式認為家庭問題源自於其本身規則（rules）過於僵硬，允許成員活動的空間非常狹窄；故由成員間的溝通互動方式，及維持家規的過程中，就會造成了個案的症狀產生。因此，治療者應設法去發現、介入及改變家庭的相關規則，方能真正加以治癒。

有關米蘭系統化的家族治療理論與技術，將進一步分為以下八項，並一一加以說明（王以仁主編，2001；李茂興譯，1996；翁樹澍、謝大維譯，1999；Goldenberg & Goldenberg, 2004）。

(一) 米蘭小組的發展與組合過程

Selvini-Palazzoli 女士在 1960 年代後期，曾組一個八人小組，以心理分析治療取向去治療嚴重行為困擾的兒童，但是效果不佳；其後則由其中四位，包括：Selvini-Palazzoli、Luigi Boscolo、Gianfranco Cecchin 以及 Guiliana Prata 等人，共同組成另一小組，轉為探討家庭策略理論與技巧，並應用於家族治療中。

1971 年，前述四人正式設立「米蘭家庭研究中心」，朝向成立以各種策略技巧介入家庭治療的新模式，此時亦被稱為「米蘭模式」。他們相當地強調「詭辯」與「反詭辯」形式的運用（paradoxical & counterparadoxical patterns），以「治療性的正反兩面發問」（therapeutic double binds）方式進行。

1980 年以後，上述四人一分為二：(1)Selvini-Palazzoli 與 Prata 投入了家庭系統之研究，尤其是針對精神病患及其家庭問題；(2)Boscolo 與 Cecchin 組成了「米蘭聯盟」（Milan Associates），並將重點放在訓練與推廣方面，向全世界（如在紐約亦成立家族治療機構）推展其家族治療理論與模式。

(二) 米蘭系統化家族治療的兩大特色

- 進行較長時期的短期治療（long brief therapy），最初以一個月治療一次，十次即幾乎要持續一年時間。
- 針對一個家庭個案，由數位家族治療師組成一個小組（team）來進行。

(三) 米蘭系統化家族治療小組的進行

在其家族治療進行中，通常由一位或兩位（一男一女）治療者，面對全體家庭成員；而其他的小組治療者，則隔一單面鏡在旁室觀察。在治療

過程中會適時叫出其中一位治療者，以觀察所得建議或修正其治療方針，此過程亦稱之為「策略性的會議」（strategy conference）。而後該治療者再次回去加入家族治療。在治療結束前，亦會交付個案家庭相關的家庭作業（task），如一些「詭辯」問題的敘寫。

(四) 米蘭家族治療晤談過程的五個階段

- 晤談前階段（precession）：從第一通聯絡電話開始，接電話的治療者應做詳細的電話交談紀錄。並隨後展開此一階段的全體治療小組會議，且提出相關假設問題及方向（往後每一次進行家族治療晤談前，也會召開類似的小組會議，以提出治療的策略與方式）。
- 晤談開始階段（session）：家族治療晤談正式開始。
- 晤談中階段（intercession）：在晤談過程中，其他成員藉由單面鏡的觀察與研討，將修正的假設性策略與方針帶入治療中。
- 介入階段（intervention）：將前述新修正的策略、方法提出，以介入治療改變過程中。
- 晤談後階段（possession）：晤談結束後，全體小組成員共同討論、分析家庭成員的反應，以及介入策略、方法的適切性，以供下一次晤談修正之參考。

(五) 米蘭模式治療晤談技巧（Milan Interviewing Techniques）

1. 正向解讀（positive connotation）

此一技巧如同「重新框視」（reframing），從正面角度來看個案的問題症狀行為。例如：將孩子的「拒學」行為解釋成留在家中陪伴母親。同時，當以正面表達方式看待家庭成員的行為時，家人間是彼此合作之良好關係，有助於他們順利投入治療過程，而減少往後介入改變時的抗拒行為。

2. 家庭典禮儀式（family rituals）

例如生日、婚禮、葬禮、浸禮及畢業典禮等（亦可自立名目），在整個家庭中扮演著極重要的角色，因它可能帶來家庭發展的重大改變；治療者亦可藉此機會來改變家人間的關係與想法。治療者直接提出某些家規改變的要求容易遭到抗拒，但在各種家庭儀式背景下（在晤談中階段來進行），要改變就容易多了。

3. 提出假設（hypothesizing）

- 針對治療的家庭，在晤談前階段即由治療小組成員分別提出相關的假設（係以家庭成員互動關係陳述中，所呈現各種家規的循環模式問題），並在晤談過程中一一加以檢核，而建構出家庭問題的全貌圖。
- 這些系統假設的整體結構，是一項繼續不停的過程，經由家庭成員對這些問題假設的反應，再不斷地修正所提出的假設。
- 提出假設的晤談技巧，可讓治療者對某一家庭成員行為表現的不同加以探討，而不直接論斷其是對或錯，亦不歸類為某一症狀行為。
- 藉著治療者主動投入家庭的討論，可引發家庭成員以一個新的角度來看待其家庭生活與相關困擾。而提出假設可使家庭成員多點選擇及思考機會，也可由此帶出一些積極正向的觀點（擴大家庭視野，產生新的改變）。

4. 循環式的發問（circular questioning）

針對家庭成員間的互動，採用循環式的因果互動論（而非單一直線的因果關係）。這類循環式的發問，強調應探討家人間關係的「差異」程度，並比較思考某些情況不存在時的差異為何。例如：兒子與女兒，誰與父親比較親近？且在一個十點量表上分別標明出來。如果女兒沒有出生，你們今日的婚姻關係會有何不同？循環式問題的重點在於家人間的互動關係（包括語言與非語言的表達），而非個人的問題症狀；以相同問題詢問每一位家人，藉由成員們不同的觀點陳述，可帶出某些具有改變性的新觀點。如對於「拒食」的女兒，家人們有何不同的反應？

5. 治療者的中立態度（neutrality）

治療者在晤談過程中應保持中立，絕不與某一家庭成員關係較佳（或站在他這一方），而去對抗其他家庭成員。保持中立不代表治療者不主動投入。治療者應積極傾聽，並提出循環式的問題來討論，然治療者卻不宜

太急於投入家庭的「改變」。治療者的目標應該是協助這個家庭在其所具備改變之能力範圍內，達成改變的目的。

(六) 米蘭家族治療介入的運作

使用「詭辯」與「反詭辯」技術去改變。喪失功能家庭常出現這個情形——家中某問題人物需要被改變，但其他成員都自認很好不需要配合改變。但從系統的觀點來看：在整體之中不可能僅要求其中一部分改變，而其餘的部分不隨著做互補式的改變。

改變家庭中現有的信念系統（belief system）。治療者藉由正向的解讀（positive connotation）、家庭典禮儀式（family rituals）等，帶入一些新的訊息與觀念，並由循環式問題的探討過程中，產生改變而出現新的信念系統與彼此互動方式。治療過程中，治療者僅提供各種機會與刺激，但強調由家人自己找出適合他們的解決問題新模式，來加以改變。

(七) 近二十年的治療新趨勢

Selvini-Palazzoli 試著找出這些年輕慢性精神病患家庭的「共同點」，擬出有效介入促其改變的策略。並認為所有精神分裂症的家庭，往往起因於父母雙方的對立（強勢一方與弱勢一方的衝突），孩子不知不覺捲入兩人的戰爭遊戲中。她認為治療者將提供這對夫妻某些共同完成的作業或必須遵守的原則，並要求詳細記錄在此過程中其他成員的反應（要保密不讓其他家人知道）。而藉由父母雙方的改變，可以帶動整個家庭困擾問題的改善。

(八) 總結分析

- 米蘭模式治療亦是屬於系統策略取向的家族治療學派。
- 米蘭模式家族治療特別強調小組團隊合作的方式。
- 此派運用各種策略與技巧，主動介入家庭之中，以引發其改變在認知、行為與家人的互動關係等方面。

• 米蘭模式家族治療發展至今已相當的實用而企業化，除了有不同的「套裝組合」（packages）適合各種家庭困擾問題在不同治療期間來使用之外，同時並提供了許多相關的訓練方案。

第三節　夫妻的伴侶治療

本節主要提及有關夫妻治療的歷史回顧，並簡述夫妻結構、發展的主要概念，再根據夫妻治療評估之觀點加以討論，最後透過實例說明夫妻治療介入的理論和方法。

一、歷史發展

揆諸夫妻治療的系統分析乃為家族治療行動之延伸，但兩者之發展歷史實有密不可分的關係。就許多關於家族治療早期之描述，均將重點放在觀察數對或至少是一對夫妻間的模式。且多數家族治療的臨床治療師（therapist），通常只做成人夫妻的治療（Kerr & Bowen, 1988）。

雖然夫妻治療常因其特殊的問題，而和家族治療分開討論，但兩者實際上卻是相同概念和方法的一體兩面。就方法來說，夫妻治療為廣義家族治療的一個面向，因此夫妻治療和家族治療是分不開的。事實上，系統治療師有一共識，即進行家族治療時，當家庭中的問題孩子或其他家庭成員成為焦點時，夫妻間的關係即可因此而得到改善。所以家族中這對夫妻將會成為改變的重點所在。

從系統觀點來看，社會環境因素可能會讓問題持續著，但也可能是促使改變的資源。因此在夫妻治療中，非常重要的一點是，需考慮社會環境所有面向會如何涉入。而夫妻間的互動、信念和對關係的期待，或是夫妻之間及其大環境某些觀點的面向中之任何的干預都可能是可以改變的目標。

二、夫妻發展與夫妻結構之概念

以下係針對夫妻治療中的基本概念加以陳述之。

(一) 夫妻發展：家庭生命週期與異質轉換

對夫妻系統來說，所以會改變和發展的動力主要是來自於生命週期各階段的困境（Carter & McGoldrick, 1989）。諸多社會中，夫妻的發展歷程，一般都是由求愛到建立婚姻關係，有些得以終生廝守、生養幼兒、照顧青少年孩子、促使孩子能夠更獨立地生活，且調整其中年以後的夫妻關係（郭麗安譯，1999），家庭生命週期詳細內容可參閱第一章。家庭生命週期的階段中有許多不同的變數，其中可知的因素如：民族、階級、種族和其他差異，還有像社會趨勢，如美國社會的高離婚率；另外個人的需求、期望和夫妻的能力等。

不管夫妻經歷什麼樣的過程，他們都必須努力在成長與改變的需求下維持平衡。例如：許多研究曾記載很多夫妻經歷「親子關係改變」的難題（Bradt, 1988）。在這個階段，夫妻通常必須重新安排他們的各種活動時間，如一起從事休閒活動或單獨、工作和謀職、與朋友和家人共處以及扮演好父母的角色等。夫妻若想要試著對這個階段的難題做調整或改變，可能會冒著陷入威脅未來婚姻的危險當中。

(二) 夫妻結構之概念：權力與連結

在夫妻結構中最基本的兩種互動面向，構成所謂的「夫妻模式」，如下加以說明之：

- 權力、控制、階級。
- 連結、共同性、接近程度、交集、親密程度、凝聚力。

觀察夫妻的互動，以及在治療室外面聽他們談話等，通常這些時候系統導向治療師會做記錄，如特定活動和環境下誰是誰的陪伴者、雙方如何描述他們和他人之間情緒品質以及在特定活動或是一般的人際關係中，誰的控制或權力比較大等。總括言之，夫妻問題涉及權力平衡和親密程度的掙扎，而且不僅是夫妻之間，常常還包括他們和生活中其他人之間的掙扎。

關於家庭結構，有兩個最具影響力的理論是為家庭結構治療（structural family therapy）（Colapinto, 1991; Minuchin, 1974），以及跨世代的研究（intergenerational approaches），其中最具代表性的是 Bowen 家族治療取向（Kerr & Bowen, 1988）。

三、評估

就夫妻治療的評估提出以下三項，試臚列於下。

(一) 概述

對大多數的系統導向臨床治療師來說，「訪談」為夫妻治療評估的唯一形式。有關系統導向夫妻評估的書籍和論述一般都強調訪談的細節及重要性，但很少或根本沒有提及標準化的評估工具之使用（Haley, 1987; Selvini-Palazzoli et al., 1980）。關於最近的調查結果指出，臨床治療師比較少使用評估工具在他們的婚姻和家族治療實務上。

(二) 團體治療中標準化評估的應用

在系統導向的夫妻治療評估中，針對標準化工具的低度使用，就發展出這些工具的研究者與臨床治療師間產生相當多的不同的看法（Liddle, 1991）。之所以造成低度使用標準化工具的原因是，思考方式多樣化，包括研究者和臨床治療師間觀念的差異，特別是在夫妻或家庭功能標準上，這乃是形成標準化工具的主軸，但透過標準化工具的使用是否足以顯示出特定夫妻或家庭的關聯事務？因為究竟要了解多少對夫妻對某些情況、經驗或刺激的反應，才可以在評估一對特定夫妻反應的意義上有幫助？而特定夫妻反應是否也可以用來修正及擴大於一般夫妻的認知基礎？這些都是

有待商榷的問題。

所謂「標準化工具」，包括自我評述問卷（self-report questionnaire）和投射工具（projective instrument）、行為評估量表（behavior rating scale）和觀察記錄系統（observational coding systems），這些標準化工具的特殊貢獻是，可以提供一套既定的方法來比較特定夫妻和其他夫妻的問題和能力上的差異，特別是可以建立一套標準資料。

此外，標準化評估的明顯價值為，理論架構可以透過標準化工具之使用而明確地運用。但因尚缺清楚、標準化的主要系統架構運用，所以臨床治療師在判斷夫妻的「邊界」、「僵硬—擴散」程度、「分化」程度和「三角關係」時，通常是根據他們自己獨特、可能為異質的架構來定義。再者，臨床治療師也會依賴他們的「內在規範」（internal norms），即完全視經驗和教育程度與層次來區分一對夫妻問題的理論面向。

選擇提供主觀（自我評價）和更「客觀」或觀察的資料，並發展系統（個人、雙方、整個家庭、大系統的家族）不同層次的多種評估工具之正確性，目前已有詳細的論述（Gurman & Kniskern, 1981; Gurman, Kniskern & Pinsof, 1986; Wynne, 1988）。然而，夫妻治療的評估和演變，在研究上立基於哲學基礎，長期以來與近年由結構主義和社會建構理論學者提出觀念是一致的，其主張為「……並沒有單純的『客觀』事實存在，只有複合的事實」（Gurman, Kniskern, & Pinsof, 1986: 607）。

(三) 藉由訪談確定先前的假設

理論可以為夫妻功能表現和功能失調提供一組假設，治療師將這樣的假設當作是構成訪談問題的指引。夫妻對於問題的回答，讓治療師可以確定、修改或駁斥以解釋夫妻模式和問題的特定假設之有效性或「適當」（fit）處（Selvini-Palazzoli et al., 1980）。以下的架構可以為訪談過程中假設檢定的指引：

- 夫妻問題的類型歸類於 X、Y 和 Z 變數（以特定的系統理論來界定）。這對夫妻的說明和行為（包括對治療師介入的回答）如何將

X、Y 和 Z 變數反應出來？其他的理論觀點是否可以進一步說明這對夫妻的問題？

- 採用開放式的問題，以便引導他們敘述，他們生活中特殊或重複發生的事件。臨床治療師可以徹底整理出來（comb），要支持或是修正他們的情況。當臨床治療師直接詢問假設的問題時，夫妻通常只會提供「是」或「不是」這種答案，不會說出重要的細節來幫助臨床治療師知曉他們生活中互動和特殊經驗的模式，而這些卻都是他們所發生問題的表現。典型的開放式問題以這種句子開頭：「請告訴我當時……」，接著再以探究的問題：「然後發生了什麼事？」鼓勵夫妻說得更詳細一點。
- 此外，不只要注意這些敘述的內容，還要觀察他們彼此間和臨床治療師間互動的情況，因為這可以讓臨床治療師對他們的親密度和權力關係作出有系統的假設。

四、改變的技巧

就夫妻治療的介入，綜合以下十項重點技巧可供參考（王以仁主編，2001）。

(一) 介入的原則

每一種特殊的系統分析各自有一套治療介入的哲學語言和方法，其中的差異和爭論也很多（Nichols & Schwartz, 2006）。然而，還是有其共通的理論與做法：如強調力量、資源和健康，注重治療系統的形成與維持，注意模式的確認、中斷和取代，問題重塑為改變的第一步，以及努力使治療更經濟（economical），以及特殊系統、現在導向、歷史導向、未來導向等技巧。

(二) 力量、資源與健康

系統分析理論認為夫妻各自及整體的運作基礎都健康，有能力和資源可以解決他們的問題，並達成他們個人和關係的目標。治療初期，治療師可能會先詢問有關個人的興趣與能力以找出可用的資源，而不是討論他們所帶來的問題。例如：「在我們討論你們帶來的問題之前，我希望先知道一些你們生活中在這些問題以外的事情」。通常夫妻的興趣和能力會提供一些可以用來改變結果的暗示。

例如：一位成功的女企業家覺得自己不被婆婆及小姑接受，即使先生努力幫她仍無法如願；當她被問及如果婆婆及小姑是她的潛在客戶，她會怎麼辦時，她立刻找到了答案。如此藉由討論問題時，治療師可以從他們的興趣和專業中得到暗示，並幫助他們用更熟悉的語言和思考方式來思索有威脅性的論題。另外，為了了解他們熟悉的專業或暗喻性語言，治療師可以准許他們修正治療師特殊用語使用的錯誤，並告訴治療師他們的知識範疇等，如此較不會讓他們面對「專業」治療師和治療過程時，會產生彼此間有些「不平衡」（one-down）地位互動模式的感受。

(三) 治療系統的形成與維持

為了有效介入一對夫妻，治療師必須從事一些活動和他們建立關係，讓這對夫妻覺得很有安全感，而且受到治療師尊重為獨立個體，又可視治療師為有能力協助他們的人。Minuchin（1974）提出「連結」（joining）一詞，象徵建立「治療系統」這些活動。連結的技巧包括成為殷勤的主人、「追蹤」（tracking）（傾聽和簡述二人所說的語意）、「維持」（maintenance）（提供支持與效率）、「模擬」（mimesis），配合該夫妻的口語與非口語表現等。

雖然「連結」為家庭結構治療的特殊用語，但所有的系統治療師都強調發展和維持治療系統的重要性，基本上，連結為「治療的基準點」。這是所有有效治療的基礎，不只是在開始時，而是在整個過程中都很重要。

(四) 模式確認、中斷與取代

所有的系統治療師都同意，改變的發生是經由確認及中止僵化的互動模式，和除去阻礙運用夫妻資源的原因，並且以新的及更有彈性的模式取代。一般來說，系統治療師協助夫妻啟動最根本的改變，以便在他們過去的關係品質中產生不同於以往的正面差異；其假設為夫妻關係中小小的變化將會因系統自然的「回饋」（feedback）循環而增強。

例如：有一對夫妻，兩人都抱怨對方未先表達情感，可採用米蘭（Milan）策略學派發展出的「隔日」（odd days-even days）處方（Selvini-Palazzoli et al., 1980）。其做法是，治療師建議他們在一週內有幾天要表達一些親密的舉動（有一天則順其自然），其間可以接受干擾來中斷對其他事務的漠不關心——做家事、照顧孩子等。當這對夫妻跟著活動前行時，通常會幫助他們又對彼此充滿希望、承諾和信任，然後又會促進其他改變。

(五) 治療經濟化

系統分析的前提為，治療應該要儘量簡潔。這個信念是，運用短期治療方式可以省時、省力和省錢外，且可減少夫妻依賴治療師的可能性（Cade & O'Hanlon, 1993）。另外，在溝通想法的過程中，治療師若採簡潔式的短期治療，就可能增加他們集中在改變希望上的力量。

(六) 問題重塑為改變的第一步

首先，要以更容易激起改變的方式以重新說明所呈現出來的問題（Haley, 1987）。大致上來說，這意味著要重新描述問題，使其不再被認為是歸因於一方或雙方長久不變的裂縫關係所致使，而可能是因為改變的特定信念、互動過程或環境的原因。重新說明特定內容要視所使用的特定系統研究和問題對夫妻的特殊意義而定。例如：在策略學派理論中，「沮喪」（depression）可能會被重新解釋為一方的「不負責任」（irresponsibility）（Madanes, 1981），而要求另一方過度負責。在敘述學派理論中（White &

Epston, 1990），「沮喪」可能會被看成是經驗的強制描述，其力量來自佔優勢的精神病學專門術語文化之影響與過度運用，而且夫妻可能會受到鼓勵去發現其他更具變化的方式，以描述這個經驗。

此外，進行夫妻治療提出建議的活動時，很重要的是，治療師不以專家的姿態來強迫或堅持特定的問題重述，反而需要提供新的嘗試性想法，心態上則應為「試著用不同的方式思考」，且必須積極參與夫妻思考與修正這些想法的過程，直到大家都認同有效的問題重新定義為止。

(七) 特殊系統技巧

在系統介入中，要建構出短期的治療有一個有效的方法，即以時間架構（time-frame）焦點方式來組合這些技巧。某些技巧主要在直接改變現有的模式可產生作用；有的則集中於夫妻現有及各自過去的人際關係上；有的將注意力轉移至未來，以改變現有情況。在實用主義、統合研究中，當一個架構無法刺激出假設與改變時，治療師可在這些時間架構間尋求改變。

(八) 現在導向技巧

早期的 MRI 和策略派理論最先提出現在導向（present-oriented）介入方法。「重塑」談到的是重新界定問題狀態，使其顯著程度（意義和重點）改變；當其顯著程度改變時，夫妻就可以採新的方式自由互動，不用再受到問題的限制。

有效且很尊重地重塑關鍵在於這樣的重塑必須由夫妻「真實」（true）的體驗，從另一方面來說，夫妻可能會在重塑的過程中感到離題甚至有被冒犯的地方。但系統治療師指出，這個方法中無論看來多具破壞性或病態，每個家庭成員的行為背後都有一些正面的意向。

像那些早期MRI和策略學派一樣，家族結構治療理論（Colapinto, 1991; Minuchin & Fishman, 1981）嘗試改變現有的權力與親密度模式，不過在治療期間比較少依賴要夫妻進行的指令和任務，而是經常依賴在治療室中引發的改變。「規定」（enactment）包括要求夫妻表現出問題互動模式，且嘗試由治療師建議的新互動方式來進行；這當中會阻止一般的親密和權力模式而鼓勵新的模式產生。而姿態、言語方面特色（如聲調、音量和速度）；曼陀羅式（mantra-like）的反覆默唸；隱喻或其他有效的想像；和改變治療師與任何一方的肢體接近。規則建立方法之目的是要為治療製造出治療室中難忘和新奇的經驗，以便讓這種感受於治療期間一直伴隨著他們，並期望刺激出一連串的改變。

(九) 歷史導向技巧

要將焦點從夫妻現有的問題模式轉變為雙方各自原生家庭經驗的可能來源之假設，有以下幾個有效的方法：

- 降低責難（reducing blame）：當夫妻雙方都更了解對方的敏感和行為歷史根源時，責難就會被重新歸因於因其原生家庭的不幸層面所造成的。另外，自責與他人的責難會因夫妻了解他們自己來自原生家庭的行為而減少。雙方都會開始在不經意中將他們特有的家庭問題轉變成現有關係負起更多責任。
- 治療期間降低衝突強度（decreasing conflict intensity in the session）：在這段期間內，當夫妻二人非常憤怒及不斷升高衝突時，絕對不要直接將他們現有的問題和家庭歷史一起討論，這樣才能減少衝突的強度。治療師可以要求他們一人說、一人聽，並要求聽者不要以沒有建設性的方式插嘴。如果緊張情況持續升高，治療師就必須與他們個別談話，或者讓一方躲在單面鏡（one-way mirror）旁聆聽。
- 將架構擴及信念和期望（widening the frame to include beliefs and expectation）：每個人對原生家庭的探究通常會顯現出對隱藏在現有衝突下權力和親密度的未知想法和期望。根據Bowen家族治療取向（Kerr & Bowen, 1988）認為，人們通常會與家人使用「情緒截斷」（emotional cutoff），以努力遠離三角關係和其他使其不安的過去經驗之關係；這種表現方式可能是否定現有信念和其父母信念的關聯等。無論如何，即使夫妻努力讓自己遠離這些信念，但探究原

生家庭確實可以讓夫妻確認他們在這些隱藏信念基礎下的互動方式。有時候現有行為來自原生家庭經驗的翻版；有時夫妻會在有意或無意間嘗試去除來自他們家庭的想法和價值觀。

(十) 未來導向技巧

有的家族治療師指出，過於注重過去和現在問題的連結或是過去問題的細節會妨礙夫妻的改變（de Shazer, 1991）。一般來說，這些採用焦點解決（solution-focused）或解決導向（solution-oriented）的治療師，會遠離先前討論的夫妻結構和全然功能失調理論。相反的，這些治療師會嘗試了解夫妻想要在短、長期的未來時間內有什麼不同，及如何達成（de Shazer, 1991）。

然而，更具特色的未來導向方法，包括要求夫妻仔細考慮在未來他們希望維持或者是需要加強的關係是什麼（不是只注意他們期望改變的）；檢視及突顯「例外情況」（exceptions）——在處理他們的問題上已經有效，以及在未來可能有效的策略，和「奇蹟問題」（miracle question）（de Shazer, 1991），如當他們早上醒來發現問題在一夜之間神奇地消失了的時候，會被問及：「有什麼不同？你怎麼知道的？」

未來導向方法的重點在於要讓夫妻對於問題消失後產生改變的情形有清楚的印象——這些印象至少要和他們現在描述的問題生活一樣清晰。這種特定、未來導向心像的描述會增加被治療者希望，並成為刺激和指引夫妻嘗試開始改變的計畫。

五、介入方法選擇的指引

從 1980 年代初以還，系統分析的治療者通常都會表示忠於某種治療學派（Bowen、結構、策略家族取向治療），並努力嘗試他們特定學派介入方法的限度（Nichols & Schwartz, 2006）。在此領域受到後現代思潮的影響，鬆動了這種對某治療學派的忠貞程度；因為治療者開始覺察到沒有一種理論可以完全抓住家庭的「真義」（truth）。於是注意力就轉移到在治療時期，治療師治療夫妻時所使用的方法，也就必須面對這個更實際的問題——「效率」（effectiveness）。

有一種對這類選擇有組織的發現式教學法對於實務與教學都很有效，即「治療調色盤」（therapeutic palette）的想法。例如：各種特定系統分析及其相關的實務都代表一種「色彩」（color），任何一種方法本身都不比其他的好或差；每種研究都是在特定時候基於特定「藝術家」（artist）畫一幅特定「圖畫」（painting）的需求而被採用的，且其有效性是根據這位藝術家繪畫當時眼光所產生的效果來決定。換句話說，所有的治療研究與技巧都可能有用，且都能在達到特定夫妻治療目的時得到其價值。

治療師可以選擇適合夫妻現今的問題與必須改變概念的方式介入開始治療，另外治療師也可以決定從開始即提出，可和夫妻的思考方式對照的研究。治療師的選擇是依照夫妻任何一方對於需要多少新意和在特定時刻能處理的情況之評估而定。有一個比較能使治療簡潔的方法，是從現在和未來導向技巧著手，當這些技巧都無法刺激夫妻產生足夠的改變時，再採用比較費時的原生家庭研究方法。

治療師愈容易讓夫妻從他們自己的經驗和習慣的思考、領會、感覺和行動方式找到問題的解決方法，如此就愈不需要引進新的方式，治療也會愈加的簡潔與短期。此外，專心找出夫妻已經可以做的，也符合此一領域的倫理，即治療師必須尊重夫妻的信念、價值觀和能力，而且當沒有需要時，應該避免過度的指揮。

因此，治療師要以比較不具有指揮的方式開始，像突顯問題的例外點、探出隱藏的信念等，並提供有支持性又正面的重塑法。如果這些介入方式所產生的改變很少，治療師可能就要進行更具挑戰的策略和結構技巧，例如：矛盾指令和不平衡法等。即使在使用比較能面質的方法時，治療師也必須要尊重及維持整體的合作感覺。再回到藝術的比喻來說，治療為治療師與夫妻共同創作的一幅畫，治療師應該要儘量找機會將畫筆交給夫妻才是。

本章摘要

家族治療的理論與技術，是一個複雜而處於發展中的領域。美國的家族治療一直到 1940 年代才開始萌芽，1950 年代家族治療初展頭角，但仍被視為演進中的治療取向；時至今日，家族治療各種的治療取向紛紛崛起，代表著療風的變化，轉進到現今的第四大勢力——家族系統治療。

家族治療者視個人行為問題的出現，由過去個別化的直線因果觀點，進而強調了解行為的背景脈絡與彼此間交互作用之影響。同時，認為家庭是個體第一個接觸的社會組織，對個體思想、行為有著深遠之影響力。

家庭系統觀點認為，透過評鑑一個人整個家族成員之間的相互關係，最能了解此人。各種問題症狀常被視為家族內功能運作不良的一種表徵，且這種型態會代代相傳。此看法認為從當事人身上偵查到的問題，可能是家族運作的一種表徵，而不只是個體適應不良，及心理社會發展所顯現的症候。

一般說來，家族治療的主要目標在於改變家庭整個系統，並認為這將進而使個體成員產生改變。家族治療旨在協助家庭成員改變功能不良的關係型態，以建立功能良好的互動方式。然而，家庭往往有維持靜態不變的傾向，甚而抗拒改變。故家族治療的過程中，家庭系統的改變歷程有時相當緩慢，需要耐心與詳細計畫的介入措施。

除了所強調的家族系統觀點之外，家族治療還有三項基本概念，分別是：直線因果論對循環因果論，靜態不變對動態改變，及內容對過程。同時，在家族治療的範疇內，強調家庭整個系統必定遠大於各個成員部分的累加總和，且在其治療過程中亦較重視循環因果論與過程的形成原因，適時地動態改變對家族治療介入後功能的發揮，亦有其不可或缺的必要性。

Bowen 把家庭視為一個情感單位，一個相互關聯密切的網狀組織，他認為在多世代或家族史的參考架構下分析家庭，將可獲得最深入的了解，而他被視為是家庭系統治療理論最先的原創者之一。其理論是一套自然系統理論，視每個家庭均為一個系統，這是自然界發展進化的結果，成員與家庭的相互關係也像自然系統一樣，被平衡生命力量所控制，並依循一般的自然法則。

Bowen 家族系統治療理論中，包括八個相互連鎖主要概念，分別是：自我分化、三角關係、核心家庭的情緒系統、家庭投射過程、情緒截斷、多世代傳遞過程、手足地位，以及社會退化。在其治療實務方面，有兩項主要目標：消除家庭個案的焦慮與減輕其症狀，及提高各個家庭成員之自我分化程度。另外，在治療中也經常運用世代圖（先後至少三個世代的資料），他相信多世代的類型與功能，是影響核心家庭功能決定性的因素。

家族結構治療取向是 Minuchin 於 1974 年發展出來，他強調整個家庭結構的重要性，若能適當地改變家庭結構與互動形式，則可有效去除家庭中困擾個案的明顯症狀。他也相當重視個體所處脈絡情境，以及個人與環境的回饋過程。從家庭組織體系看，特定型態的家庭組織與生理上較弱之小孩，彼此間會發展和維持某類身心症狀，對維持整個家庭平衡扮演重要的角色。

在家族結構治療理論中，有四項重要概念分別是：家庭結構、家庭次系統、界域，以及聯盟與結盟。家庭結構治療的目標則是：減少功能不良的症狀，與藉由調整家庭的互動規則及建立更適當的界域來導引家庭結構之改變。

家庭結構治療法不只是施用一套技術（常用的技術如家庭圖示、重新框視），還需要理出一個脈絡來檢視家庭，以及清楚說明健康的家庭應如何運作。Minuchin 的治療法是行動導向，而非洞察導向者。他的治療技術具有主動、指導，以及思慮周全等特性，他的典型風格是果斷與率直。

米蘭系統治療取向亦是屬於系統策略取向的家族治療學派。米蘭模式家族治療特別強調小組團隊合作的方式。此派運用各種策略與技巧，主動介入家庭之中，以引發其改變在認知、行為與家人的互動關係等層面。

米蘭模式認為家庭問題源自於其本身規則過於僵硬，允許成員活動的空間非常狹窄；故由成員間的溝通互動方式，及維持家規的過程中，就會造成個案的症狀產生。因此，治療者應設法去發現、介入及改變家庭的相關規則，方能真正加以治癒。其治療的兩大特色是：(1)進行較長時期的短期治療，最初以一個月治療一次，十次即幾乎要持續一年時間；(2)針對一個家庭個案，由數位家庭治療師組成一個小組來進行。

米蘭家族治療晤談過程有五個階段，分別是：晤談前階段、晤談開始階段、晤談中階段、介入階段，以及晤談後階段。通常在晤談結束後，全體小組成員共同討論、分析家庭成員的反應，以及介入策略、方法的適切性，以供下一次晤談修正之參考。

米蘭模式治療晤談中，常用的五項技巧是：正向解讀、家庭典禮儀式、提出假設、循環式的發問，以及治療者的中立態度。另外，在米蘭家族治療介入的運作時，也會使用「詭辯」與「反詭辯」技術去改變，以及改變家庭中現有的信念系統。在治療過程中治療者僅提供各種機會與刺激，但強調由家人自己找出適合的解決問題新模式來加以改變。米蘭模式家庭治療發展至今已相當的實用而企業化，除了有不同的「套裝組合」，適合各種家庭困擾問題在不同治療期間來使用之外，同時並提供了許多相關的訓練方案。

有關夫妻發展與結構的概念，針對夫妻發展來看，主要論及家庭生命週期的困境會導致夫妻系統的發展和改變；而夫妻結構中最重要的因素則為權力與連結，至於探討家庭結構最具影響力的是家庭結構治療及跨世代研究，另外最具代表性的則為Bowen家族系統治療理論。

關於婚姻治療評估主要有三項：首先多數的系統導向婚姻治療以

訪談為主要的評估方式。但就標準化的評估工具而言，卻產生低度使用的情況，其主要的原因為評估標準的差異，以及臨床治療師難免介入主觀之評定標準，致使標準化工具使用的可靠性及有效度令人懷疑。最後，治療師會藉由訪談以確定先前假設受到支持或駁斥，作為夫妻雙方是否需做適度調整的依據。

至於婚姻治療介入層面，共有十項技巧，分別是：(1)介入的原則；(2)力量、資源與健康；(3)治療系統的形成與維持；(4)模式確認、中斷與取代；(5)治療經濟化；(6)問題重塑為改變的第一步；(7)特殊系統技巧；(8)現在導向技巧；(9)歷史導向技巧；(10)未來導向技巧。

在介入方法選擇的指引上，可藉由家庭呈現掌握治療的方向。有一種對這類選擇有組織的發現式教學法對於實務與教學都很有效，即「治療調色盤」的想法。治療師可以選擇適合夫妻現今的問題與需改變概念的方式介入開始治療，另外治療師也可以決定從開始即提出，可和夫妻的思考方式對照的研究。治療師的選擇是依照夫妻任何一方，對於其需要多少改變的新意，和在某些特定的時刻；同時，治療師要以較不具有強制指揮的方式介入開始，像突顯問題的例外點、探出隱藏的信念等，並提供有支持性又正面的重塑法。

研討問題

一、何以現代家族治療的主要目標，都聚焦於改變整個家庭或家族系統上？試深入加以探究之。

二、何謂「三角化關係」？試舉出一項你個人生活中的實際案例，來加以說明探究之。

三、想想看在與家人的生活接觸中，你有哪些界域的設定？這些是否能有效達成你個人期待的自我分化與獨立發展？請一一加以論述之。

四、對於米蘭模式治療中，採用「小組團隊」及召開「策略性的會議」兩方面，請分別提出你的看法來加以評述之。

五、在夫妻治療過程中，其困擾是否大多係來自個別之原生家庭？要將焦點從夫妻現有的問題模式，轉變為雙方各自原生家庭經驗的可能來源之假設為何？試扼要加以討論說明之。

六、在本章所介紹的Bowen治療取向、結構治療取向，及米蘭系統治療取向等三大家族治療派別中，你個人認為哪一學派較適合目前的台灣來運用與推展？並請詳細說明其具體原因。

參考文獻

中文部分

丁興祥、李美枝、陳皎眉（1991）。**社會心理學**（第三版）。台北縣：空大。

內政部（2006，5月18日）。**九十五年第二十週內政部統計通報**（94年初婚與再婚者統計按發生日期統計）。2010年2月7日，取自 http://www.moi.gov.tw/stat/index.asp

內政部（2006，5月25日）。**九十五年第二十一週內政部統計通報**（94年離婚者按結婚年數統計）。2010年2月6日，取自 http://www.moi.gov.tw/stat/index.asp

王以仁（1990）。強化師生溝通能力。**教育部學生輔導通訊，11**，26-30。

王以仁（2000）。家庭生命週期與家庭教育。載於中華民國家庭教育學會（主編），**家庭教育學**（頁79-93）。台北市：師大書苑。

王以仁（主編）（2001）。**婚姻與家庭生活的適應**。台北市：心理。

王以仁（2002）。家庭界域與家人代間互動關係。載於中華民國家庭教育學會（主編），**變遷社會中的家庭教育**（頁179-196）。台北市：師大書苑。

王以仁（2006）。家庭的衝突與有效溝通。載於陳瑞忠（主編），**營造溫馨家園**（頁3-18）。高雄縣：高雄縣政府。

王以仁（2007）。**人際關係與溝通**。台北市：心理。

王以仁、林本喬、鄭翠娟、呂奕熹（1993）。**以團體互動方式進行國小學童稱職父母的系統訓練方案之研究**。行政院國科會補助專案研究報告。

王以仁、林淑玲、駱芳美（2006）。**心理衛生與適應**（第二版）。台北市：

心理。

王以仁、陳芳玲、林本喬（2005）。**教師心理衛生**（第二版）。台北市：心理。

王淑俐（2000）。**人際關係與溝通**。台北市：三民。

王慶福（2005）。**認知互賴、承諾、分手型態與分手認知對報復衝動及自傷、他傷傾向之影響模式研究**。行政院國家科學委員會專題研究計畫（NSC88-2413-H-040-001）。台中市：中山醫學大學通識教育中心。

王慶福、林幸台、王麗斐（2003）。**分手的調適與改變歷程及評量工具之發展展與研究（2/2）**。行政院國家科學委員會專題研究計畫（NSC 91-2413-H-040-001）。台中市：中山醫學大學通識教育中心。

王慧玲（譯）（1999）。M. Ihinger-Tallman & K. Pasley 著。**再婚**（Remarriage）。台北市：揚智文化。

王叢桂（1999）。性別角色信念、家庭承諾、工作承諾與工作價值之關係。**本土心理學研究**，**11**，59-89。

台灣省政府社會處（1994）。**社會福利指標**。南投縣：作者。

任以容（2003）。**國中生所知覺的父母教養態度、親子衝突因應模式與其人際困擾傾向之關係研究**。國立台灣師範大學教育心理與輔導研究所碩士論文，未出版，台北市。

任桂滿（2006）。**國小教師家庭價值觀之研究**。國立嘉義大學家庭教育研究所碩士論文，未出版，嘉義市。

吳自甦（1989）。**倫理與社會**。台北市：水牛。

吳依容（2008）。**諮商師與失戀個案知覺諮商歷程中重要事件之分析研究**。國立台南大學輔導與諮商學系碩士班碩士論文，未出版，台南市。

吳佳玲（1995）。**家庭結構、親子互動關係與青少年子女行為表現之研究——繼親家庭與生親家庭之比較**。中國文化大學家政學研究所碩士論文，未出版，台北市。

吳武典、林繼盛（1985）。加強家庭聯繫對兒童學習效果與家庭氣氛的影響。**師大教育心理學報**，**18**，97-116。

吳武典、洪有義（1987）。**心理衛生**。台北縣：空大。

吳昭儀（2004）。**大學生的共依附與愛情態度之相關研究**。國立台灣師範大學教育心理與輔導研究所碩士論文，未出版，台北市。

吳宣瑩（2007）。**時間是最好的良藥？！——無法從失戀中順利復原者之困頓經驗研究**。國立交通大學教育研究所碩士論文，未出版，新竹市。

吳就君（2000）。**婚姻與家庭**。台北市：華騰文化。

吳就君、潘蓓蓓、叢肇祥（1987）。犯罪少年與正常少年之家庭氣氛、親子關係研究。**中等教育，38**（2），25-38。

吳就君、鄭玉英（1987）。**家庭與婚姻諮商**。台北縣：空大。

吳就君、鄭玉英（1993）。**家庭與婚姻諮商**。台北縣：空大。

宋鎮照（1997）。**社會學**。台北市：五南。

李月櫻（1994）。**親子關係與青少年竊盜行為之研究**。東海大學社會工作研究所碩士論文，未出版，台中市。

李秀靜（1998）。**國中學生家務分工態度之研究**。國立台灣師範大學家政教育研究所碩士論文，未出版，台北市。

李怡玲（2002）。**台北市高中學生愛情態度及相關因素之研究**。國立台灣師範大學人類發展與家庭學系碩士班碩士論文，未出版，台北市。

李芳如（2001）。**新好男人——雙生涯家庭男性分擔經驗之研究**。國立嘉義大學家庭教育研究所碩士論文，未出版，嘉義市。

李茂興（譯）（1996）。Gerald Corey 著。**諮商與心理治療的理論與實務**（Theory and practice of counseling and psychotherapy）。台北市：揚智文化。

李瑞玲（譯）（1991）。A. Y. Napier & C. A. Whitaker 著。**熱鍋上的家庭——一個家庭治療的心路歷程**（The family crucible）。台北市：張老師文化。

沈利君（2002）。**台北縣市國中學生愛情態度研究**。國立台灣師範大學人類發展與家庭學系碩士班碩士論文，未出版，台北市。

卓紋君（2004）。台灣人愛情風格之分析研究。**中華輔導學報，16**，

71-117。

周月清（譯）（1994）。P. Boss 著。**家庭壓力管理**（Family stress management）。台北市：桂冠。

周月清（1996）。**婚姻暴力——理論分析與社會工作處置**。台北市：巨流。

周麗端（1996）。師範院校學生家庭價值觀初探。**中等教育，47**（5），63-73。

周麗端（1998）。中等學校學生家庭價值觀分析研究。**中華家政學刊，27**，45-67。

周麗端、吳明燁、唐先梅、李淑娟（1999）。**婚姻與家人關係**。台北縣：空大。

林月盛（2004）。從青少年價值觀與思考歷程談國中生活教育的實施。**學生輔導，94**，88-103。

林玟玟（1987）。**教師 A 型行為特質、社會支持與工作壓力之研究**。國立政治大學教育研究所碩士論文，未出版，台北市。

林彥妤、郭利百加（1995）。**心理衛生——現代生活的心理適應**。台北市：桂冠。

林秋燕（2004）。**失戀歷程及復原力展現之分析研究**。國立高雄師範大學輔導研究所碩士論文，未出版，高雄市。

林家瑩（1999）。**喪失子女的父母失落與悲傷反應及復原歷程之研究**。國立高雄師範大學輔導研究所碩士論文，未出版，高雄市。

林淑玲（2006）。家庭價值觀、家庭功能與個人幸福感關係之研究——台灣與廣州的比較。載於中國教育學會家庭教育專業委員會（主編），**第九屆兩岸家庭教育學術研討會論文集**（頁 5-20）。廣州：中國教育學會家庭教育專業委員會。

林淑華（2002）。**國小學童情緒管理與人際關係之研究**。國立屏東師範學院國民教育研究所碩士論文，未出版，屏東市。

邱錦詳（2003）。**台南縣育有子女的國小女教師家庭壓力、因應策略及其生活滿意度之研究**。國立嘉義大學家庭教育研究所碩士論文，未出版，嘉義市。

金樹人（1986）。充實多彩多姿的人生。載於洪有義、金樹人（著），**創造自我**（頁 177-198）。台北市：正中。

柯淑敏（1996）。親密關係分手的研究。**學生輔導通訊，43**，108-115。

姚榮齡（1986）。青年以休閒促進工作、老人以工作調劑休閒。**老人的休閒活動**（頁 193-199）。台南市：中華日報社。

洪文惠（1995）。什麼是婚姻暴力？一般人對婚姻暴力的錯誤看法。**新生命月刊，5**，56-57。

洪英正、錢玉芬（編譯）（2003）。J. A. DeVito 著。**人際溝通**（Essentials of human communication）。台北市：學富文化。

苗廷威（譯）（1996）。M. Argyle & M. Henderson 著。**人際關係剖析**（The anatomy of relationships）。台北市：巨流。

修慧蘭、孫頌賢（2003）。大學生愛情關係分手歷程之研究。**中華心理衛生學刊，15**（4），71-92。

唐先梅（1999）。從雙薪家庭的父母觀點看子女參與家務工作之情形。**青少年兒童福利學刊，21**，51-59。

唐先梅（2001）。家事分工。載於黃迺毓、林如萍、唐先梅、陳芳如（合著），**家庭教育概論**（頁 164-171）。台北縣：空大。

徐蓮蔭（譯）（1997）。S. J. Price & P. C. Mckenry 著。**離婚**（Divorce）。台北市：揚智文化。

翁樹澍、謝大維（譯）（1999）。I. Goldenberg & H. Goldenberg 著。**家族治療理論與技術**（Family therapy: An overview）。台北市：揚智文化。

馬傳鎮（1982）。少年犯的親子關係、家長社經地位、家庭背景與學校背景之調查研究。**教育與心理研究，5**，177-224。

高明珠（1998）。**國小兒童親子關係、內外控人格特質、社會支持與其生活及學習適應相關之研究**。國立台南師範學院國民教育研究所碩士論文，未出版，台南市。

高淑清（2002）。從夫妻溝通本質談新世紀之婚姻教育介入、規劃內涵與推展模式。載於中華民國家庭教育學會（主編），**變遷社會中的家庭教育**（頁 197-227）。台北市：師大書苑。

張春興（1989）。**張氏心理學辭典**。台北市：東華。

張春興（2000）。**現代心理學**。台北市：東華。

張苙雲、吳英璋（1985）。生活壓力的概念與測量。**中華心理衛生學刊，1**（1），137-151。

張雪梅（主編）（1993）。**大專院校導師手冊**。台北市：教育部。

張惠芬（譯）（1998）。B. I. Murstein 著。**步入婚姻之道**（Paths to marriage）。台北市：揚智文化。

張德聰、黃正旭（2001）。台灣網路族群人際溝通之調查研究。**生活科學學報，7**，29-60。

張麗梅（1983）。**家庭氣氛、父母管教態度與兒童偏差行為關係之研究**。文化大學兒童福利研究所碩士論文，未出版，台北市。

莫藜藜、王行（1996）。已婚男性的家庭價值觀及其對家庭的需求之探究。**東吳社會工作學報，2**，57-114。

許維素（1992）。**家庭組型、家庭氣氛對兒童自卑感、社會興趣、生活型態形成之研究**。國立台灣師範大學教育心理與輔導研究所碩士論文，未出版，台北市。

郭麗安（譯）（1999）。E. Street 著。**家族諮商實務與歷程**（Counseling for family problems）。台北市：心理。

陳佳琪（2001）。**青少年生活壓力、家庭氣氛與偏差行為之關係研究**。國立彰化師範大學教育研究所碩士論文，未出版，彰化市。

陳俐瑾（2007）。**成年前期失戀者情緒調適歷程之質性研究**。國立成功大學教育研究所碩士論文，未出版，台南市。

陳姿廷（2003）。**國中學生父母教養方式、完美主義與學業延宕之關係研究**。國立彰化師範大學教育研究所碩士論文，未出版，彰化市。

陳思愉（2010）。**愛情復原力量表編製與相關研究**。國立台南大學輔導與諮商學系碩士班碩士論文，未出版，台南市。

陳玲婉（2004）。**國小學童母親人格特質與親職壓力、幸福感之相關研究**。國立高雄師範大學教育學系碩士論文，未出版，高雄市。

陳若璋（1988）。婚姻暴力引發因素及被毆打婦女的研究。載於**婦女研究暑期研習會論文集**（頁 103-112）。

陳若璋（1993）。**家庭暴力防治與輔導手冊**。台北市：張老師文化。

陳淑惠、王慧姚（編譯）（1987）。**父母難為——稱職父母的系統訓練**。台北市：大洋。

陳皎眉（2004）。**人際關係與人際溝通**。台北市：雙葉書廊。

陳皎眉、王叢桂、孫蒨如（2002）。**社會心理學**。台北縣：空大。

陳皎眉、江漢聲、陳惠馨（1996）。**兩性關係**。台北縣：空大。

陳楝墀（2002）。**婚內婚外**。台北市：張老師文化。

陳詩潔（2005）。**大學生的共依附特質、自我感受與愛情關係品質之相關研究**。中國文化大學心理輔導研究所碩士論文，未出版，台北市。

彭懷真（1996）。**婚姻與家庭**。台北市：巨流。

彭懷真（1998）。**ABOUT 愛情學問**。台北市：天下文化。

曾端真、曾玲珉（譯）（1996）。R. F. Verderber & K. S. Verderber 著。**人際關係與溝通**（Inter-act: Using interpersonal communication skills）。台北市：揚智文化。

陽琪、陽琬（譯）（1995）。N. Goodman 著。**婚姻與家庭**（Marriage and the family）。台北市：桂冠。

黃正鵠、黃有志（2004）。青少年自主與價值觀輔導。**學生輔導，94**，8-25。

黃明堅（譯）（1981）。A. Toffler 著。**第三波**（The third wave）。台北市：聯經。

黃芳田（譯）（2001）。R. J. Sternberg 原著。**邱比特的箭——掌握愛情三元素，調整情緣三階段發展歷程**（Cupid's arrow）。台北市：遠流。

黃春枝（1980）。社會變遷與親子關係適應。**張老師月刊，5**（4），34-40。

黃春枝（1986）。青少年親子關係適應與父母管教態度之研究。**政大教育與心理研究，9**，85-96。

黃迺毓（1988）。**家庭教育**。台北市：五南。

黃堅厚（1985）。**青年的心理健康**。台北市：心理。

黃淵泰（2004）。**高中生之性別角色、家庭氣氛及其家務參與之研究**。國立嘉義大學家庭教育研究所碩士論文，未出版，嘉義市。

黃富源（1994，12 月 7-8 日）。**警政部門對婚姻暴力之防治現況與展望**。發表於台北市社會局主辦之「婚姻暴力防治研討會」。

黃暉明（1994）。家庭。載於李明坤、黃紹倫（主編），**社會學新論**（頁72-94）。台北市：商務。

黃煌鏞（1988）。**家庭內聚型態與貧童行為困擾、生活適應之相關研究**。文化大學兒童福利研究所碩士論文，未出版，台北市。

黃維仁（2002）。**窗外依然有藍天——婚變解析與重建**。台北市：愛家文化。

黃德祥（1997）。**親職教育**。台北市：偉華。

溫毓麒（1992）。從影響生活型態的因素談親子關係。**國民教育，32**（7/8），47-49。

葉光輝、鄭欣佩、楊永瑞（2005）。母親的後設情緒理念對國小子女依附傾向的影響。**中華心理學刊，47**，181-195。

葉肅科（2000）。**一樣的婚姻，多樣的家庭**。台北市：學富文化。

廖榮利（1980）。**對非行少年父母之專業服務**。台北市：張老師文化。

趙居蓮（譯）（1995）。A. L. Weber 著。**社會心理學**（Social psychology）。台北市：桂冠。

劉可屏（1987）。虐妻問題。**輔仁學誌，19**，375-392。

劉秀娟（1999）。**兩性教育**。台北市：揚智文化。

劉焜輝（1982）。談如何安排休閒生活。載於**心理建設與青少年輔導廣播講座專輯**（頁153-158）。台北市：教育部訓育委員會。

劉焜輝（1986）。**親子關係診斷測驗**。台北市：天馬。

劉瓊瑛（譯）（1999）。S. Minuchin 等著。**結構派家族治療技術**（Family therapy techniques）。台北市：心理。

蔡文輝（1998）。**婚姻與家庭——家庭社會學**。台北市：五南。

蔡秋雄（2002）。現代家庭價值觀之傳遞與父母因應之道。**教師之友，43**（2），41-47。

蔡英媛（編譯）（1984）。**教導孩子不用掉眼淚**。台北市：大洋。

蔡素美（2003）。**國小學童課業壓力與因應策略之研究**。國立嘉義大學國民教育研究所碩士論文，未出版，嘉義市。

蔡曉慧（1992）。青少年逃學問題之診斷與分析。**大家健康月刊，82**，22-23。

鄭維宣、楊康臨、黃郁婷（譯）（2004）。P. C. McKenry & S. J. Price 著（1994）。**家庭壓力**（Families & change: Coping with stressful events and transitions）。台北市：五南。

蕭文（1996）。國中學生人際關係欠佳之輔導研究。**教育與心理研究，1**，218-223。

賴嘉凰（1999）。**青少年氣質與父母管教態度對親子關係之影響**。國立政治大學心理研究所碩士論文，未出版，台北市。

謝文全（1988）。**教育行政——理論與實務**。台北市：文景。

謝金青（1992）。**國民小學行政兼職教師角色衝突與工作滿意之研究**。國立政治大學教育研究所碩士論文，未出版，台北市。

鍾思嘉（1986）。家庭氣氛與管教態度對青少年偏差行為之影響。載於**加強家庭教育——促進社會和諧學術研討會論文集**。台北市：行政院研究發展考核委員會。

簡春安（1991）。**外遇的分析與處置**。台北市：張老師文化。

簡春安（1996）。**婚姻與家庭**。台北縣：空大。

簡郁雅（2005）。**家庭壓力、衝突因應策略與婚姻滿意度之探討**。國立嘉義大學國民教育研究所碩士論文，未出版，嘉義市。

簡維昌（2010）。**不同世代未婚者其所知覺之同居態度、同居經驗及其婚**

姻態度之研究。國立嘉義大學家庭教育研究所碩士論文，未出版，嘉義市。

藍采風（1996）。**婚姻與家庭**。台北市：幼獅文化。

藍采風（2000）。**壓力與適應**。台北市：幼獅文化。

蘇東平、卓良珍（1981）。生活改變之壓力量化研究。**中華雜誌**，**8**，405-414。

英文部分

Afifi, T. D., & Schrodt, P. (2003). “ Feeling caught ” as a mediator of adolescents' and young adults' avoidance and satisfaction with their parents in divorced and non-divorced households. *Communication Monographs*, *70*, 142-173.

Altman, I. (1993). Dialectics, physical environments, and personal relationships. *Communication Monographs*, *60*, 26-34.

Anderson, M. L., & Taylor, H. F. (2000). *Sociology: Understanding a diverse society*. Belmont, CA: Wadsworth/Thomson Learning.

Apter, T. (1993). *Working women don't have wives*. New York: St. Martin's.

Arcus, M. E. (1992). Family life education: Toward the 21st century. *Family Relations*, *41*(4), 390-394.

Argyle, M. (1988). *Bodily communication* (2nd ed.). New York: Methuen.

Argyle, M., & Furnham, A. (1983). Sources of satisfaction and conflict in long-term relations. *Journal of Marriage and the Family*, *45*, 481-493.

Arnold, M. B. (1967). Stress and emotion. In M. H. Appley & R. Trumbull (Eds.), *Psychological stress-issue in research*. New York: Appley Century Crofts.

Barnett, O. W., Miller, C. L., & Perrin, R. D. (1997). *Family violence across the lifespan.* Thousand Oaks, CA: Sage.

Bartholomew, K., & Horowitz, L. M. (1991). Attachment styles among young adults: A test of a four-category. *Journal of Personality & Social Psychology*, *61*(2), 226-244.

Becvar, D. S., & Becvar, R. J. (2003). *Family therapy: A systemic integration* (5th ed.). Needham Heights, MA: Allyn & Bacon.

Bedrosian, R. C., & Bozicas, G. D. (1994). *Treating family of origin problems*. New York: The Guilford Press.

Bigner, J. J. (1994). *Individual and family development: A life-span interdisciplinary approach*. Englewood Cliffs, NJ: Prentice-Hall.

Bird, C., & Ross, C. (1993). Houseworker and paid workers: Qualities of the work and effects on personal control. *Journal of Marriage & the Family*, *55*(4), 913-925.

Bohannan, P. (1970). *Divorce and after: An analysis of the emotional and social problems of divorce*. Garden City, NY: Anchor.

Bonanno, G. A. (2004). Loss, trauma, and human resilience: Have we under stimulated the human capacity to thrive after extremely aversive events? *American Psychologist*, *59*(1), 20-28.

Booth, A., & Amato, P. R. (2001). Parental pre-divorce relations and offspring post-divorce well-being. *Journal of Marriage & the Family*, *63*, 197-212.

Boss, P. R. (1988). *Family stress management*. Newbury Park, CA: Sage.

Bowlby, J. (1980). *Attachment and loss (Vol. 1): Attachment*. New York: Basic.

Bowlby, J. (1988). *A secure base: Parent-child attachment and healthy human development*. New York: Basic.

Bradt, J. O. (1988). Becoming parents: Families with young children. In B. Carter & M. McGoldrick (Eds.), *The changing life cycle: Aframework for family therapy* (2nd ed.). New York: Gardner Press.

Brammer, L. M. (1993). *The helping relationship: Process and skill*. New York: Allyn & Bacon.

Brief, A., Butcher, A., & Roberson, L. (1995). Cookies, dispositions, and job attitudes: The effects of positive mood-inducing events and negative affectivity on job satisfaction in a field experiment. *Organizational Behavior and Hu-*

man Decision Process, *62*, 55-62.

Bronfenbrenner, U. (1989). Ecological systems theory. *Annals of Child development*, *6*, 187-249.

Busby, D. M. (1991). Violence in the family. In S. J. Bahr (Ed.), *Family research: A sixty-years review, 1930-1990*. New York: Lexington.

Cabrera, N., & Peters, H. E. (2000). Public policies and father involvement. *Marriage & Family Review*, *29*(4), 295-314.

Cade, B., & O'Hanlon, W. H. (1993). *A brief guide to brief therapy*. New York: W. W. Norton.

Carter, B., & McGoldrick, M. (1988). *The changing family life cycle: A framework for family therapy*. Boston, MA: Allyn & Bacon.

Caughlin, J. P., & Petronio, S. (2004). Privacy in families. In A. Vangelisti (Ed.), *Handbook of family communication* (pp. 379-412). Thousand Oaks, CA: Sage.

Chafetz, J. S. (1988). The gender division of labor and the reproduction of female disadvantage: Toward an integrated theory. *Journal of Family Issues*, *9*, 108-131.

Chang, Y. C., & Chang, Y. H. (2004). The intergenerational transmission of family value: A comparison between teenagers and parents in Taiwan. *Journal of Comparative Family Studies*, *35*(4), 523-545.

Cherrington, D. J. (1980). *The work ethic: Working values and values that work.* New York: A division of American Management Associations.

Colapinto, J. (1991). Structural family therapy. In A. S. Gurman & D. P. Kniskern (Eds.), *Handbook of family therapy (Vol. II)* (pp.115-132). New York: Brunner/Mazel.

Coleman, P. K., & Karraker, K. H. (2000). Parenting self-efficacy among mothers of school-age children: Conceptualization, measurement, and correlates. *Family Relation*, *49*, 13-24.

Coltrane, S., & Ishi-Kuntz, M. (1992). Men's housework: A life course perspective. *Journal of Marriage & the Family*, *54*(2), 43-57.

Conrad, P. J. (1990). *Balancing home and career: Skills for successful life management.* Los Altos, CA: Crisp.

Cox, F. D. (1980). *Human intimacy: Marriage, the family, and its meaning* (5th ed.). St. Paul, MN: West.

Cutrona, C. E. (1996). *Social support in couples.* Thousand Oaks, CA: Sage.

Daniels, T. D., & Spiker, B. K. (1987). *Perspectives on organizational communication*. Dobuque, Lowa: Brown.

Deklyen, M. (1996). Disruptive behavior disorder and intergenerational attachment patterns: A comparison of clinic-referred and normally functioning preschoolers and their mothers. *Journal of Consulting and Clinical Psychology*, *64*, 357- 365.

Denton, R. E., & Kampfe, C. M. (1994). The relationship between family variables and adolescent substance abuse: A literature review. *Adolescent, 29* (114), 475-495.

De Shazer, S. (1991). *Putting difference to work.* New York: W. W. Norton.

Devito, J. A. (1994). *Human communication: The basic course*. New York: Harper & Row.

Dewey, E. A. (1991). *Basic applications of Adlerian psychology for self-understanding and human relationships*. Coral Spring, FL: CMTI.

Duvall, E. M. (1977). *Marriage and family development* (5th ed.). Philadelphia, PA: Lippincott.

Duvall, E. M., & Miller, B. (1985). *Marriage and family development* (6th ed.). New York: Harper & Row.

Erwin, P. G. (1998). *Friendship in childhood and adolescence*. New York: Routledge.

Eshleman, J. R. (2000). *The family*. MA: Allyn & Bacon.

Feldman, S. S., Wentzel, K. R., & Gehring, T. M. (1989). A comparison of the views of mothers, fathers, and preadolescents about family cohesion and power. *Journal of Family Psychology*, *3*, 39-60.

Fisher, B. (1981). *Rebuilding when your relationship end.* CA: Impact.

Fraser, M. W., & Richman, J. M. (1999). Risk, protection, and resilience: Toward a conceptual framework for social work practice. *Social Work Research*, *23* (3), 131-144.

Frazier, P. A., Tix, A. P., & Barnett, C. L. (2003). The relational context of social support: Relationship satisfaction moderates the relations between enacted support and distress. *Personality & Social Psychology Bulletin*, *29*, 1133-1146.

Gelles, R. J. (1995). *Contemporary families*. Thousand Oaks, CA: Sage.

Gelles, R. J., & Cornell, C. P. (1983). Introduction: An international perspective on family violence. In R. J. Gelles & C. P. Cornell (Eds.), *International perspective on family violence* (pp. 134-152). Toronto: Lexington.

George, E. D., & Michael, R. (1995). *Understanding families diversity, continuity, and change* (2nd ed.). Fort Worth, TX: Harcourt Brace Collage.

Gestwicki, C. (1992). *Home, school and community relations*. New York: Delmar.

Gewirtz, J. L., & Pelaez-Nogueras, M. (1991). The attachment metaphor and the conditioning of infant separation protests. In J. L. Gewirtz & W. M. Kurtines (Eds.), *Intersections with attachment*. London: Erlbaum.

Goldenberg, I., & Goldenberg, H. (2004). *Family therapy: An overview* (6th ed.). Pacific Grove, CA: Brooks/Cole.

Gondolf, E. W. (1988). *Battered women as survivors: An alternative to treating learned helplessness.* Lexington, MA: Lexington.

Goode, W. (1971). Force and violence in the family. *Journal of Marriage & the Family*, *33*, 624-636.

Goode, W. J. (1982). *The family* (2nd ed.). NJ: Prentice-Hall.

Goodman, N. (1993). *Marriage and the family*. New York: Harper Collins.

Gordon, T. (1970). *Parent effectiveness training: The no-lose program for raising responsible children*. New York: P. H. Wyden.

Gottman, J. M. (1994). *What predicts divorce? The relationships between marital processes and marital outcomes*. Hillsdale, NJ: Lawrence Erlbaum Associates.

Gottman, J. M., & Krokoff, L. J. (1989). Marital interaction and satisfaction: A longitudinal view. *Journal of Counseling & Clinical Psychology*, *57*, 47-52.

Gottman, J. M., Levenson, R. W. (1992). Marital processes predictive of later dissolution: Behavior, physiology, and health. *Journal of Personality & Social Psychology*, *63*, 221-233.

Gottman, J. M., & Levenson, R. W. (2000). The timing of divorce: Predicting when a couple will divorce over a 14-year period. *Journal of Marriage & the Family*, *62*, 737-745.

Gray, D. (1973). This alien thing called leisure. In V. L. Boyak (Ed.), *Time on our hands* (pp. 261-278). Los Angeles, CA: Andrus Gerontology Center Publications Office.

Gray-Little, B. (1982). Marital quality and power processes among black couples. *Journal of Marriage & the Family*, *44*, 633-646.

Greer, L. F., & Velma, M. M. (2000). Gender and families: Feminist perspectives and family research. *Journal of Marriage & the Family*, *62*(4), 1160-1173.

Gurman, A. S., & Kniskern, D. P. (1981). *Handbook of family therapy*. New York: Brunner/Mazel.

Gurman, A. S., Kniskern, D. P., & Pinsof, W. N. (1986). Research on the process and outcome of family therapy. In S. L. Garfield & E. Bergin (Eds.), *Handbook of psychotherapy and behavior change* (pp. 565-624). New York: John Wiley & Sons.

Haley, J. (1987). *Problem-solving therapy: New strategies for effective family therapy* (2nd ed.). San Francisco, CA: Jossey-Bass.

Hall, E. T. (1966). *The hidden dimension*. Garden City, NY: Doubleday.

Hatfield, E., & Rapson, R. P. (1996). *Love and sex: Cross-cultural perspectives*. New York: Allyn & Bacon.

Heiman, T. (2000). Friendship quality among children in three educational settings. *Journal of Intellectual & Developmental Disability*, *25*(1), 1-12.

Hendrick, S. S., Hendrick, C., & Adler, N. L. (1988). Romantic relationships: Love, satisfaction, and staying together. *Journal of Personality & Social Psychology*, *54*, 930-988.

Henggeler, S. W., Edwards, J. J., Hanson, C. L., & Okwumabua, T. H. (1988). The psychological functioning of wife-dominant families. *Journal of Family Psychology*, *2*, 188-211.

Hill, R. (1958). Generic features of family under stress. *Social Casework*, *49*, 139.

Hochschild, A. (1989). *The second shift*. New York: Avon.

Hochschild, A., & Machung, A. (1989). The second shift: Working parents and the revolution at home. In A. S. Skolinick & J. H. Skolinick (Eds.), *Family in transition* (pp. 330-337). New York: Viking.

Hochswender, W. (1990). For today's fathers, their holiday seems a bit set in its ways. *New York Times,* June 17.

Hodson, D. S., & Skeen, P. (1994). Sexuality and aging: The hammerlock of myths. *The Journal of Applied Gerontology*, *13(3)*, 219-235.

Holmes, T. H., & Rahe, R. H. (1967). The social readjustment rating scale. *Journal of Psychosomatic Research*, *11*, 213-218.

Holtzworth-Munroe, A., Bates, L., Smutzler, N., & Sandin, E. (1997). A brief review of the research on husband violence: Part III. *Aggression & Violent Behavior*, *2*(1), 65-99.

Holtzworth-Munroe, A., Smutzler, N., & Bates, L. (1997). A brief review of the research on husband violence: Part I. *Aggression & Violent Behavior*, *2*(3), 285-307.

Horne, A. M. (2000). *Family counseling and therapy* (3rd ed.). Itasca, IL: F. E. Peacock Publishers.

Hotaling, C. T., & Sugarman, D. B. (1986). An analysis of risk makers in husband to wife violence: The current state of knowledge. *Violence & Victims*, *1*, 101-124.

Huston, T. L., & Homles, E. K. (2004). Becoming parents. In A. Vangeslisti (Ed.), *Handbook of family communication* (pp. 105-133). Mahwah, NJ: Lawrence Erlbaum Associates.

Huston, T. L., & Vangelisti, A. L. (1991). Socioeconomical behavior and satisfaction in marital relationship. *Journal of Personality & Social Psychology*, *61*, 721-733.

Johnson, M. P., & Ferraro, K. J. (2000). Research domestic violence in the 1990s: Making distinctions. *Journal of Marriage & the Family*, *62*(4), 948-963.

Kalleberg, A. L., & Berg, I. (1987). *Work and industry*. New York: Plenum.

Kaplan, P. S., & Stein, J. (1984). *Psychology of adjustment*. Belmont, CA: Wadsworth.

Kaufman, T. S. (1993). *The combined family: A guide to creating successful step-relationships*. New York: Plenum.

Kaufman-Kantor, G. K., Jasinski, J. L., & Aldarondo, E. (1994). Sociocultural status and incidence of marital violence in Hispanic families. *Violence & Victims*, *9*, 207-222.

Kerr, M. E., & Bowen, M. (1988). *Family evaluation: An approach based on Bowen theory*. New York: W. W. Norton.

Klein, D. M., & White, J. M. (1996). *Family theories: An introduction*. CA: Sage.

Kulber-Ross, E. (1969). *On death and dying*. New York: Macmillan.

Lamanna, M. A., & Riedmann, A. (1994). *Marriages and families: Making choices and facing change* (5th ed.). Belmont, CA: Wadsworth.

Le Poire, B. A. (2006). *Family communication: Nurturing and control in a changing world*. Thousand Oaks, CA: Sage.

Levee, Y., McCubbin, H. I., & Patternson, J. M. (1985). The double ABC-X model of family stress and adaptation: An empirical test by analysis of structural equations with latent variables. *Journal of Marriage & the Family*, *47*(4), 811-825.

Levinger, G., & Raush, H. L. (1977). *Close relationship: Perspectives on the meaning of intimacy*. Amberst: University of Massachusetts.

Liddle, H. A. (1991). Training and supervision in family therapy: A comprehensive and critical analysis. In A. S. Gurman & D. P. Kniskern (Eds.), *Handbook of family therapy (Vol. II)* (pp. 327-348). New York: Brunner/Mazel.

Liebert, R. M., Sprafkin, J. N., & Davidson, E. (1988). *The early widow.* Elmsford, New York: Pergamon.

Lloyd, S. S., & Cate, R. M. (1985). The developmental course of conflict in dissolution of premarital relationships. *Journal of Social and Personal Relationships*, *2*, 179-194.

Lollis, S., Ross, H., & Leroux, L. (1996). An observational study of parents' socialization of moral orientation during sibling conflicts. *Merrill-Palmer Quarterly*, *42*, 475-494.

Luthar, S. S., Cicchetti, D., & Becker, B. (2002). The construct of resilience: A critical evaluation and guidelines for future work. *Child Development*, *71*(3), 543-562.

Madanes, C. (1981). *Strategic family therapy*. San Francisco, CA: Jossey-Bass.

Madden, M. E., & Janoff-Bulman, R. (1981). Blame, control, and marital satisfaction: Wives' attributions for conflict in marriage. *Journal of Marriage & the Family*, *43*, 663-674.

Makepeace, J. M. (1981). Courtship violence among college students. *Family Relations*, *30*, 97-102.

Marshall, E. M. (1995). *Transforming the way we work*. New York: AMACOM.

Marsiglio, W., Amato, P., & Day, R. D. (2000). Scholarship on Fatherhood in the 1990s and beyond. *Journal of Marriage & the Family*, *62*, 1173-1191.

Martin, P., Martin, D., & Martin, M. (2001). Adolescent premarital sexual activity, cohabitation, and attitudes toward marriage. *Adolescence*, *36*(143), 381-386.

McCloskey, L. A. (1996). Socioeconomic and coercive power within the family. *Gender & Society*, *10*, 449-463.

McCubbin, H. I., & Patternson, J. M. (1985). Adolescent stress, coping, and adaptation: A normative family perspective. In G. K. Leigh & G. W. Peterson (Eds.), *Adolescents in families* (pp. 156-176). Cincinnati, OH: Southwestern.

McShane, S. L., & Von Glinow, M. A. (2005). *Organizational behavior* (3rd ed.). New York: McGraw-Hill.

Miller, L. C., & Read, S. J. (1991). On the coherence of mental models of persons and relationships: A knowledge structure approach. In G. O. Fletcher & F. D. Fincham (Eds.), *Cognition in relationships* (pp. 69-99). Hillsdale, NJ: Lawrence Erlbaum Associates.

Minuchin, S. (1974). *Families and family therapy*. Cambridge, MA: Harvard University Press.

Minuchin, S., & Fishman, H. C. (1981). *Family therapy techniques*. Cambridge, MA: Harvard University Press.

Moos, R. H., & Moos, B. S. (1986). *Family Environment Scale Manual* (2nd ed.). Palo Alto, CA: Consulting Psychologists Press.

Neff, W. S. (1968). *The meaning of work*. New York: New York University.

Nichols, M. P., & Schwartz, R. C. (2006). *Family therapy: Concepts and methods* (7th ed.). Boston, MA: Allyn & Bacon.

Noller, P., & Feeney, J. A. (2006). *Close relationships: Function, forms, and process*. New York: Psychology.

Noller, P., & Fitzrick, M. A. (1990). Marital communication in the eighties. *Journal of Marriage and the Family*, *52*, 832-843.

O'Leary, K. D., & Curley, A. D. (1986). Assertion and family violence: Correlates of spouse abuse. *Journal of Marital and Family Therapy*, *12*, 281-289.

Olson, D. H., & Barnes, H. L. (1985). Parent-adolescent communication and the circumplex model. *Child Development*, *56*(2), 438-447.

Olsen, D. H., & DeFrain, J. (2000). *Marriage and the family: Diversity and strengths* (3rd ed.). Mountainview, CA: Mayfield.

Olson, D., & DeFrain, J. (2006). *Marriages and the families: Intimacy, diversity and strengths*. New York: McGraw-Hill.

Olson, D. H., Russell, C. S., & Sprenkle, D. H. (1983). *Circumplex model: Systematic assessment and treatment of families*. New York: Hayworth.

Olson, D., Russell, C. S., & Sprinkle, D. H. (1989). Circumplex model of marriage and family system. *Family Process*, *6*(22), 69-83.

Olson, D., Sprenkle, D. H., & Russell, C. S. (1979). Circumplex model of marriage and family system: Cohesion and adaptability dimensions, family types and clinical applications. *Family Process*, *1*(18), 3-28.

Olsen, D. H., & Tiesel, J. W. (1991). *Faces II update: Linear scoring and interpretation*. St. Paul, MN: University of Minnesota.

Pagelow, M. (1981). *Women-battering victims and their experiences*. Beverly, CA: Sage.

Palan, K. M. (1998). Relationships between family communication and consumer activities of adolescent. An exploratory study. *Journal of Marketing Science*, *26*(4), 338-349.

Parrillo, V. N., Stimson, J., & Stimson, A. (1996). *Contemporary social problems*. Boston, MA: Allyn & Bocon.

Perlman, M., & Ross, H. S. (1997). Who's the boss? Parents' failed attempts to influence the outcomes of conflicts between their children. *Journal of Social and Personal Relationships*, *14*, 463-480.

Perry-Jenkins, M., Pierce, C. P., & Goldberg, A. E. (2004). Discourses on diapers and dirty laundry: Family communication about child care and housework. In A. Vangeslisti (Ed.), *Handbook of family communication* (pp. 541-561). Mahwah, NJ: Lawrence Erlbaum Associates.

Pianta, R. C., Sroufe, L. A., & Egeland, B. (1989). Continuity and discontinuity in maternal sensitivity at 6, 24, and 48 months in a high-risk sample. *Child Development*, *60*, 481- 487.

Pichler, G. (2001). *Tradition, transition, transformation of families*. Creating a new area of family tradition, transition, and Transformation. The 11th Biennial International Congress of ARAFE.

Pina, D., & Bengtson, V. (1993). The division of household labor and wives' happiness: Ideology, employment and perceptions of support. *Journal of Marriage & the Family*, *55*(4), 901-912.

Pittman, J., & Blanchard, D. (1996). The effects of work history and timing of marriage on the division of household labor: A life course perspective. *Journal of Marriage & the Family*, *58*, 78-90.

Price, S. (1998). *Communication studies* (2nd ed.). London: Addison Wesley Longman.

Reiss, I. L. (1980). *The family system in America* (3rd ed.). New York: Holt.

Rice, F. P. (1993). *Intimate relationship, marriages, and families* (2nd ed.). Mountain View, CA: Mayfield.

Richmond, V. P., McCroskey, J. C., & Roach, K. D. (1997). Communication and decision-making styles, power base usage, and satisfaction in marital dyads. *Communication Quarterly*, *45*, 410-437.

Robak, R. W., & Weitzman, S. P. (1995). Grieving the loss of romantic relationships in young adulthood: An empirical study of disenfranchised grief. *Omega*, *30*(4), 269-281.

Robak, R. W., & Weitzman, S. P. (1998). The nature of grief: Loss of love relationships in young adulthood. *Journal of Personal & Interpersonal Loss*, *3(2)*,

205-216.

Robbins, S. P. (2001). *Organizational behavior* (9th ed.). NJ: Prentice-Hall.

Rosenberg, J. B. (1983). Structural family therapy. In B. B. Wolman & G. Stricker (Eds.), *Handbook of family and marital therapy*. New York: Plenum.

Rosenthal, R., & Jacobson, L. (1968). *Pygmalion in the classroom: Teacher expectation and pupils' intellectual development*. New York: Holt Rinehart & Winston.

Ross, C. E. (1987). The division of labor at home. *Social Forces*, *65*, 816-833.

Rubin, Z. (1970). Measurement of romantic love. *Journal of Personality & Social Psychology*, *16*, 265-273.

Rusbult, C. E. (1980). Commitment and satisfaction in romantic associations: A test of the investment model. *Journal of Experimental & Social Psychology*, *16*, 172-186.

Rutter, M. (1999). Resilience concepts and findings: Implications for family therapy. *Journal of Family Therapy*, *21*, 119-144.

Safilios-Rothschild, C. (1976). A macro-and micro-examination of family power and love: An exchange model. *Journal of Marriage & the Family*, *37*, 355-362.

Sanderson, C. A., & Cantor, N. (2001). The association of intimacy goals and marital satisfaction: A test of four mediation hypotheses. *Personality & Social Psychology Bulletin*, *27*, 1567-1577.

Sandy, S., Fran, M., Roy, M. K., & Greg, B. (1999). An Adlerian model for the etiology of aggression in adjudicated adolescents. *Family Journal*, *7*(2), 135-147.

Schneewind, K. A., & Ruppert, S. (1998). *Personality and family development: An intergenerational longitudinal comparison*. Mahwah, NJ: Lawrence Erlbaum Associates.

Seldman, R. S. (1993). Coping with adult romantic relationship loss: An attachment-theoretical perspective (Doctoral dissertation, University of Florida). *Dissertation Abstracts International*, *55*(7), 3001.

Selvini-Palazzoli, M., Boscolo, L., Cecchin, G. F., & Prata. G. (1980). Hypothesizing-circularity-neutrality: Three guidelines for the conductor of the session. *Family Process*, *19*, 3-12.

Selye, H. (1976). *The stress of life* (Rev. ed.). New York: McGraw-Hill.

Shalaway, L. (1989). *Learning to teach*. Cleveland, OH: Edgell Communications.

Sheehy, G. (1995). *New passages: Mapping your life across time*. New York: Random House.

Shelton, B. A. (1992). *Women, men and time*. New York: Greenwood.

Sillars, A., Canary, D. J., & Tafoya, M. (2004). Communication, conflict, and the quality of family relationship. In A. L. Vangelisti (Ed.), *Handbook of family communication* (pp. 413-446). Mahwah, NJ: Lawrence Erlbaum Associates.

Simpson, J. A. (1987). The dissolution of romantic relationships: Factors involved in relationship stability and emotional distress. *Journal of Personality & Social Psychology*, *53*(4), 683-692.

Singleton, G. (1982). Bowen family systems theory. In A. M. Horne & M. M. Ohlsen (Eds.), *Family counseling and therapy*. Itasca, IL: F. E. Peacock.

Soldo, B. J., & Agree, E. M. (1988). American's elderly. *Population Bulletin*, *43* (3), 172-185. Washington, DC: Population Reference Bureau.

Star, B. (1987). Domestic violence. In *Encyclopedia of Social Work* (18th ed.) (pp. 463-476). Silver Springs, Maryland: National Association of Social Workers.

Stark, R., & McEvoy, J. (1970). Middle class violence. *Psychology Today, 4,* 52-65.

Stayton, W. R. (1983). Preventing infidelity. *Medical Aspects of Human Sexuality*, *17*, 36c-36d.

Sternberg, R. J. (1986). A triangular theory of love. *Psychological Review, 93,*

119-135.

Stinnett, N., & DeFrain, J. (1985). *Secrets of strong families*. Boston, MA: Little, Brown.

Stordeur, R. A., & Stille, R. G. (1989). *Ending men's violence against their partners: One road to peace*. CA: Sage.

Stover, R. G., & Hope, C. A. (1993). *Marriage, family, and intimate relations*. Fort Worth, TX: Harcourt Brace Jovanovich.

Straus, M. (1980). A sociological perspective on the causes of family violence. In M. R. Green (Ed.), *Violence and the family* (pp. 7-31). Boulder, CO: Westview.

Straus, M., & Gelles, R. J. (1986). Societal change and change in family violence from 1975 to 1985 as revealed by two national surveys. *Journal of Marriage and the Family*, *48*, 465-479.

Straus, M., Gelles, R. J., & Steinmetz, S. K. (1980). *Behind closed doors: Violence in the American family*. Garden City, NY: Doubleday.

Szinovacz, M. E. (1983). Using couple data as a methodological tool: The case of marital violence. *Journal of Marriage and the Family*, *45*, 633-644.

Tan, G. G., Ray, M. P., & Cate, R. (1991). Migrant farm child abuse and neglect within an ecosystems framework. *Family Relations*, *40*, 84-90.

Thompson, L., & Walker, A. J. (1989). Gender in families: Women and men in marriage, work, and parenthood. *Journal of Marriage and the Family, 51,* 845-871.

Ulbrich, P., & Huber, J. (1979). *The effect of observing parental violence on gender-role attitudes*. (ERIC Document Reproduction Service No. ED 183 468).

Vangelisti, A. L., & Young, S. L. (2000). When words hurt: The effects of perceived intentionality on interpersonal relationships. *Journal of Social & Personality Relationship*, *17*, 393-424.

Verderber, R. F., & Verderber, K. S. (1995). *Interact: Using interpersonal com-*

munication skills (7th ed.). Belmont, CA: Wadsworth/Thomson Learning.

Waller, M. A. (2001). Resilience in ecosystemic context: Evolution of the concept. *American Journal of Orthopsychiatry, 71*(3), 290-297.

Wallerstein, J. W., Lewis, J. M., & Blakeslee, S. (2000). *The unexpected legacy of divorce: A 25 year landmark study.* New York: Hyperion.

Walster, E., Walster, G., & Berscheid, E. (1978). *Equity theory and research.* Boston, MA: Allyn & Bacon.

White, M., & Epston, D. (1990). *Narrative means to therapeutic ends*. New York: W. W. Norton.

Worden, J. W. (1991). *Grief counseling and grief therapy: A handbook for the mental health practitioner*. New York: Springer.

Worden, M. (2003). *Family therapy basics* (3rd ed.). Pacific Grove, CA: Brooks/ Cole.

Wynne, L. C. (1988). *The state of the art in family therapy research: Controversies and recommendations*. New York: Family Process Press.

Yankelovich, D. (1978). The new psychological contract at work. *Psychology Today, May*, 46-47.

Young, M. E. (1992). *Counseling methods and techniques: An eclectic approach.* New York: Macmillian.

Zilbach, J. J. (1989). The family life cycle: A framework for understanding children in family therapy. In L. Combrinck-Graham (Ed.), *Children in family contexts: Perspectives on treatment*. New York: The Guilford Press.

Zimmerman, S. L. (1988). *Understanding family policy: Theories and applications*. Thousand Oaks, CA: Sage.

Zinn, M. B., & Eitzen, D. S. (2002). *Diversity in families* (6th ed.). Boston, MA: Allyn & Bacon.

國家圖書館出版品預行編目（CIP）資料

婚姻與家庭：配偶及家人間的溝通和調適／
王以仁著.-- 初版.-- 臺北市：心理，2010.10
面； 公分.--（輔導諮商系列；21091）
ISBN 978-986-191-390-2（平裝）

1.家庭關係 2.家庭溝通 3.婚姻 4.配偶

544.1 99018369

輔導諮商系列 21091

婚姻與家庭：配偶及家人間的溝通和調適

作　　者：王以仁
執行編輯：高碧嶸
總 編 輯：林敬堯
發 行 人：洪有義
出 版 者：心理出版社股份有限公司
地　　址：231 新北市新店區光明街 288 號 7 樓
電　　話：(02) 29150566
傳　　真：(02) 29152928
郵撥帳號：19293172　心理出版社股份有限公司
網　　址：http://www.psy.com.tw
電子信箱：psychoco@ms15.hinet.net
駐美代表：Lisa Wu（lisawu99@optonline.net）
排 版 者：臻圓打字印刷有限公司
印 刷 者：東縉彩色印刷有限公司
初版一刷：2010 年 10 月
初版三刷：2016 年 8 月
I S B N：978-986-191-390-2
定　　價：新台幣 380 元